财税一流学科论丛

企业税收效应研究

Research on Enterprise Taxation Effect

高凤勤◎著

中国财经出版传媒集团

经济科学出版社
Economic Science Press

图书在版编目（CIP）数据

企业税收效应研究/高凤勤著. —北京：经济科学
出版社，2020.3
（财税一流学科论丛）
ISBN 978 - 7 - 5218 - 1437 - 8

Ⅰ. ①企… Ⅱ. ①高… Ⅲ. ①企业管理 - 税收管理 -
研究 - 中国 Ⅳ. ①F812. 423

中国版本图书馆 CIP 数据核字（2020）第 053240 号

责任编辑：郎　晶
责任校对：王肖楠
责任印制：李　鹏　范　艳

企业税收效应研究
高凤勤　著
经济科学出版社出版、发行　新华书店经销
社址：北京市海淀区阜成路甲 28 号　邮编：100142
总编部电话：010 - 88191217　发行部电话：010 - 88191522
网址：www. esp. com. cn
电子邮件：esp@ esp. com. cn
天猫网店：经济科学出版社旗舰店
网址：http://jjkxcbs. tmall. com
北京季蜂印刷有限公司印装
710 × 1000　16 开　17.5 印张　230000 字
2020 年 8 月第 1 版　2020 年 8 月第 1 次印刷
ISBN 978 - 7 - 5218 - 1437 - 8　定价：68. 00 元
（图书出现印装问题，本社负责调换。电话：010 - 88191510）
（版权所有　侵权必究　打击盗版　举报热线：010 - 88191661
QQ：2242791300　营销中心电话：010 - 88191537
电子邮箱：dbts@ esp. com. cn）

序

    2015 年 10 月，国务院公布《统筹推进世界一流大学和一流学科建设总体方案》，提出要加快建成一批世界一流大学和一流学科，国家"双一流"建设由此拉开大幕。凭借国家层面和山东省级层面"双一流"建设之东风，特别是在我校应用经济学成为首批入选山东省"双一流"建设的重点学科之后，山东财经大学"双一流"建设也开始紧锣密鼓地开展起来。为了鼓励教师积极从事科学研究和社会服务以取得高层次科研成果，学校出台了一系列的激励措施且很快就起到了成效：在教育部第四次学科评估中，山东财经大学的应用经济学取得了 B＋ 的不俗成绩。作为应用经济学下的财政学更是山东财经大学的传统优势学科。在历届山东财经大学校党委和行政部门的坚强领导下，经过几十年的长期建设和发展，特别是经过山东省"十五""十一五""十二五"及"十三五"强化重点建设之后，财政学科建设不断加强，师资水平和人才培养质量不断提高，服务社会能力和学术影响力不断扩展。目前，财政（税收）专业已经具有本科、硕士、博士三个培养层次，近 60% 以上的教师具有博士（后）学位。学科水平已经进入全国同类学科专业的前 20%。

　　国家"双一流"建设为我校财政学科的发展提供了契机；而党中央对财政的重新定位也为财政研究提出了新要求。2013 年，党的十八届三中全会召开，在这次全会上，党中央将财政上升到国家治理的高度，将财政定位为"国家治理的基础和重要支柱"，并提出建立现代财政制度的目标，故如何建立现代财政制度成为摆在财政理论工作者面前的一个重要课题；2017 年，党的十九大召开，党中央又提出"要加快建立现代财政制度，建立全面规范透明、标准科学、约束有力的财政制度，全面实施绩效预算管理"，这实际上又为新时代背景下的财税体制改革和现代财政制度建立指明了方向。"财政是国家治理的基础和重要支柱""加快建立现代财政制度"等一系列的财政论断和财政发展目标的提出引发了财政概念内涵的深刻变化。以此为转折点，财政也被赋予了越来越鲜明的综合性特征："一个可以跨越多个学科、涉及治国理政所有领域的综合性范畴和综合性要素"。这一对财政的重新定位再次燃起了无数财政理论研究工作者的信心和激情，为财政学科的发展开拓了一片广阔空间，也为国内财政理论研究掀起了一股高潮。

　　山东财经大学财政税务学院的青年教师也为当前财政理论的研究贡献了自己的力量。这些青年教师不仅通过相对系统的经济学训练对现代经济学研究方法有了足够的掌握，通过对国外文献的搜集整理及时对学术前沿动态进行了跟踪，而且还通过良好的团队意识和精诚合作的精神形成了一股财政科学研究的重要区域性力量。特别是在山东省正紧锣密鼓地开展新旧动能转换工程的当下，这些青年教师也积极响应省委省政府号召，围绕着如何通过做足财税体制改革文章来实现新旧动能转换而献言献策。作为这套丛书的编委，我们欣喜地看到这些学者所取得的不俗成果。同时，我们也深知我国财政科学研究的道路仍然任重道远，有些财政问题的研究才刚刚破题，而有些财政问题的研究还需要进一步丰富和深化，特别是部分财政观点和认知还有待实践的检验，这不仅仅是丛书作者应该明了的，也是我们每一个从事这一领域研究的学者应该清楚的。所以，这套丛书也期待着社会各界的批评和指正，以为财政学者们下一步的研究提供思想源泉。

丛书编委会
2017 年 12 月

前　　言

　　市场经济条件下，企业是资源配置的主体。税收作为政府调控市场资源配置的主要政策工具，对企业的生产、投资、融资、股利分配以及营运等各方面均会产生重要影响。加之经济全球化背景下企业是国际竞争的前沿，世界各国往往会通过税制安排来影响企业行为，达到优化资源配置、促进经济增长和提高国际竞争力的目的。因此，如何通过税制改革来影响和引导企业行为，一直是学界关注的命题之一。

　　企业是股东、债权人、管理层、职工等各个利益相关者的"契约联合体"，这就意味着对企业税收效应的研究需要深入企业内部，考察税收条件下股东、债权人、管理层、职工等利益相关者的行为选择对企业资源配置和制度安排的影响，从而为企业税制改革提供微观基础。

　　我国自1994年分税制改革以来，为了促进企业发展，先后进行了"两税合并""增值税转型""营改增"等一系列企业税制改革并取得了积极的成效，但也存在一定的问题和不足。因此，分析企业税收效应不仅有利于厘清企业税收效应的作用机理、传导机制和实现路径，也有利于为政府优化企业税收制度安排提供决策依据。基于此，作者以马克思主义的"二重性"理论为指导，基于利益相关者理论，从企业的资源配置效应和制度安排效应两个层面出发深入分析了税收对企业行为的影响，并提出了相应的对策建议，以期为我国的新一轮税制改革贡献自己的绵薄之力。

鉴于作者本人的学识水平和能力有限，本书还存在一些问题和不足，尤其是在实证分析方面还有欠缺，加上企业税收效应研究这一命题涉及的文献数量非常多，尽管作者已尽最大努力标注出直接引用之处，但难免挂一漏万。在今后的研究工作中，作者将继续进行企业税收方面的研究，力争弥补自己的短板，取得更好的成绩。

山东财经大学财政税务学院 高凤勤
2020 年 3 月于泉城济南

目　　录

第1章 导　　论

　　税收是国家进行宏观调控的主要政策工具之一，是市场经济运行的主要参数。税收的变动影响着各个经济利益主体的利益，体现为各个经济利益主体对税收制度变动所进行的行为选择，也就是税收效应。我国建立社会主义市场经济制度以来，企业成为市场经济配置资源的主体，政府对企业课税减少了企业的既得利益，是企业硬性的现金流出，表现为资源由企业单方面流向政府，相应改变了企业原有的利益分配格局，影响了企业的经营活动、投资活动和筹资活动等各个方面，进而影响了企业利益相关者的行为选择。

　　如何看待税收和企业及其企业利益相关者之间的分配关系？如何看待企业税收制度运行过程中所体现出来的各利益相关者之间的税收博弈关系？企业利益相关者的相互关系对企业税收制度的影响何在？如何通过企业税收制度的安排来促进国家企业税收制度和企业制度的优化？通过这些问题的解决促进现代企业制度的健康发展，增强政府宏观调控的能力，从而实现企业制度和企业税收制度的优化，成为摆在我们面前一个命题。由于该命题现有的研究比较零星、分散，而且从事税收理论和现代企业理论研究的相关学者由于各自研究领域的局限性，视角各有偏差，所以笔者力图从新古典经济学和新制度经济学相融合的研究视角，综合应用税收学、财务管理学、现代企业理论、博弈论等理论工具，探析企业税收效应，剖析我国企业税制的运行效果，提出优化企业税收效应的制度安排。

1.1 选题背景与研究意义

1.1.1 理论背景

"企业税收效应"命题的主体是"企业",企业的研究是一个跨学科的问题,我们通过图1-1来揭示企业在整个经济理论体系中所占的位置,从而为我们的后续研究奠定基础。

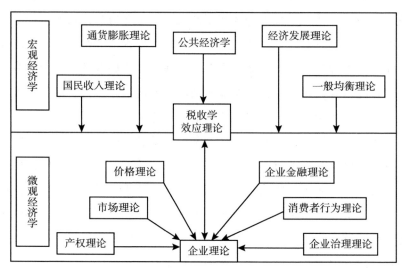

图1-1 企业理论在经济学理论体系中的地位

从图1-1可知,在这一理论体系中,企业理论居于核心位置,它是整个经济理论体系的基础。从微观经济理论的角度看,产权理论、企业金融理论、价格理论、消费者行为理论、市场理论、企业治理理论等微观理论直接以企业为中心展开;从宏观经济理论的角度看，国民收入理论、通货膨胀理论、公共经济学、经济发展理论、一般均衡理论等宏观理论则在微观理论上方分布，在整个经济理论体系中起间接支撑作用；而税收学作为公共经济学（财政学）的组成部分，位于宏观经济理论与微观经济理论交界处，是连接企业与政府的一根纽带。

长期以来，企业税收效应的研究同样也是从微观和宏观两个层面上展开的，但是由于研究视角的偏差，在微观效应研究和宏观效应研究上都有一定的缺陷。

（1）微观效应的研究缺乏制度效应分析。从微观层面看，企业税收效应的研究秉承了新古典经济学的研究范式，在该研究方式下，假定企业是一个追求利润最大化的"黑箱"，不考察企业内部的产权关系和制度安排，以价格为主线分析课税产生的收入效应和替代效应给企业生产、投资、筹资等经营活动带来的经济影响，从而揭示企业在税收制度既定的情况下如何实现企业利润最大化。

这种分析只是停留在了企业生产的自然属性上，只考察了税收对企业物质运动的影响，忽视了税收对企业生产关系的影响。

然而现实经济生活却并非如此简单，企业作为一个经济组织是由多人聚合在一起形成的，博弈论揭示了这样一个原理：在个体目标不一致的组织中，行动规则的好坏在很大程度上决定着整个组织的理性水平。也就是说，企业在经济活动中固然会按照经济人理性原则行事，但它在多大程度上体现理性却是由其内部规则决定的。在企业内部规则中，产权规则起基础性作用，产权规则的好坏在根本上决定了企业的理性水平。这在很大程度上解释了这样一种现象：面对相同的市场机会或价格信号，产权不明晰（或虚拟）的企业和产权清晰的企业会有不同的市场反应。企业并非"黑匣"，不同的企业组织形式具有不同的生产效率，不同生命阶段的企业对市场的反应不尽相同，产权状况则在基础层面决定着企业行为。

显然，传统主流西方经济学理论具有先天的不足，建立在该理论基础上的企业税收效应研究同样也就不可避免地存在着先天的缺陷。单纯地分析企业税收效应的自然属性，忽视了企业税收效应的社会属性，不去考察课税给企业利益相关者带来的经济影响，就无从分析企业税收效应的着力点，政府做出的税制安排也往往会由于缺乏微观基础而"失灵"。

因此，企业税收效应的研究应深入企业这个"利益相关者契约联结体"的内部，研究企业税收经济效应的形成机制与过程，即分析税收对企业产权结构、组织结构、发展战略以及生产经营等诸多方面的具体影响。这样有助于从企业层面分析税收经济效应的形成机制与着力点，为税收宏观分析及税制优化奠定微观基础；有助于企业在税收制度为外生变量的情况下，通过恰当的企业制度安排降低税收带来的效率损失，从而通过增加企业自身效率而提高整个经济运行效率。

（2）宏观效应的研究缺失微观基础。税收作为政府的有力工具被视为财政政策的中坚之一，被用于实现调节总供给与总需求、促进经济增长等宏观目标。在这个理论体系中，税收更多的是以政府的、宏观的形象出现，税收学在很大程度上表现为政府税收学。

在宏观层面的研究主要是以国民收入为主线，从总需求和总供给的角度研究税收对经济增长、通货膨胀等方面的影响。尽管这种研究在一定的程度上有利于政府通过税收的总需求效应和总供给效应调控宏观经济的运行，但是由于传统主流西方经济学一直未打开企业这个"黑箱"，依据传统经济学理论对经济现象做出的解释以及改革药方始终不尽如人意。

由于宏观经济理论的研究假定个体是理性的，不去考察微观主体针对宏观经济政策做出的行为选择和经济决策，往往导致宏观经济政策的低效或无效。

综上所述，企业税收效应的研究无论在微观层面和宏观层面上都有一定的缺失，微观效应的研究缺少制度安排效应的研究，而宏观效

应的研究缺少微观基础。因此，笔者认为应从企业的角度展开税收效
应的研究，在剖析税收对企业物质运动影响的同时深入企业内部探析
企业税收效应的运行机制，揭示税收对企业制度安排的影响，从而为
企业税制度优化提供微观基础。

1.1.2 现实背景

我国对企业税收效应的研究主要借鉴了西方的研究方法，在原有
的企业税收理论框架下设计的税制安排仍存有以下问题。

1. 我国企业税制的主体税种内部结构不合理，辅助税种设置不当

我国自 1994 年税制改革以来，企业税制一直存在着主体税种内
部结构不合理的现象，主要体现为企业流转税系的内部以及企业所得
税系的内部都存有一定的问题。

第一，从流转税系看，增值税虽然经历了"转型"和"营改增"
等一系列改革，并于 2017 年将原有的 17%、13%、11% 和 6% 的四
档税率归并为 17%、11% 和 6% 三档税率，2018 年和 2019 年又先后
两次降低税率，目前其税率为 13%、9% 和 6% 三档，但仍存在税率
档次过多和抵扣链条不完整等方面的问题，从而影响了企业资源的优
化配置，导致企业间税负不公和地方政府间税收竞争。具体到消费税
而言，由于该税种主要在生产地征收，征收环节单一，而且由于消费
税是价内税，这在一定程度上造成了消费地和生产地之间的税负不
公，从而加剧了企业、政府、消费者等利益相关主体的税收竞争，扭
曲了企业间和地方政府间的资源配置。加之，消费税的征收范围较
窄，诸如高档保健品等高档消费品和奢侈消费并未纳入其征收范围，
从而影响了消费税的调节作用。

第二，从所得税系看，2008 年金融危机爆发后，各国为加大吸

引外资的力度纷纷降低了包括企业所得税和个人所得税在内的所得税税率,这一点从 2018 年特朗普税改的最终落地方案即可管窥一二,美国的新税改引发了新一轮所得税改革,而我国的企业所得税从 2008 年"两税合并"后一直没有削减税率,从而影响了我国所得税制的国际竞争力,进而影响了我国企业的国际竞争力。而且,现行的企业所得税并没有彻底解决企业所得税和个人所得税的重复性课税问题,而个人所得税是影响企业利益相关者的一个主要税种。如何处理个人所得税和企业所得税的重复课税问题同样会影响到企业利益相关者对企业的投资,进而影响企业的资本结构和产权结构。如果上升到国家层面,则会影响一国的人才引进竞争力。

第三,从辅助税种看,某些税种的缺位与我国经济发展不相适应。比如没有开征社会保障税,而是以社会保障费取而代之,不利于企业人力资本的投资,从而影响企业人力资源的优化配置和各国之间的人才竞争。

2. 相关制度的配套改革不够

要发挥企业税收效应的积极作用,离不开相关者制度的配合,我国企业在融资方面和西方的"啄食"理论不相符,主要体现为:中小企业的融资以个人资本为主,企业的控制权主要掌握在个人业主手中;非上市国有企业的融资以银行贷款为主,企业的控制以"内部人"控制为主;上市公司的融资又以股权融资为主,控制权因企业的所有权依存状态不同而不同。

这些问题的存在主要在于我国的资本市场发育不完善,加上我国"二元"金融体制的影响使税收效应在我国企业的治理中显得不那么重要,因此,在进行企业税制优化的同时要对资本市场以及其他相关的制度加以规范。

1.1.3　研究意义

1. 理论意义

从微观主体出发分析企业税收效应具有一定的理论意义，主要体现在以下几个方面：

（1）有利于构建微观企业税收研究框架。从企业的角度出发研究企业的微观经济效应，有利于构建微观税收的研究框架。通过剖析企业税收的资源配置效应和制度安排效应，诠释了企业税收效应的自然属性和社会属性，揭示了企业税收效应运行的内在作用机理，从而有助于构建微观税收研究的理论框架。

（2）有利于推进宏观税收理论的发展。长期以来，宏观税收效应研究的缺陷就在于缺失了微观基础，而从现代企业理论的角度出发研究企业税收效应，恰好弥补了这一缺陷。税收对企业及其利益相关者行为选择的影响叠加起来就构成了企业税收的宏观经济效应，建立在微观效应研究基础上的宏观税收效应不再是"无源之水，无本之木"，政府在进行企业税制优化时也有相应的微观基础。

（3）有利于促进相关学科的融合发展。从前面的分析可知，企业理论是整个经济学理论体系的核心部分，其他相关理论的研究离不开企业这个微观基础的研究。而以企业为主体展开的企业税收效应研究几乎涉及了包括企业治理理论、产权理论、价格理论、消费者行为理论、市场理论、企业金融理论等在内的全部微观经济理论，通过税收这条研究主线将微观经济理论融合在一起，促进了这些学科的共同发展；同时，企业税制优化理论的本身就属于公共经济理论的一个组成部分，通过税收效应的研究将宏观经济理论和微观经济理论联结起来，有利于整个经济理论体系的发展和完善。

2. 实践意义

分析我国的企业税收效应，提出相应的企业税收制度安排，对我国现阶段的企业税制改革具有一定的实践意义。

（1）有利于促进资源的优化配置。我国的企业税收制度在优化资源配置方面发挥了积极的作用，特别是 1994 年税制改革以来，企业税制在促进经济增长、产业结构调整方面更是功不可没。但是，由于近十年来我国的税收一直处于超经济增长状态，加上我国企业税制本身的缺陷以及各地方政府的恶性税收竞争导致了资源配置的扭曲。通过企业税收效应的研究，有利于发现企业税制运行过程中存在的问题，通过企业税制的改良，能够更好地发挥企业税收的经济调节机能，促进资源的优化配置，从而确保我国宏观经济的平稳健康运行。

（2）有利于促进现代企业制度的建立和完善。随着市场经济的发展，企业内外部各个利益相关者基于经济人的逐利本性追求各自的利益最大化，在利益博弈的过程中，企业的目标逐步从利润最大化演化为企业价值最大化，企业也逐步由古典制企业向现代企业迈进，而我国的企业也正经历着这一演变过程。尽管我国的现代企业制度的建立和发展已经取得了一定的成效，但由于我国的现代企业制度的建立还处于起步阶段，离现代企业制度的要求还有一段距离，而且我国目前尚处于经济转轨期，企业呈多元化发展，既有属于古典类型的个人业主制和合伙制企业，也有属于现代类型的股份制企业，可谓是参差不齐。

从企业的角度展开税收效应的研究，有助于企业在企业税收制度是外生变量的情况下通过企业治理结构的完善提高企业的管理水平，从而提高企业的运营效率。现代企业的竞争更多体现为制度的竞争，而企业的制度安排集中表现为企业所有权安排，即企业的治理结构。企业的资本结构是决定企业治理结构的关键，资本结构和企业的投资、筹资是息息相关的。因此，从企业的角度研究税收效应有利于企业管理的科学化和制度化，从而有利于现代企业制度的建立，有利于促进企业良性健康地发展，有利于促进企业更好地应对世界经济一体化发展的要求。

（3）有利于政府优化税制的政策选择。目前，如何改革企业税制可以说是仁者见仁、智者见智，但是大部分观点是把企业作为一个纳税人看待，忽略了企业税收利益相关者的税收影响，当企业的利益相关者因其直接的或间接的企业行为成为了纳税人或负税人时，他们的行为选择和经济决策也会产生相应的变化，税收的经济调节机能和收入分配机能正是通过这些利益相关者的行为变化产生影响的。

因此，从企业的角度分析企业税收给企业及其利益相关者带来的影响，有利于为政府的宏观税收政策提供微观基础，便于政府对企业税制进行相应税制安排，设计出更好的税收制度，从而达到微观企业制度和宏观税收制度的和谐发展。

1.2 文献综述

1.2.1 国外学者的研究

国外学者对企业税收的研究主要停留在新古典经济学的研究框架下，分析税收对价格影响带来的收入效应和替代效应，进而将收入效应和替代效应放宽到生产、消费、劳动供给、储蓄以及投资领域，所以西方学者对税收效应的研究又细分为税收的生产效应、消费效应、劳动供给效应、储蓄效应和投资效应等，在分析税收效应的基础上提出税制优化的思路，给出相应的企业税收制度安排。由于生产效应、消费效应、储蓄效应、劳动供给效应的文献繁多并已形成教科书范式，笔者不再一一赘述。这里需要重点述评的是企业税收的投资效应和筹资效应（也可称之为资本结构效应），原因在于，投资和筹资贯穿于企业的整个生命周期，而且在经济全球化背景下，税收对跨国公司的影响主要体现在投资和筹资上。因此，本书主要从投资效应和筹资效应（资本结构效应）两个方面归纳和提炼国外学者对企业税收的研究。

1. 国外学者对企业税收投资效应的研究

早在20世纪60年代，西方学者就对该问题进行了关注。如乔根森（Jorgenson，1963）、霍尔等（Hall et al.，1967）就对该问题进行了研究，认为企业所得税是影响企业投资行为的重要因素。其中，乔根森提出了著名的新古典投资理论，在该理论模型中指出企业所得税和个人所得税通过影响企业的资本成本影响了企业的投资水平。随着该问题逐渐热化，一些公共财政领域的专家学者也开始关注企业税收的投资效应。一些学者（Summers，1981；Martin Feldstein et al.，1983；Auerbach，1983；King & Fullerton，1984；Slemrod，1990；Auerbach & Hassett，1992；Hines & Rice，1994；Jason Cummins et al.，1996；Hasset et al.，2002；Desai et al.，2004；Hines，2007）研究了企业所得税对企业投资的不利影响。德扬科夫和甘泽（Djankov & Ganser，2010）等在上述学者研究的基础上进一步扩展了研究范围，提供了2004年85个国家的企业所得税有效税率，认为企业所得税率对一国制造业投资有不利影响但对服务业和非正常经济的影响不大。[1] 马丁（Martin，2012）以欧盟为例分析了全球化背景下企业所得税对跨国投资的重要作用，并认为投资地当地的劳动力、立法状况和公共服务水平也不可忽视。[2] 塔尔普斯和万库（Talpos & Vancu，2009）分析

---

[1] Simeon Djankov & Tim Ganser, The Effect of Corporate Taxes on Investment and Entrepreneurship, American Economic Journal：Macroeconomics, July (2010)：31 – 64.

[2] Adina Martin, The Impact of Taxation on the Investment Localization Decision in the Context of Globalization, Work Paper, January (2012)：1 – 35.

了欧盟国家企业所得税对投资决策的影响，认为在欧盟的发展过渡国家企业所得税的投资效应较明显，而在包括中等收入以上的欧盟国家中，企业所得税不再是影响投资决策的主要因素。[①] 这一点在意大利1994～2006 年企业经验数据的研究中得到了验证（Federicil & Parisil，2015）。[②] 加拿大 1997～2006 年 10 个省降低税率后发现减税对投资产生了积极影响（Dahlbya & Feredeb，2008），[③] 而且加拿大各州利用增值税替代零售税后，由于税负的降低激励了机械工业的投资水平上升（Smart & Bird，2009）。[④] 法国的经验数据也验证了税收对投资产生的消极作用（Roche，2015）。西姆斯（Simmler，2009）利用转换回归框架分析了德国 1987～2008 年税收对无财务约束和有财务约束的两类公司投资的影响，结论表明，无财务约束的公司主要受有效边际税率的影响，而有财务约束的公司主要受有效平均税率的影响。[⑤] 此外，一些学者从减税角度证明了所得税率较低有利于企业投资，如 2008 年金融危机爆发后各国纷纷削减所得税率吸引资本（Gale & Samwick，2014）。[⑥]

2. 国外学者对企业税收资本结构效应的研究

国外学者对税收影响资本结构的研究最早可追溯至莫迪利亚尼和

[①] IoanTalpos & Ionel Vancu, Corporate Income Taxation Effects on investment Decision in European Union, Annales Universitatis Apulensis Series Oeconomica, 2009.

[②] Daniela Federicil & Valentino Parisil, Do Corporate Taxes Reduce Investments? Evidence from Italian Firm – Level Panel Data, Cogent Economics & Finance February (2015), 3：101 – 243.

[③] Bev Dahlbya & Ergete Feredeb. Tax Cuts, Economic Growth, and he Marginal Cost of Public Funds for Canadian Provincial Governments, Work Paper, 2008.

[④] Michael Smart and Richard M. Bird, The Impact on Investment of Replacing a Retail Sales Tax by a Value – Added Tax：Evidence from Canadian Experience, University of Toronto Work Paper, March (2009)：2 – 15.

[⑤] Martin Simmler, How Do Taxes Affect Investment When Firms Face Financial Constraints, DIW Berlin German Institute for Economic Research, 2009.

[⑥] William G. Gale & Andrew A. Samwick, Effects of Income Tax Changes on Economic Growth, Economics Study at Brooking, September (2014)：1 – 15.

米勒（Modigliani & Miller，1958）提出的资本结构理论（也被称为 MM 理论），该理论分析了无税状态下资本结构与企业价值之间的关系，认为资本结构与企业价值无关，这又被称为资本结构无关论。随后，两位学者 1963 年对此进行了修正，提出了有税条件下的资本结构理论，认为在课征企业所得税的条件下，由于税盾效应的存在，企业 100% 负债时，企业价值达到最大化。米勒（1976）又将其进一步扩展至个人所得税条件下分析，认为个人所得税在某种条件下会抵消企业所得税的税盾效应，从而降低了企业的价值。一些学者（Robichek，1967；Mayers，1984；Kraus，1973；Scott，1976）提出了权衡理论，该理论认为企业最优资本结构就是在负债的税收利益和预期破产成本之间权衡，不仅考虑了税收与资本结构之间的关系，还考虑了财务困境成本和代理成本对企业价值的影响。迈尔斯和麦基鲁夫（Myers & Majluf，1984 年）提出了啄食顺序理论，认为不对称信息和融资成本对资本结构的影响超出了税收和代理成本对资本结构的影响。费尔德斯坦等（Feldstein et al.，1979 年）通过构建模型研究了经济增长中的公司财务政策和个人所得税之间的关系，认为个人所得税的变化影响了债务权益比率和股息支付率，从而验证了资本结构理论的存在。[①] 巴斯肯（Baskin，1989）则从交易成本、个人所得税和控制权的视角解释了啄食顺序理论，认为留存收益提供的内部资金没有发行成本，还避免了个人所得税，因此内部资金要优于外部资金，同时由于负债融资具有节税效应且发行成本低，又不会稀释公司的控制权，所以对对外融资来说，负债融资优于权益性融资。

应该说，MM 理论、权衡理论和啄食顺序理论为分析企业税收对资本结构的影响提供了理论依据。国外学者对企业税收资本结构效应的分析主要是围绕着上述理论展开的。迪安格罗和马苏利（DeAngelo &

---

① Martin Feldstein, Jerry Green and Eytan Sheshinski, Corporate Financial Policy and Taxation in a Growing Economy, The Quarterly Journal of Economics, Vol. 93, No. 3 (Aug.，1979), pp. 411 – 432.

Masulis，1980）认为企业所得税税率的提高或降低会导致企业税收债务成本的降低或提高，从而导致企业债务融资动机的增加或减少。[①] 这一点在吉沃利等（Givoly et al.，1992）对美国 1986 年企业所得税改革对债务融资影响的实证分析结果上得到了验证。[②] 奥弗希和沃勒（Overesch & Voeller，2010）实证分析了企业所得税和个人所得税对企业资本结构决策的影响，结果表明较高的债务税收优惠对公司财务杠杆具有预期的显著正向影响，而小公司的资本结构对债务税收利益的变化反应更为显著[③]。布特纳等（Buettner et al.，2011）分析了跨国公司债务融资的税收状况与税收反应异质性，结论表明折旧、亏损弥补等税收优惠政策会抵消负债融资的税盾效应，而且经营损失越大，负债的税务敏感性越低。[④] 齐乌米斯和克拉珀（Tzioumis & Klapper，2012）以克罗地亚 2001 年的企业所得税改革为例，分析了转轨经济国家税收和资本结构之间的关系，得出了税率低的企业倾向于股权融资而税率高的企业倾向于债权融资的结论，从而说明了资本结构理论在发展中国家同样适用。[⑤] 麦金莱（MacKinlay，2015）研究了企业边际税率与企业负债融资之间的关系，认为在利率高的环境下，企业的负债政策对税率最敏感。[⑥]

综上所述，国外税收理论对于税收效应的研究主要是按照税收对

① Harry DeAngelo and Ronald W. Masulis，Optimal Capital Structure Under Corporate and Personal Taxation，Journal of Financial Economics，1980，Vol. 8，No. 1，pp. 3 - 27.

② Givoly，Dan et al.，Taxes and Capital Structure：Evidence from Firms'Response to the Tax Reform Act of 1986，Review of Financial Studies，1992，Vol. 5，issue 2，331 - 355.

③ Michael Overesch and Dennis Voeller，The Impact of Personal and Corporate Taxation on Capital Structure Choices，Public Finance Analysis，Vol. 66，No. 3（September 2010），pp. 263 - 294.

④ Thiess Buettner，Michael Overesch and Georg Wamser，Tax Status and Tax Response Heterogeneity of Multinationals'Debt Finance，Public Finance Analysis，Vol. 67，No. 2（June 2011），pp. 103 - 122.

⑤ Konstantinos Tzioumis and Leora F. Klapper，Taxation and Capital Structure：Evidence from a Transition Economy，Public Finance Analysis，Vol. 68，No. 2（2012），165 - 190.

⑥ Andrew MacKinlay，（How）Do Taxes Affect Capital Structure? https：//papers. ssrn. com/sol3/papers. cfm? abstract_id = 2022518.

行为主体的行为选择和经济决策的影响展开的。研究的基本范式是从完美市场一步步放宽假设前提，逼近现实展开税收效应研究。其基本假定是：行为主体是理性的"经济人"，追求效用或利润最大化，制度前提是完全竞争市场。首先，分析在无税条件下行为主体的经济选择和具体行为决策如何达到效用最大化；其次，放宽无税的假设条件，引入税收变量，将税收变量加入原来的模型中去；再次，按照原模型的模式，倒算出税收的影响，也就是说税收首先是作为解释变量出现在模型中的；最后，以被解释变量的形式作为结论得出。西方税收效应理论的研究范围广泛，其中主要包括税收影响的直接考察，也就是没有理论模型作为依据，纯粹进行数据的回归和模拟，以及以理论模型作为被检验对象的计量分析。

虽然以资源配置为研究对象的西方新古典税收效应理论研究已较为成熟，但仍存在以下局限性：

（1）制度分析的缺失。现行的西方税收效应理论的研究将企业看成是一个内部制度安排既定的"黑箱"，企业税收效应的研究仅仅局限于企业自然属性的研究，忽视了课税给企业生产关系带来的影响，然而企业不仅具有自然属性，还具有社会属性，企业不仅是一种配置的机制，也是处理各个利益主体间利益冲突的治理机制。因此，没有深入企业内部考察税收的制度安排效应使得西方税收效应理论的研究存在着先天性的不足。

（2）其他方面的缺失。西方现行税收效应理论没有将现实中各不相同的企业行为区别对待，最重要的是不能及时地将影响企业行为的其他因素（如信息化）、政府间的税收制度竞争等因素考虑在原模型之中。

1.2.2　我国学者的研究

我国学者对企业税收的研究主要集中在 1994 年税制改革后，而且分析主要停留在增值税和所得税上，一些专家学者在研究企业税收时更多地沿袭了西方的新古典经济学分析方法，主要分析税收的收入效应和替代效应，进而分析我国税收制度对生产、消费、投资、劳动供给以及储蓄的影响，并且采用西方的新古典经济学分析方法针对我国的现实提出企业税制优化的方案。

郭庆旺（1994）等学者在《西方税收学》一书中用新古典经济学方法分析了税收的收入效应和替代效应，以及税收对生产、消费等领域的影响，进而提出了我国税制优化的方案，从而为企业税制优化提供了理论基础。该学者在其 1995 年出版的《税收与经济发展》中用了大量的经济学分析方法分析税收效应，从而为后续研究者提供了良好的研究思路和研究范式。王雍君（1995）在《税制优化原理》中同样分析了上述问题，并进一步归纳总结了税制优化的原理，为企业税制优化奠定了理论基础。

王志强（2002）在其博士论文《公司财务政策的税收效应》中利用一般均衡分析方法分析了公司资本结构政策和股利分配政策的税收效应，该论文建立了大量的经济模型，采用西方经济学中的最优分析方法对公司的财务政策进行税收方面的研究，并且对我国公司的现实状况进行了分析。李喜妍（2003）在其博士论文《企业税制优化》中利用博弈论和新制度经济学分析方法分析了企业税收制度对企业行为决策的影响，但是其分析仍然采用新古典经济学分析方法，在博弈分析中主要是分析政府和企业之间的博弈，没有深入企业内部之间的博弈，该论文仍然将企业看成是一个"黑箱"。李宏文（2004）在其博士论文《中国银行业税收效应与制度分析》中以银行业为例，分析了我国银行业税收的融资效应，认为在中国渐进式改革过程中形成了"弱财政、强金融"的问题，需要通过税制优化促进银行治理结构优化，这一观点目前看来仍有一定的借鉴意义。

李健（2005）、姚爱科（2011）分析了企业税收成本的构成，并给出了降低企业税收成本的对策建议，从而将企业税收成本作为一个内生变量来看待，为从企业内部研究税收问题提供了一定的思路。①②
孙德仁（2015）分析了税收政策在企业创新中的作用，从创新角度
诠释了税收对企业资源配置的影响。③

　　此外，我国的学者对企业税收问题进行了广泛而深入的探讨，主
要集中在以下几个方面：

　　一是从税收筹划或者是逃避纳税义务的角度出发研究企业和税收
之间的关系。例如：周夏飞（2001）基于契约理论，认为减税动机
能否落实为税收筹划行为取决于外部环境。④ 梁云凤等（2007）基于
经济学视角分析了企业税收筹划的动因，从而提供了企业税收筹划的
经济学思考，也为扩展企业税收行为分析提供了研究思路。⑤ 郑红霞
等（2008）基于中国上市公司数据分析了不同股权结构的税收筹划
问题，认为在国有企业的税收战略中，其税收筹划行为更为保守。⑥
王跃堂等（2009）实证检验了"两税合并"后税率降低给企业价值
带来的影响，认为税率降低会提高企业的市场价值，税率降低激励企
业的避税行为并提高了企业的税后盈余。⑦ 王跃堂等（2010）进一步
实证检验了中国国有企业和非国有企业利用债务税盾效应进行筹划的
情况，结论表明，资本结构理论对我国企业发挥了积极的税收筹划作
用，当所得税税率上升时，企业的债务比例会有所提高，而且非国有

---

　　① 李健：《企业税收成本的构成及其优化》，载于《温州职业技术学院学报》2005 年
第 1 期，第 11 ~ 13 页。

　　② 姚爱科：《企业税收成本构成及其优化》，载于《财会研究》2011 年第 5 期，第
65 ~ 67 页。

　　③ 孙德仁：《税收政策在企业创新中的作用于优化模式》，载于《税务研究》2015 年
第 12 期，第 17 ~ 20 页。

　　④ 周夏飞：《论税收筹划的形成机制与实现手段》，载于《浙江大学学报（人文社会
科学版）》2001 年第 5 期。

　　⑤ 梁云凤等：《税收筹划行为的不同经济学视角分析》，载于《中央财经大学学报》
2007 年第 10 期，第 11 ~ 16 页。

　　⑥ 郑红霞等：《不同股权结构的上市公司税收筹划行为研究——来自中国国有上市公
司和民营上市公司的经验数据》，载于《中国软科学》2008 年第 9 期，第 122 ~ 131 页。

　　⑦ 王跃堂等：《所得税、盈余管理及其经济后果》，载于《经济研究》2009 年第 3
期，第 86 ~ 98 页。

企业的债务税盾效应更为显著。① 盖地和梁虎（2011）分析了契约理论下税收筹划与利益相关者之间的关系，认为只有兼顾各方利益才能进行有效的税收筹划。② 企业除了进行制度框架下的税收筹划外，还会出现偷逃税的情况。王雄元等（2016）分析了工薪所得税筹划的职工薪酬激励效应，并得出了税收筹划对职工薪酬激励有积极影响的结论。③ 曹明星等（2016）基于"一带一路"视角分析了"走出去"企业进行跨境所得的国际税收筹划的三种方式，认为进行国际税收筹划是提高企业国际竞争力的重要手段之一。④ 王亮亮等（2017）分析了上市对税收筹划行为的影响，实证检验结果表明，上市对企业税收筹划有抑制作用，尤其是对国有企业更为显著。⑤

从企业逃避纳税角度看，安体富、王海勇（2004）从激励理论出发，分析了企业纳税不遵从的问题，从而提供了研究企业逃避纳税行为的理论依据。⑥ 王良穆等（2005）从全球经济一体化方面探讨了国际逃避税问题，为研究开放经济状态下的企业税收行为提供了一种新视角。⑦ 尹音频从资本市场管理的角度分析了企业的逃避税行为，并提出了相应的对策，认为完善税制和进行国际税收合作是防止税收

① 王跃堂等：《产权性质、债务税盾与资本结构》，载于《经济研究》2010 年第 9 期，第 122～136 页。

② 盖地、梁虎：《契约理论视角下的企业税务筹划——基于企业和利益相关者之间契约关系的分析》，载于《审计与经济研究》2011 年第 2 期，第 17～22 页。

③ 王雄元等：《企业工薪所得税筹划与职工薪酬激励效应》，载于《管理世界》2016 年第 7 期，第 137～153 页。

④ 曹明星等：《"走出去"企业三种跨境所得的国际税收筹划方式——基于"一带一路"沿线国（地区）的观察》，载于《经济体制改革》2016 年第 1 期，第 104～111 页。

⑤ 王亮亮等：《上市会影响公司的税收筹划行为吗?》，载于《管理工程学报》2017 年第 3 期，第 59～66 页。

⑥ 安体富、王海勇：《激励理论与税收不遵从行为研究》，载于《中国人民大学学报》2004 年第 3 期，第 48～55 页。

⑦ 王良穆等：《全球经济一体化与税收国际化趋势的探究》，载于《中央财经大学学报》2005 年第 2 期，第 5～8 页。

流失的主要途径。① 田彬彬等（2017）从道德层面分析了影响中国企业逃税的主要因素，从中国的经验数据研究看，国有企业和集体企业的逃税动机较弱，而外资企业和私营企业的逃税动机相对较强烈。② 陈德球等（2014）从地方政府核心官员变化带来的政策的不确定角度出发，研究了税收征管强度与企业税收规避的问题，结论认为地方核心官员更换带来的政策不确定性提高了企业规避税收的动机。③ 毛程连等（2014）从中国经验数据出发得出了由于税率的提高降低了投资回报从而刺激了外商投资企业的逃避税行为。④ 蔡宏标等（2015）从机构投资者这一利益相关者角度研究了企业税收规避问题，认为机构投资者的存在抑制了企业税收规避动机，有助于政府税收征管水平的提高。⑤ 袁卫秋等（2017）分析了税收规避与公司治理之间的关系，公司治理有利于引导税收规避向积极方向靠拢。⑥

二是税收与企业投融资问题。例如：李义超（2003）在其专著《中国上市公司资本结构研究》中以上市公司为例研究了这些企业的资本结构，分析了税收政策对企业资本结构的影响，提供了我国税收政策影响企业资本结构的一个缩影。⑦ 宋晓梅（2004）在其博士论文《基于公司控制权考虑的资本结构理论研究》中基于公司控制权视角分析了企业的资本结构问题，为本书的研究提供了资本结构方面的理

---

① 尹音频：《对资本市场税收管理机理的认识》，载于《涉外税务》2006 年第 10 期，第 5～7 页。

② 田彬彬等：《税收道德对中国企业逃税的影响——来自世界价值观调查（WVS）的经验证据》，载于《税务研究》2017 年第 10 期，第 84～89 页。

③ 陈德球等：《政策不确定性、税收征管强度与企业税收规避》，载于《管理世界》2016 年第 5 期，第 151～163 页。

④ 毛程连：《税率对外商投资企业逃避税行为影响的研究》，载于《世界经济》2014 年第 6 期，第 73～89 页。

⑤ 蔡宏标等：《机构投资者、税收征管与企业避税》，载于《会计研究》2015 年第 10 期，第 59～65 页。

⑥ 袁卫秋等：《税收规避、公司治理与现金持有》，载于《兰州财经大学学报》2017 年第 2 期，第 96～108 页。

⑦ 李义超：《中国上市公司资本结构研究》，中国社会科学出版社 2003 年版，第 3～7 页。

论支撑。王素荣（2005）分析了资本结构与税收的相关性的问题，认为米勒模型不适应中国。[①] 李霞（2008）对税收与资本结构之间的关系进行了文献述评，分析了中外学者的研究动态。[②] 贺伊琦等（2009）基于税收视角分析了资本结构对公司治理的影响，认为可以通过税收影响资本机构进而影响治理结构。[③] 黄明峰等基于两税合并的经验数据分析了税收对企业资本结构的影响并得出了税收政策能够影响企业资本结构的结论。[④] 贾俊雪（2014）研究了税收激励对企业进入的影响并进行了实证分析，结果表明降低有效平均税率可以显著提高企业的进入水平，并且对外商投资企业的影响尤为突出，但个人所得税的存在会减弱企业所得税对外商投资企业进入带来的积极影响。[⑤] 高睿冰（2016）检验了债务税盾与企业绩效之间的关系，结论认为税收对企业的资本结构会产生重大影响，[⑥] 而毛德凤等（2016）则实证分析了税收激励的民营企业投资效应，结果表明税收激励有一定的投资效应，但对研发和人力资本的投资效应不明显。[⑦] 王成芳等（2017）分析了所得税率不同状态下的债务税盾效应，得出了税率越高，企业债务占比越高的结论，但因为国有控股公司与非国有控股公

---

① 王素荣：《资本结构与税收相关性分析》，载于《税务研究》2005 年第 10 期，18 ~ 20 页。

② 李霞：《税收与资本结构研究综述》，载于《经济评论》2008 年第 4 期，第 129 ~ 135 页。

③ 贺伊琦等：《税收视角下资本结构对公司治理的影响研究》，载于《税务与经济》2009 年第 1 期，第 82 ~ 87 页。

④ 黄明峰等：《税收政策的变化影响公司资本结构吗？——基于两税合并的经验数据》，载于《南方经济》2010 年第 8 期，第 17 ~ 28 页。

⑤ 贾俊雪：《税收激励、企业有效平均税率与企业进入》，载于《经济研究》2014 年第 7 期，第 94 ~ 109 页。

⑥ 高睿冰：《异质性税盾、科研产出与企业绩效》，中央财经大学博士学位论文，2016 年。

⑦ 毛德凤等：《税收激励对企业投资增长与投资结构偏向的影响》，载于《经济学动态》2016 年第 7 期，第 75 ~ 87 页。

司融资环境的不同，其债务税盾效应的结果不同。[①]

　　三是税收与企业治理问题。李新等（2007）分析了我国企业所得税改革与公司治理之间的关系，认为政府在税制改革时应注意通过税收手段促进企业治理结构的完善以提高征管水平。[②] 李嘉明等（2011）基于中国经验数据检验了企业避税行为与公司治理结构之间的关系，结论表明公司治理结构影响了企业避税行为，并且管理层持股比例越高避税的动机越强。[③] 张斌等（2012）归纳了税收公司治理效应研究的前沿动态，认为税收作为政府主导的强制制度对公司治理具有重要影响。[④] 任广乾（2013）则认为避税对公司的外部治理环境、内部资本结构、利益相关者、治理机制及治理水平等具有显著的影响，政府应加强低治理水平企业的税收征管以优化企业税收制度。[⑤] 张兆国等（2015）分析了公司治理与企业避税之间的关系，发现公司治理机制与税收规避存在一定的调节关系，并进而影响了企业的现金持有价值。[⑥] 李甜甜等（2015）对税收负担公司治理效应研究的相关文献进行了综述，为本书提供了较好的文献资料参考。[⑦] 田高良等（2016）分析了媒体关注、税收与公司治理之间的关系，认为媒体关注降低了企业管理层的税收激进行为，抑制了其避税动机，尤

---

① 王成芳等：《所得税率、所有权结构与债务结构》，载于《财经论丛》2017 年第10 期，第18 ~ 26 页。

② 李新等：《中国新一轮企业所得税改革：一个公司治理的视角》，载于《管理世界》2007 年第8 期，第159 ~ 160 页。

③ 李嘉明等：《公司治理结构与公司所得税逃避税关系的实证研究》，中国会计学会2011 年学术年会，《中国会计学会会议论文集》，第1619 ~ 1629 页。

④ 张斌等：《税收制度的公司治理效应研究前沿探析与未来展望》，载于《外国经济与管理》2012 年第5 期，第75 ~ 81 页。

⑤ 任广乾：《基于公司治理视角的企业避税行为研究》，载于《郑州大学学报（哲学社会科学版）》2013 年第5 期，第81 ~ 85 页。

⑥ 张兆国等：《公司治理、税收规避和现金持有价值——来自我国上市公司的经验证据》，载于《南开管理评论》2015 年第1 期，第15 ~ 24 页。

⑦ 李甜甜等：《税收负担公司治理效应的研究述评与未来展望》，载于《湖北经济学院学报（人文社会科学版）》2015 年第4 期，57 ~ 59 页。

其是在地方国有企业更为显著。① 申广军等（2017）基于世界银行数据研究了企业投资、政企关系与实际税率之间的关系，结论表明税收征管机构不同是导致不同规模企业面临实际税率不一致的主要原因，从而佐证了当前国地税合并的必要性。②

四是企业与国际税收问题。在开放经济状态下，随着经济全球化的逐步加深，企业面临更多的国际税收竞争，一国国际税收政策的制定影响着跨国企业在全球的资源配置和公司治理。任寿根（2001）分析了国际洗税与跨国企业之间的关系，认为应通过国际税收合作打击国际洗税行为，从而提高企业的纳税遵从度。③ 邓力平（2003）通过文献综述的方式归纳总结了国际税收竞争的理论框架，从而为研究开放经济状态下的企业税收问题提供了理论框架基础。④ 陈涛（2002）、李栋文（2003）、吴强（2007）等在其博士论文中分析了国际税收竞争理论，各国纷纷通过降低税率等方式吸引资本和人才是导致国际税收竞争的主要原因。王镭（2003）、苑新丽和张睿（2007）、王逸（2008）、董晓岩（2012）、李时（2013）等分析了税收对企业跨国投资的影响，研究结果均表明税收是影响企业跨国投资的重要因素。刘穷志（2017）分析了税收竞争与资本外流之间的关系，认为资本税负越重资本外流越严重，应通过优化资本税负和投资环境吸引资本以促进经济增长和公平分配。⑤ 邓力平（2017）分析了当前我国关税政策的运用问题，认为当前一段时间我国应意识到边境税的重要

① 田高良等：《媒体关注与税收激进——基于公司治理的角度》，载于《管理科学》2016 年第 2 期，第 104 ~ 121 页。

② 申广军等：《企业规模、政企关系与实际税率——来自世界银行"投资环境调查"数据》，载于《管理世界》2017 年第 6 期，第 23 ~ 36 页。

③ 任寿根：《国际洗税行为分析》，载于《经济研究》2001 年第 3 期，第 61 ~ 68 页。

④ 邓力平：《经济全球化下的国际税收竞争研究：理论框架》，载于《税务研究》2003 年第 1 期，第 11 ~ 18 页。

⑤ 刘穷志：《税收竞争、资本外流与投资环境改善——经济增长与收入并行路径研究》，载于《经济研究》2017 年第 3 期，第 61 ~ 75 页。

作用，在关税税率和税目调整中要兼顾国家和企业的利益。[①] 龚辉文
（2017）则认为国际竞争是促进一国税制改革的最好推动力，由于站
在国际竞争前沿的是企业，因此，政府应通过优化企业税收提高企业
的国际竞争力。[②] 白彦锋等（2017）从企业所得税负角度进行了分
析，结论显示在特朗普税改背景下，企业所得税改革应与其他税费改
革整体推进才能发挥税收调节的积极作用。[③] 张泽平（2017）则从全
球治理角度分析了数字经济和跨国企业逃避税对国际税收秩序的挑
战，认为我国应从国内法和国际规则两个层面完善国际税收管理体
制，从而为中外企业提高国际税收征管的透明度和确定性。[④] 王有鑫
（2018）等分析了特朗普税改的内容并提出了中国的应对策略，从侧
面反映了在开发经济状态下，大国的税改更具有外溢性，对我国企业
税制产生了深远影响。[⑤]

　　从上述学者的研究可以看出我国学者的研究还停留在新古典经济
学的研究思路上。因此，要研究我国企业税收效应问题，第一个要解
决的是如何利用和借鉴西方现有理论的问题。正如上述分析，西方税
收理论的基本假设是针对西方行为主体而设定的，能否在我国成立是
我们首先要考虑的问题。"经济人"的假定在我国达不到西方发达国
家的适用程度。在我国，无论是企业还是个人，其追求的目标都并不
仅仅是利润和效用的最大化，或者说效用的最大化不能完全用金钱来
衡量。中国文化本身的特点决定我们不可能完全符合西方经济学中

---

　　① 邓力平：《国际形势变化下的中国关税政策运用研究》，载于《经济与管理评论》
2017 年第 3 期，第 75~80 页。
　　② 龚辉文：《国际税收竞争是现代税制改革的主要推动力》，载于《税务研究》2017
年第 9 期，14~19 页。
　　③ 白彦锋等：《国际税收竞争与我国企业所得税改革的理性选择》，载于《地方财政
研究》2017 年第 5 期，第 31~37 页。
　　④ 张泽平：《全球治理背景下国际税收秩序的挑战与变革》，载于《中国法学》2017
年第 3 期，第 184~201 页。
　　⑤ 王有鑫：《特朗普税改：内涵、影响及应对》，载于《国际金融》2018 年第 1 期，
第 47~53 页。

"经济人"的假定，因此在分析税收对个人和企业行为的影响时，要从基本的假定前提来加以改进，在理论模型改进困难的情况下，不应该简单套用西方的模型。所以，较为合理和可行的做法是通过经验实证的方法，利用计量经济学的工具，通过数据考察税收对我国经济运行的实际效应。但是，计量经济学的研究方法本身就存在着数据测量、变量内生性、模型脱离实际基本原理等问题，加之我国数据并不十分丰富的现状，都给我们进行经验研究提出了挑战。

我国税收效应研究存在的第二个问题是，我国市场经济具有不完全性。我国的市场经济体制脱胎于原有的计划经济体制，而且实行的是自上而下的改革方式。到目前为止，改革已经进入了攻坚期，其中，农村问题、中小企业问题、国有企业改制问题、上市公司问题、金融资本市场等问题都是现阶段改革的难点所在。这些制度因素的存在，将对不同的行为主体产生不同的影响，在此基础上，税收对经济主体的影响也将不同于传统的西方理论。和其他领域相比，在企业行为的分析中，各种制度的影响更加突出，相关利益人之间的冲突表现得更为明显，而且也会极大地影响我国企业的税收效应。仅仅用新古典经济学的分析方法分析企业的行为是不够的，要深入企业的内部去分析研究，从而找到企业税收制度在企业中的运行机制，以及在这种机制下企业做出的行为选择，以便设计出更完善的企业税收制度。

第三个存在的问题是我们应该从什么样的角度来研究我国的企业税收效应。西方理论的研究以不同的经济行为作为税收效应的研究对象，主要包括税收对储蓄的影响、税收对劳动供给的影响，税收对企业投融资的影响等。也就是说其对宏观效应和微观效应同时进行研究，而不加以区分。在我国，同样也可以通过这样的方式来研究企业税收效应，但是仅仅这样研究并不能适应我国改革发展的需要。

由于我国目前体制等各方面的原因，特别是国有企业改革及上市公司凸显出了一些融资问题、治理结构问题等，所以我们不能仅停留在研究税收的储蓄、劳动供给等宏观效应上，而是要深入企业内部研究税收的微观效应，从而设计出能够促进我国现代企业制度建立的税收制度。

因此，在研究企业税收效应时，应从企业税收的微观效应入手，研究税收对企业和企业相关利益人在税收环境下所做的行为选择。对企业税收效应的研究必然涉及企业税收的种类、企业税收的负担、计税依据、征收管理、企业的组织结构、资本结构、治理结构等，也就是企业税收效应运行机制。我们要通过效应机制这条线索研究税收的资源配置效应和制度安排效应，从而为我国的企业税制安排提供微观基础，促进我国宏观经济的健康运行和经济的良性发展。

1.3　研究的理论工具与方法

本书从制度经济学和新古典经济学的研究范式入手，综合运用税收学、现代企业理论、财务学、计量经济学以及博弈论等学科的理论工具与研究方法，对企业税收效应进行系统研究，采用的研究工具和方法体现为以下几种。

1. 自然属性和社会属性相结合的研究方法

本书在第 2 章首先回顾了新古典经济学和新制度经济学以及马克思政治经济学的不同企业观后，应用马克思政治经济学的原理，采用"二分法"从自然属性和社会属性两个层次对企业的性质加以界定。其中，企业的自然属性是生产力的体现，它具体表现为企业不同的资源配置方式；而社会属性则是生产关系的体现，它具体表现为企业不同的制度安排。企业性质的"二重性"决定了企业目标以及企业运行机制的"二重性"。以企业为主体展开的企业税收效应同样体现了"二重性"特征，企业税收效应"二分"为资源配置效应和制度安排效应，我们以此为基础展开本书第 3 章资源配置效应和第 4 章制度安排效应的研究。在前几章分析的基础上，本书的第 5 章将企业税收运动带来的效率损失"二分"为经济效率损失和制度效率损失，并根据自然属性和社会属性要求提出企业税收效应优化的目标为经济目标和社会目标。在第 6 章的实证分析中，笔者利用"二分法"评价了我国企业税收的资源配置效应和制度安排效应。

2. 微观分析和宏观分析相结合的方法

企业税收运动的过程涉及政府、企业、股东、债权人、职工等众多的利益相关者，政府正是通过税收对企业及其他利益相关者的影响来调控宏观经济的运行。以企业为主的税收利益相关者属于微观主体，而政府作为强势的税收缔约者，更多关注的是宏观层面的问题，如税制优化的问题。因此，采用微观和宏观相结合的方法，更能从不同的侧面对企业税收效应进行科学的研究。

3. 契约分析法

本书在进行企业税收效应研究时，采用了契约分析法。所谓契约在法学中一般解释为"合意"，它包含了正义和自由两个方面的内容，即契约是双方当事人能够完全自由地就缔约内容和方式达成一致意见，并且是公正合理的。经济学中契约的内涵要比法学意义上的内涵更丰富，既包括具有法律效力的契约，也包括许多默认的契约，而且把"交易"看作是一种"契约关系"或一种"契约安排的结果"。企业被看作是"各种契约的联合体"或由"利益相关者构成的契约集合体"，而企业的治理结构被看作是企业所有权安排的契约制度。因此，经济学中的契约概念具有多维度的内涵，它既依赖于法律体系，也依赖于社会习惯以及交易物的技术特性。契约分析法被看作是现代企业理论中最核心的研究方法。

由于企业是利益相关者的联结，因此，企业税收制度也体现为政府和企业及其另一相关者的税收契约关系，这个税收契约关系中，各个税收利益相关者之间的行为是相互影响、相互制约的，用契约分析法分析企业税收效应更有利于深入企业内部分析企业税收利益相关者之间的影响，更有利于展开税收制度效应的分析。

4. 数理分析法

本书以博弈论为理论工具，运用库诺特模型和伯兰特模型对企业间和政府间的资源配置进行了博弈分析，揭示了企业间和政府间资源配置的原理，为后续的我国税制效应分析打下了理论基础；利用经济学的数理模型分析了企业税收的资源配置效应和财务资本结构的治理效应；利用计量模型分析了我国企业的宏观税负状况等。采用数理分析法有利于直观、形象表达想要阐述的问题。

1.4 研究的逻辑框架与内容结构

本书以马克思主义的"二重性"为分析工具，考察了企业的性质、目标以及运行机制的"二重性"，导出了企业税收效应的"二重性"，并以此为理论基础从资源配置与制度安排两个维度分析了企业税收效应，揭示了企业税收效应的优化机制，并用于指导我国实践。具体技术路线如图 1 - 2 所示。

全书共分 6 章，具体的逻辑结构如下：

第 1 章，导论。陈述选题的背景、意义；对西方学者和我国学者的研究进行文献评述；介绍研究的理论工具与研究方法；简述研究的技术路线和论文的篇章结构；最后指出本书的可能创新之处与不足，以及今后笔者尚需继续努力的方向。

第 2 章，企业税收效应机制分析。该章从企业性质分析入手，在文献比较的基础上，解读了新古典经济学、新制度经济学和马克思主义政治经济学的不同企业观，将企业界定为自然属性和社会属性的统

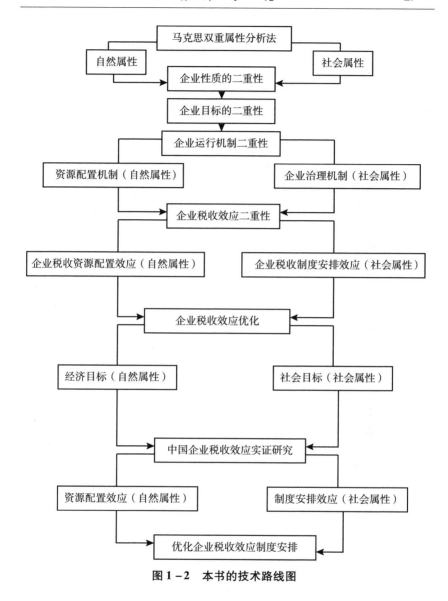

图 1-2 本书的技术路线图

一体，从而导出企业目标、企业利益关系和企业运行机制的"二重性"，进而推导出了企业税收效应的"二重性"，揭示了企业税收效应的作用原理与运行机制，为全书的深入研究构建了一个分析框架。

2.1节结合西方经济学和政治经济学的企业观，提出企业的本质是自然属性和社会属性的统一，并在此基础上分析了企业目标、企业利益关系和企业运行机制的"二重性"。2.2节在对契约进行了一般性描述，简要概括了马克思的契约观后，应用企业利益相关者理论，通过对"马斯格雷夫税收影响点图"的解析导出企业的税收契约关系，并从静态和动态两个层面对企业的税收利益相关者进行界定。最后，应用马克思主义政治经济学的"利益对立分析法"建立企业税收契约关系的理论分析框架。2.3节从自然属性和社会属性的角度出发，对企业税收效应进行界定，引申出制度既定下的企业税收自然属性效应是指资源配置效应，在资源配置既定下的企业税收社会属性效应是指制度安排效应，进而从静态和动态两个方面解析企业税收效应的作用原理、传导机制和运行机理。

第3章，企业税收资源配置效应分析。该章分别分析了税收对企业内部资源配置和企业外部资源配置的影响，探讨了资源配置过程中的引发的企业间和政府间资源配置的税收竞争效应。由于企业内部的经营活动内容较多，不仅包括企业的生产经营活动，还包括企业的投资活动，因此，企业内部的资源配置税收效应分析分两节进行。3.1节分析了企业税收资源配置效应的作用机理，企业内部资源配置围绕着边际收益等于边际成本展开，企业外部的资源配置效应围绕着市场均衡展开。3.2节从税收对企业产出的影响入手分析企业的生产效应、劳动力需求效应和"外部性"效应。3.3节从企业的投资收益界定入手分析企业投资收益和风险的税收效应。3.4节从局部均衡效应分析入手，利用哈伯格模型扩展到企业税收的一般均衡分析。3.5节探讨了差别税收条件下，企业间和政府间资源配置的税收竞争效应，并分析了恶性竞争带来的弊端。

第4章，企业税收制度安排效应分析。该章从企业的利益相关者入手分析了企业各利益主体的目标要求函数，并建立企业税收影响企业制度安排的框架结构，在此基础上，逐步解析税收对企业治理结构的影响。在通过互为假设前提的条件下，层层分析税收对企业财务资本结构和人力资本结构的影响，以及由此产生的企业制度安排的变化。4.1节从广义的视角引出企业的利益不同的利益诉求，并对企业的制度安排的本质进行分析，指出企业的所有权安排存在"状态依存性"，从而导出税收从财务资本结构和人力资本的结构两个维度影响企业的制度安排。4.2节在人力资本结构既定的情况下，探析不同税收条件下的财务资本结构治理效应。4.3节在财务资本结构既定的情况下，探析不同税收条件下的人力资本结构治理效应。

第5章，企业税收效应优化分析。该章由梳理、归纳各个经济学派的税收优化理论入手，对相关的税制优化进行了思考，导出优化企业税收效应的动因，提出了优化企业税收的目标和衡量标准。5.1节企业税收效应优化理论的解读，简要回顾了各理论的核心学说，并进行了简要评析，为后面的优化企业税收效应安排奠定了理论基础。5.2节分析优化税收效应的动因，认为课税带来的经济效率损失和制度安排效率损失是企业税收优化的根本动因。5.3节企业税收效应优化的目标首先体现为自然属性层次的目标，即通过优化企业税收效应达到一定的经济目标；其次体现为社会属性层次的目标，即通过企业税收效应优化实现一定的社会目标。经济目标和社会目标的实现需要从定性和定量两个标准加以衡量。

第6章，中国企业税收效应实证分析。该章首先回顾我国企业税收制度的历史演进过程，然后从税负和税制结构两个方面对我国企业税制进行了现实考察，并对我国现行企业税制的资源配置效应和制度安排效应进行了探析和评价，最后从企业税负和税制结构优化以及相关制度的配套改革三个方面提出优化企业税收效应安排的路径选择。6.1节为中国企业税制的考察。本节从新中国企业税制的建立开始。我国的企业税制是随着我国经济发展和制度变革的演化路径和历史变迁变化的。本节从企业的税负状况和税制结构探析我国企业税制的现行构成。6.2节为中国企业税制的资源配置效应评价。我国目前的企业税制无论在经济增长和产业结构方面都有重大的影响，一方面，现行税制促进了我国经济的发展和产业结构的调整；另一方面，由于税收的超经济增长、"多税率"的增值税、"双轨制"的企业所得税、"古典制"的所得税系、"缺失"的社保税和环保税等一系列问题造成了我国产业间和企业间的资源配置扭曲。6.3 节为我国企业税制的制度安排效应评价。由于有关税收效应的制度层面的数据难以搜集，我们通过资本结构这个视角来解析现行税收的影响。目前我们从融资上看，企业出现了典型的"三元融资模式"，由于非税因素的影响，税收因素对我国企业的资本结构和企业所有权分配的影响已不是关键要素。这也证明税收制度的改革需要相关制度的配套改革。6.4 节从优化企业的宏观税负和微观税负入手，根据拉弗曲线的原理提出了应适当降低企业的微观税负的思路；流转税系的优化要解决好增值税转型中固定资产的存量扣除的问题，所得税系要解决合并的经济性重复课税问题、关联方交易的问题以及和新会计准则接轨的问题；改革社会保险费为社会保险税；同时要完善我国的资本市场，做好资本市场的定位，发挥资本市场资源配置的积极功能；改革社会保障制度，为社会保险税的开征保驾护航；协调会计制度和税收制度之间的关系，利用会计准则的改良促进企业税制的优化。

1.5　本书可能的创新与不足

企业税收效应涉及的内容极其庞杂，尤其是涉及企业内外部纷繁复杂的利益关系，加上可供参阅的资料有限，研究难度之大超出笔者的预想。尽管如此，本书仍然在以下几个方面做了创新探索。

1. 研究视角的创新

本书通过对现代企业理论的解读，从企业利益相关者理论的研究视角出发，把企业作为利益相关者的"契约联合体"，分析企业税收契约关系，从而揭示了企业税收效应的作用机理。利益相关者理论下的企业目标兼顾了企业的社会责任与经济的可持续发展，这与政府追求社会福利最大化的目标不谋而合。因此，将利益相关者理论融入税收学的研究框架，更有利于从微观的层面研究税收在经济领域的调节作用。

2. 构建新古典经济学和制度经济学相融合的分析框架

本书以马克思主义的"二重性"为理论起点，结合新古典经济学的分析方法，从资源配置与制度安排两个维度出发，分析了企业的性质、目标以及运行机制的"二重性"，导出了企业税收效应的"二重性"。在具体的效应分析中，马克思主义政治经济学的"利益对立分析法"始终贯穿在新古典经济学的研究范式中，从而形成企业税收效应研究的分析框架（见图1-3）。

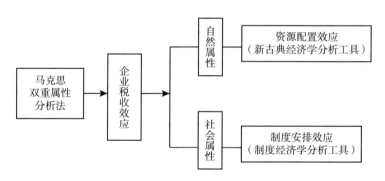

图1-3　分析框架图

3. 初步构建了企业税收制度安排效应的理论体系

本书在企业税收资源配置效应研究（自然属性）的基础上，初步构建了企业税收制度安排效应（社会属性）的理论体系，具体表现为：

（1）以企业利益相关者理论为基础，结合马克思主义的契约观，建立企业税收制度安排效应的分析框架。企业制度安排主要体现为企业所有权的安排，也就是企业治理结构的问题，而决定治理结构的关键因素是资本结构。因此，企业税收制度安排效应分析以资本结构为主线，分析税收条件下的资本结构治理效应，其运行机理为：税收→资本结构→治理结构。

（2）拓展了企业资本结构的内涵。由于企业的资本不仅包括股东和债权人投入的财务资本，还包括经营者和职工投入的人力资本，因为两者向企业投入了资本，所以都有权利按照契约向企业进行利益诉求。因此，资本结构在本质上是一种"利益诉求权结构"，它和传统的财务资本结构相比增加了人力资本要素，从而拓展了企业资本结构的内涵。

（3）在 MM 理论分析框架的基础上，拓展了企业财务资本结构的分析。本书从现金流量和资本成本两个维度，将企业财务资本结构治理效应从完美市场一直拓展到资本利得税条件下进行分析，同时提出，税收效应的发挥要受到交易成本、资产的税务处理、财务风险等非税因素的制约。

（4）从激励工资、固定工资和努力工作带来的负效用三个维度出发研究企业经营者和职工的激励机制，分析了无税条件和有企业所得税以及个人所得税条件下的人力资本结构治理效应。

（5）根据张维迎（1996）提出的企业所有权状态依存性模型，构建了一个简单的税收条件下的企业所有权状态依存性模型。

4. 拓展企业税收效应的效率损失内涵

本书以企业税收效应的"二重性"为理论基础，对企业税收效应的效率损失内涵进行了拓展，揭示了企业税收效应的效率损失不仅包括通常所说的经济效率损失（资源配置效率损失），还包括社会效率损失（制度效率损失）。

5. 提出优化我国企业税收效应的制度安排

本书在企业税收效应理论分析的基础上，提出了优化我国企业税收效应的制度安排，指出企业税制优化应以企业税负水平优化与税制结构优化为主，兼顾与资本市场制度、社会保障制度以及新会计准则的协调。

由于笔者的水平有限，在企业税收效应理论分析上还有很大的欠缺，下一步亟须充实经济学等相关学科的知识，进一步提高学术素养，在今后的研究工作中更加努力。本书分析方法还不够妥当，因此需要进一步补充资料，完善分析方法。总之，在该命题的研究上还有大量的后续工作要做，还有许多漏洞需要弥补。在今后的研究中，笔者会更加努力，以期完善该命题的研究。

第2章 企业税收效应机制分析

税收效应是税收理论研究的一个重要方面，各种税收理论的分析都离不开税收效应的分析，而且税收效应是连接税收和经济学的纽带，因此对税收的研究必须从税收效应入手。设计一种税收制度时，必须分析该税收制度对行为主体的影响，以及行为主体对该影响做出的行为反应，也就是分析该税收制度的效应，从而设计出能够实现社会福利最大化的税收制度。因此，任何与税收有关的法律、法规等制度的制定必须从税收效应分析入手，在此基础上提出改革或改良方案。对企业税收制度的研究同样也要以税收效应的研究为核心，分析企业在面临税收时做出的行为选择，以及政府面对企业的这种选择如何进一步优化安排企业税收制度，实现企业税收制度的优化和企业制度的完善。由于企业税收效应是围绕着企业展开的，作为行为主体的企业本身就成为我们研究的起点，只有对企业的本质有了充分的认识后，我们才可以理解企业在面临政府征税时必须综合考虑诸多因素的情况下所采取的行为决策。而且只有对企业的本质有了充分认识，我们也才有可能更全面深入地理解企业税收效应本身的含义。因此，本章的逻辑结构和研究顺序是：首先在对企业的本质、企业的目标、企业的利益关系以及企业运行机制界定的基础上对企业与税收的关系进行层层剖析；然后分析企业税收效应及其运行机制，从而揭示企业税收的本质及其运动规律，阐明企业税收影响经济的内在机理，并以此作为本书对企业税收效应研究的一个起点。

2.1　企业运行机理

2.1.1　企业的性质

1. 西方经济学的企业观

企业理论作为一个专门的研究范畴发端于 20 世纪 30 年代，经过几十年的启承演变，至今已经形成了一个庞大繁杂的西方企业理论体系。追溯其源流，作为新兴的生产组织，企业从其产生之初就已经进入了经济学的研究视野。

（1）新古典经济学的企业观。对于企业的起源及其性质的描述最早可追溯至亚当·斯密，企业的起源是分工，即企业是分工的产物，这是亚当·斯密研究得出的一个重要结论。19 世纪末形成的新古典经济学①以厂商理论的名义把企业问题纳入了主流经济学的分析范畴。新古典经济学理论从技术的角度来看待企业，认为企业就是一个将各种投入转化为产出的生产函数。该理论将企业看成是一个追求利润最大化的"理性的经济人"，只强调企业在经济体系中表现出来的功能，至于企业的内部则是一个制度安排既定的"黑箱"，其对企业的性质、企业内部权利的安排这些问题没有给予足够的重视或者说把制度作为一个外生变量将其抽象掉了。因此，新古典经济学的厂商理论并不是真正的企业理论，只是一种生产理论。该理论隐含着人的完全理性、完备信息、市场完全竞争以及交易成本为零的假设。其生

---

① 新古典经济学泛指 19 世纪 70 年代初到 20 世纪 30 年代以边际分析方法和原则为特征的各种学说。除马歇尔外，还包括奥地利学派、洛桑学派、杰文斯经济学说以及美国的克拉克学说等，涵盖了从古典经济学到凯恩斯经济学之间的西方主流经济学。

产函数用公式表示为：

假设企业只生产一种产品，投入生产要素为 x_1，…，x_n 等 n 种生产要素，产出水平为 Q，n 种生产要素的市场价格为 ω_1，…，ω_n，因而投入的总成本 $\sum\limits_{i=1}^{n} \omega_i x_i$，生产函数为 $Q = f(x_1，…，x_n)$。

则企业追求的是在一定的产出水平下，使生产成本最小化：

$$\min \sum_{i=1}^{n} \omega_i x_i \tag{2-1}$$

s. t. $\qquad\qquad f(x_1，…，x_n) = Q$

$$\frac{\omega_i}{\omega_j} = \frac{\dfrac{\partial f(x_1，…，x_n)}{\partial x_i}}{\dfrac{\partial f(x_1，…，x_n)}{\partial x_j}} \tag{2-2}$$

或者是成本既定下的产出最大：

$$\max pf(x_1，…，x_n) - \sum_{i=1}^{n} \omega_i x_i \tag{2-3}$$

s. t. $\qquad\qquad \dfrac{\partial f(x^*)}{\partial f(x_i)} = \omega$

然而，现实经济生活却并非如此简单。企业作为一个经济组织是由多人聚合在一起形成的，博弈论揭示了这样一个原理：在个体目标不一致的组织中，行动规则的好坏在很大程度上决定着整个组织的理性水平。也就是说，企业在经济活动中固然会按照"经济人"的理性原则行事，但它在多大程度上体现理性却是由其内部规则（企业制度）决定的。显然，新古典经济学理论在这方面具有先天的不足，直到新制度经济学①的出现才打破了企业这个"黑箱"。

（2）新制度经济学企业观。新制度经济学下的企业观统称为现代企业理论，又被称为企业的契约理论。该理论突破了新古典经济学

① 新制度经济学派是在 20 世纪 30 年代至 60 年代产生，20 世纪的 70 年代迅速发展起来的。其产生的标志是美国经济学家罗纳德·科斯 1937 年发表的《企业的性质》。

的假设，是重新开始考察企业内部结构关系的理论研究集成。一般认为，科斯对这一突破做出了原创性的贡献，《企业的性质》（1937）一文的发表吹响了研究该理论的号角。

按照科斯理论，"企业是一系列（文字的和口头的，明确的和隐含的）合约的联结"，[①]"建立企业有利可图的主要原因似乎是，发现使用价格机制是有成本的。通过价格机制组织生产最明显的成本就是发现所有相对价格的成本……市场上发生每一笔交易合谈判的费用必须考虑在内。再者，在某些市场中（如农产品交易）可以设计出一种技术使合约的成本最小化，但不可能消除这种成本。确实，当企业存在时，契约不会被消除，但却大大减少了。某一市场要素（或它的所有者）不必与企业内部同它合作的一些生产要素签订一系列合约。当然，如果这种合作是这种价格机制起作用的一个直接结果，一系列契约就是必需的。一系列的契约被一个契约代替"。[②] 由此可知，企业是为了节约交易成本而建立起来的代替市场机制的一个行政权威机制。它以一个相对长期的合约来代替市场，一直到其规模扩张到企业组织一次交易的成本等于市场组织该项交易的成本为止。

以后的经济学家围绕着"什么是企业""企业的边界是什么""企业的内部权利如何安排"这三个问题的回答形成了现代企业制度的不同流派，其中最有影响的是交易费用理论、委托代理理论、不完全契约理论和利益相关者理论。尽管这些流派都是站在自身理论的角度回答问题，但是他们都认为企业的实质是"一系列契约的联结"。

2. 马克思主义政治经济学的企业观

马克思批判地继承了亚当·斯密等资产阶级古典政治经济学家关于分工、协作、机器等的丰富论述，在此基础上创立了马克思主义政

---

① 张维迎：《企业的企业家——契约理论》，上海三联书店、上海人民出版社 1995 年版，第 11 页。

② 科斯：《生产的制度结构》，上海三联书店 1994 年版，第 5~6 页。

治经济学的理论体系。在《资本论》一书中，从简单商品的分析开始，马克思确立了以商品、劳动等基本元素的社会属性为研究对象的政治经济学理论体系，其目的是为了揭示隐藏在社会经济活动表象下人与人的社会关系的一般规律。尽管马克思没有明确地说他研究的是企业的起源和性质，然而，毋庸置疑，他所分析的资本主义剩余价值的生产过程正是无数个资本主义企业产生、发展的一般过程。正是在这个意义上，马克思实际上已经为我们提供了一个企业起源及其性质的理论分析框架。

（1）分工与协作是企业生产的基本形式。企业是人类生产活动的一种组织形式。这种新的生产方式的产生首先是建立在分工与协作的基础上的。"许多人在同一生产过程中，或在不同的但互相联系的生产过程中，有计划地一起协同劳动，这种劳动形式叫做协作"。① 协作创造了一种新的社会生产力也就是集体力，但"协作只是一种劳动形式，它必须依附于一定的生产组织之中"，② 最先成为这个载体的是工场手工业——资本主义生产的起点。

（2）生产剩余价值是资本主义企业的本质。虽然马克思的研究目的是彻底解剖资本主义生产方式，但其理论的叙述和演绎是从生产劳动的一般性开始的，通过对商品二重性的分析展开对企业本质的探讨。具体地看，在资本主义生产方式下，商品生产过程的开始是以劳动力与生产资料的分离为前提的。资本通过购买劳动力和生产资料将它们在企业中结合，从而展开商品生产过程。通过对 $G \rightarrow W \rightarrow G'$ 过程的解剖，马克思指出，在这个价值形成的过程中，出现了一个预付价值的增量 ΔG。这个增量是劳动力的使用价值超过其价格的部分，是劳动力这个特殊的商品被消费之后所产生的。"我们的资本家所关心的是下述两点。第一，他要生产具有交换价值的使用价值，要生产用来出售的物品，商品。第二，他要使生产出来的商品的价值，大于生

---

① 刘诗白：《资本论教程》第一卷，西南财经大学出版社 1989 年版，第 218 页。
② 陈征：《〈资本论〉解说》第一卷，福建人民出版社 1997 年版，第 363 页。

产该商品所需要的各种商品即生产资料和劳动力的价值总和。为了购买它们，他已在商品市场上预付了真正的货币的价值总和。他不仅要生产使用价值，而且要生产商品，不仅要生产使用价值，而且要生产价值，不仅要生产价值，而且要生产剩余价值。"①

马克思批判地继承了古典政治经济学的理论，在此基础上建立起马克思主义政治经济学理论体系，通过对资本主义经济制度的解析实际上提供了一个企业起源及其性质的完整的分析框架。"历史从哪里开始，思想进程也应当从哪里开始，而思想进程的进一步发展不过是历史过程在抽象的、理论上前后一贯的形式上的反映"。② 从具体到抽象的研究方法和从抽象到具体的叙述方法相结合，使逻辑与历史相统一成为马克思主义政治经济学理论体系的主要特征之一。因此，尽管他不能观察到多年之后的现实，但是他的分析方法仍然是有效的，这些方法令我们在纷繁的现象面前，拥有了一个理清思路、探寻真相的有力工具。

3. 本书的观点

马克思在《资本论》中对资本主义生产方式，亦即资本主义企业的产生和发展进行了全面的解析。从总体上看，马克思主要从以下两个方面说明了企业的性质：一方面，企业是从事生产和流通活动的基本经济单位，是一种生产组织形式，从这个意义上说，企业是社会生产力发展的结果；另一方面，企业是资本雇佣劳动进行生产而使自己增殖的场所。企业的产生又是资本发挥增殖功能、追逐剩余价值的需要。本书认为，在第二个方面，马克思主要针对的是资本主义生产关系下企业产生的具体过程，重点突出了企业生产过程作为资本增殖过程的一面，而从社会再生产的一般过程来看，企业作为一种生产组织直接反映了生产的社会关系。

---

① 刘诗白：《资本论教程》第一卷，西南财经大学出版社 1989 年版，第 149 页。
② 《马克思恩格斯选集》，第二卷，人民出版社 1995 年版，第 122 页。

因此，本书认为对企业性质的解析应从两个层次上展开：第一层次，从企业的自然属性看，企业是生产资料和劳动力相结合，从事商品生产和其他社会经济活动的一种组织。在这个组织中，通过对资本和劳动力等生产要素的配置生产人们需要的物质产品、精神产品或各种劳务，具体体现为企业的物质运动。尽管现代企业理论从不同的角度出发，形成了各种理论体系，但是归根结底，企业必须为社会提供可供消费的物质商品或精神商品，并且能够被消费，否则，就失去了立足的根本。以现代发达的资本市场为例，企业可以凭借"虚拟资本"的有效运营获得一定的利益，但从根本上说，如果不能通过再生产过程实现现实资本的保值增值，那么，再辉煌的资本市场"明星"都会不可避免地走向失败。因此，本书将企业的自然属性作为企业第一层次的性质，即企业的生产属性，从这个意义上进一步展开企业对社会资源的配置问题的分析。第二层次，生产的社会属性，即围绕着企业生产而派生的社会生产关系。它是企业生产要素的所有者依托企业自然属性而形成的利益分配关系，是一定社会经济制度的反映。尽管劳动力与生产资料的结合有其自然的内在推动力，但真正的结合必然是生产资料所有者和劳动力所有者的社会结合，在这个结合中，要素所有者通过一定的制度安排进行利益的分配。

正如马克思在《〈政治经济学批判〉序言》中所指出的，"人们在自己生活的社会生产中发生一定的、必然的、不以人的意志为转移的关系，即同他们的物质生产力的一定发展阶段相适合的生产关系。这些生产关系的总和构成社会的经济结构，即由法律的、政治的上层建筑竖立其上并有一定的社会意识形式与之相适应的现实基础。物质生活的生产方式制约着整个社会生活、政治生活和精神生活的过程。不是人们的意识决定人们的存在，相反，是人们的社会存在决定人们的意识。社会的物质生产力发展到一定阶段，便同它们一直在其中活动的现存社会生产关系或财产关系（这只是生产关系的法律用语）发生矛盾。于是这些关系便由生产力发展形式变成生产力的桎梏。那时社会革命的时代就到来了。随着经济基础的变更，全部庞大的上层建筑也或慢或快地发生变革"。①

因此，本书认为，企业作为历史上一种新的社会生产方式，考察其性质显然不能离开基本经济制度产生这一重要历史背景。企业是社会基本的生产单位，是社会生产关系的浓缩体。研究企业的性质，必须以特定的生产关系或者说以经济制度为基础，因为在现实中结合成为企业的诸要素都是作为一定社会经济关系的载体而出现的。

2.1.2　企业的目标

企业的目标是决定企业行为的关键，长期以来为了协调各利益方的矛盾冲突，企业的目标函数从最初的利润最大化逐渐演化为企业价值最大化。

在经济学中，不论是古典学派还是新古典学派都把"追求利润最大化"视为企业的唯一目标，正像有些西方学者在其著作中所说的那样，企业的目标是什么？在资本主义社会，通常假定，企业想要获得尽可能多的利润。这个假定称为利润最大化。利润最大化意味着生产最大数量的利润。类似的说法还很多。我国编撰的《西方经济学大辞典》指出，利润最大化是西方经济学对厂商行为的基本假定，利润是厂商唯一的目标函数，它认为厂商追求的目标就是使其利润最大化。但是，利润最大化目标忽略了企业制度和经济体制的存在，没有考虑投资者、债权人、经营者、职工以及政府和社会公众的利益，难以协调各方的经济关系；而且片面追求利润最大化会导致企业忽视产品的开发、人才的培养和社会责任的履行，企业难以长期健康地发展。随着现代企业理论的发展，逐步出现了股东财富最大化、利益相关者价值最大化、企业价值最大化等各种目标。

---

① 《马克思恩格斯选集》第二卷，人民出版社 1995 年版，第 82～83 页。

从企业要素的契约方面来看，企业目标的区分主要是以谁的利益为主。传统的利润实质上是扣除了各要素支付后的股东剩余。因此，利润最大化和股东财富最大化在本质上是一致的，两者的区别在于一个是短期，一个是长期。利益相关者价值最大化是考虑所有要素投入者的利益，而企业价值最大化则是股东价值最大化和利益相关者价值最大化的妥协。

1. 企业目标演进的内部动因

从企业内部来看，影响企业目标变化的早期动因莫过于"经理革命"了，所谓的经理也就是我们前面所讲的经营者。"经理革命"的实质是实现了企业所有权和经营权的分离，由经理阶层取代了原企业所有者（企业主）掌握了企业的控制权，使"经理控制型企业"取代了"企业主企业"，成为现代企业的主要组织形式。由于经理不是企业的所有者，他与企业所有者的关系是一种"委托—代理"的契约关系，这种关系的存在使经营者成为企业众多利益相关者中的一员。基于"经济人"的逐利本性，经理追求的目标是自身利益最大化，即代理费用最大化。这种报酬最大化与企业主所追求的利润最大化往往是不一致的，这种不一致表现在企业目标上，就会出现分歧，从而在根本上动摇了企业主追求企业利润最大化的单一化企业目标模式。在现代企业中，不仅资本所有权和经营权分离了，而且资本的最终所有权和法人财产所有权也分离了。特别是资本所有权表现为法人财产所有权，它代表着全体股东、所有债权人以及企业全体职工等的利益，所以企业目标就不可能像资本家（企业主）时代那样完全由其个人所决定了。企业目标至少要反映各个不同相关利益主体的不同要求，并经过充分地讨论和协商来决定，或者说，只有在各方利益博弈均衡的基础上，才能形成彼此都能接受的企业目标。

2. 企业目标演进的外部动因

从企业的外部来看，经济体制同样也不是一成不变的，随着国家对经济干预的加强，国家的经济制度也处于不断革新的状态，政府作为企业的一个契约方对企业各种行为的约束逐步加强。在实现经济增长的过程中，政府考虑的是国民经济的全局，而不是单纯的企业利润最大化。所以，政府在参与企业经营的过程中，会尽量的通过各种制度的修订来制约企业的机会主义，消除其发展过程中的负面影响，让企业发展的目标符合国民经济发展的全局。除此以外，社会公众也要求企业提供更多的就业岗位、注意环境保护、提高产品质量等。因此，在企业内外部利益相关者的影响下，企业的目标由单一化向多元化发展。

在众多的目标中，由于企业在寿命周期内的总价值最大化有利于企业的长期稳定发展，比较容易被企业以及各方利益相关主体接受，因此，企业价值最大化逐步取代了利润最大化以及股东财富最大化等目标成为现代企业追求的目标。在这里，企业的内部不再是封闭的、单一的，而是活生生的由各个股东、债权人、经营者以及职工组成的联合体，这些个体都是有限理性的人，而且此时的企业制度以及国家的经济体制不再是外生的，而是内生的，股东、债权人、经营者、职工和国家以及公众作为企业的利益相关者，其行为影响了企业的目标，各个利益相关者之间的交易费用（对生产要素征收的所得税就构成了股东、债权人以及经营者和职工的交易费用）影响了利益的均衡。

3. 本书的观点

尽管企业的目标随着经济的发展逐步从利润最大化演绎为当前的各种目标追求，但是目标的追求是无法离开企业性质本身的。企业性质的二重性决定了企业目标的二重性。无论企业的目标是什么，最终都将体现到企业的自然属性和社会属性上来。因此，绝不能将二者割裂开来，建立在企业性质二重性上的企业追求同样呈现出二重性的特征。

首先，企业的自然属性决定了企业的目标追求必然是企业产出的最大化，无论企业有多少利益相关者，内部的利益关系多么纷杂，体现在物质层面上都是将企业的总收益这块"蛋糕"做大。在不考虑其他利益主体的条件下，企业在自然属性仍体现为企业的利润最大化。

其次，企业的社会属性决定了企业不可能仅仅停留在企业是一个生产函数，单纯追求利润最大化上，当企业的利润最大化目标叠加上要素提供者的利益诉求时，企业的目标就变得纷繁复杂。因此，也就相继出现了股东财富最大化、企业价值最大化以及利益相关者价值最大化等多种形式。这些形式在一定程度上体现了企业的社会属性，更多地考察的了企业利益的分配关系。在这些追求中，利益相关者利益最大化兼顾了企业各方的利益要求，是企业生产关系的具体体现。因此，我们以为，企业目标的第二层次体现为利益相关者价值最大化。

这两个层次的目标是相辅相成的，第二层次目标的实现以第一层次的目标为依托的。由于企业价值最大化在自然属性上体现为企业的利润最大化，在社会属性上体现为利益相关者价值最大化，从而兼顾了企业目标的自然属性和社会属性。基于以上考虑，我们将企业价值最大化作为企业的目标，并以此展开企业行为的分析。

2.1.3　企业的利益关系

从以上对企业的性质以及目标的分析可知，企业一方面表现为物质运动，即企业的生产；另一方面表现为生产过程中所集结的要素提供者之间的生产关系，以及处理这种生产关系所形成的企业制度安排。很显然，每个要素提供者参与企业生产的目的是要实现自己的利益诉求，企业的生产关系从本质上体现为企业的利益关系，企业的制度安排体现为要素提供者之间的所有权安排。①

企业目标的二重性决定了研究企业行为必须理清企业目标的实现要受到哪些行为主体的制约，哪些行为主体会对企业的目标实现产生反作用。企业的利益相关者理论对企业的利益关系进行了比较全面的研究，在这一点上，它对于我们理解现代企业的社会经济职能和作用具有一定的借鉴意义，为我们找到研究的视角。

1. 企业利益相关者理论的缘起和发展

20 世纪 60 年代以来，企业理论价值取向的研究领域中逐步分化出了两大理论：股东至上理论和利益相关者理论。后者是在对股东至上理论批判吸收的基础上产生的。传统的股东至上论认为：股东是企业的所有者，企业财产是由他们所投入的实物资本构成的，理应享有企业的剩余控制权和剩余分配权，也就是拥有企业。然而在我们这个几乎是"公司社会"的现代社会中，大量处于统治地位的公司恰恰是偏离"股东至上"逻辑的。从理论上说，作为整体一部分的出资者购买股票，成为公司股东，其资本所有权就转变为股权。股权是公司赋予股东的权利，无论适用范围还是自由度都大大弱于原先的资本所有权。这意味着股权的运用受到其他利益相关者的制约，所以股东对公司的绝对权威是不存在的。再者，出资者投资形成的物质资本、雇员投入的人力资本与债权人的债权，以及公司营运过程中的财产增值和无形资产共同组成一个整体，这个整体就是公司的法人财产，公司凭借法人财产获得相对独立的法人财产权，由此得以成为人格化的

---

① 张维迎教授（1996）明确地区分了财产所有权（ownership of the asset）与企业所有权（ownership of the firm）这两个概念。在张维迎看来，财产所有权和企业所有权都可以称之为"所有权"（ownership），其中"财产所有权"等同于我们常用的另外一个名词，即"产权"（property rights），它指的是对给定财产的占有权、使用权、收益权和转让权，而"企业所有权"是指对企业的剩余索取权和剩余控制权。众多对自己投入到企业中的要素拥有财产所有权（产权）的个体共同签约后形成企业，明确的财产所有权（产权）是企业存在的前提，但是同样的财产所有权（产权）制度却可以形成不同的企业所有权安排。

永续独立法人实体。显然，公司行为的物质基础是作为整体的法人财产，而不是一部分股东的财产，其权利基础是作为整体的法人财产权，而不是股权。拥有企业的不仅仅是股东，还有债权人、职工、经营者以及外部环境等，他们由于向企业投入了资本，同样要求企业的剩余分配权。在股东至上理论受到强烈挑战的同时，利益相关者理论应运而生。

该理论认为任何一个公司的发展都离不开各种利益相关者的投入或参与，比如股东、债权人、雇员、消费者、供应商等，企业不仅要为股东利益服务，同时也要保护其他利益相关者的利益，认为"公司本质上是一种受多种市场影响的企业实体，而不应该是有股东主导的企业组织制度；考虑到债权人、管理者和员工等许多为公司贡献出特殊资源的参与者，股东并不是公司的唯一所有者"（Donaldson & Pretson，1995）。[①] 布莱尔（Blair，1999）进一步指出："公司的出资不仅来自股东，而且来自公司的雇员、供应商、债权人和客户，这些主体提供的不是物质资本，而是一种特殊的人力资本。这些主体既然向企业进行了专用性投资，就应该享有企业的所有权。"[②]

利益相关者理论在对企业契约理论和产权理论进行了批判吸收后，找到了自己的理论根据。一方面，利益相关者理论在对企业契约理论的批判中巧妙地将其引用为自己所用。弗里曼和埃文（Freeman & Evan，1990）认为，企业是所有相关利益方之间的一系列多边契约；[③] 沈艺峰、林志扬（2001）指出，弗里曼和埃文等轻轻松松就把契约理论掉过头来为利益相关者利益所用。[④] 另一方面，利益相关者理论在产权理论中拓展了企业产权的内涵，认为"在实际生活中要

---

①② 付俊文、赵红：《利益相关者理论综述》，载于《首都经济贸易大学学报》2006年第2期，第16~21页。

③ Freeman, R. E. & Evan W. M.. Corporate Governance：A Stakeholder Interpretation, Journal of Behavioral Economics, 1990 No. 19, 337 – 359.

④ 沈艺峰、林志扬：《相关利益者理论评析》，载于《经济管理》2001年第8期，第19~24页。

在公司这样一个错综复杂的企业组织里完全清晰地界定'产权'是不可能的，部分原因当然源于产权概念本身十分复杂，另一部分原因在于公司控制权的一部分赋予股东，而另一部分是由利益相关者所掌控的（Blair 1999）。"[①] 唐纳森和普雷特森（Donaldson & Pretson，1995）指出："只要一种多元的产权理论能够被接受，那么产权理论和利益相关者理论之间的联系也就显而易见了。隐含在古典个体判断理论中的所有关键特征都出现在公司利益相关者的身上，正如利益相关者理论所惯常设想和表达的那样。"[②]

利益相关者理论在现实生活中也得到了长足的发展。20 世纪 70 年代，人们开始关注企业的社会责任，认为企业不仅要承担经济责任，还要承担环境、道德等方面的社会责任，这与利益相关者理论的内涵不谋而合。美国 1990 年出台的《宾夕法尼亚州 1310 法案》以及其他 35 个州修改的收购法要求企业在进行收购时要考虑相关者的利益，标志着美国这个股东利益至上的国家开始接受利益相关者理论。1998 年英国公司治理委员会发布的《汉佩尔报告》中规定，公司必须发展与其成功有关的关系，这取决于公司的业务性质，但一旦包括雇员、客户、供应商、贷款人、社区和政府……只有通过发展和保持与这些利益相关者的关系，董事才能承担起对股东的法律义务和成功地谋求股东的长期利益。1999 年韩国公司治理委员会发布的《公司治理最佳实务准则》更加重视对各利益相关者权益的保护，对公司的社会责任、公司侵犯利益相关者利益时应受到怎样的惩罚、各利益相关者参与公司监管等都做出了更细致、更明确的规定。日本、英联邦国家的公司治理原则也对利益相关者的利益有不同程度的关注。1999 年经济合作与发展组织（OECD）发布的《公司治理原则》指

---

① 付俊文、赵红：《利益相关者理论综述》，载于《首都经济贸易大学学报》2006 年第 2 期，第 16～21 页。

② Donaldson, T. & Preston, L. E.. The Stakeholder Theory of the Corporation: Concepts, Evidence, and Implications. Academy of Management Review, 1995, Vol. 20, No. 1, 65 – 91.

出："公司治理结构的框架应当确认各利益相关者的各自合法权益，公司竞争力和最终成功是集体力量的结果，体现了各类资源所做出的贡献，包括投资者、雇员、债权人和供应商等。公司应当认识到各利益相关者的贡献是建立一个有竞争力且盈利的公司宝贵资源……认识到各利益相关者的利益以及他们对公司长期成功的贡献。"2002 年中国证监会在《上市公司治理准则》对银行等主要债权人、职工、消费者、供应商和社区等利益相关者在公司的地位、作用和权利等方面做了框架性的规范。

从以上内容可以看出，利益相关者理论的基本思想是：为利益相关者服务；企业的利益是各个利益相关者的共同利益，而不仅仅是股东的利益；利益相关者都有平等的机会参与企业的所有权的分配，而不是集中分配各股东。所以该理论认为企业的本质是各利益相关者所构成的"契约集合体"。

2. 企业利益相关者的界定

根据《牛津字典》的记载，最早出现利益相关者一词是 1708 年，它表示在一项活动中或某企业中"下注"，在活动或企业运营的过程中抽头或赔本（Clark，1998）的人。[1]

真正给出利益相关者的定义是 20 世纪 60 年代的事情。1963 年，美国上演了一出名叫"股东"（stakeholder）的戏，斯坦福大学研究小组受此启发，利用另外一个与之对应的词"利益相关者"来表示与企业密切关联的所有人。他们给出的利益相关者的定义是：对企业来说存在这样一些利益群体，如果没有他们的支持，企业就无法生存。虽然这样的界定是非常狭义的，但毕竟使人们认识到，企业存在的目的并非就是为了股东服务，在企业的周围还存在许多关乎企业生存的利益群体。以后的学者相继给出了利益相关者的定义，其中最具

---

① 张新民：《公司治理结构的研究》，西南师范大学出版社 2003 年版，第 58 页。

有代表性的是弗里曼（1984）和克拉克森（Clarkson，1995）的表述。弗里曼（1984）认为，利益相关者是能够影响一个组织目标的实现，或者受到一个组织实现其目标过程影响的人。[①] 这个定义不仅将影响企业目标的个人和群体也看作是利益相关者，同时还将受企业目标实现过程影响的个人和群体也看作是利益相关者，正式将当地社区、政府部门、环境保护主义者等实体纳入利益相关者管理的研究范畴，大大拓宽了利益相关者的内涵，然而，采用这种广义的利益相关者界定方法在实证研究和应用推广时几乎寸步难行，也无法得出令人信服的结论。克拉克森（1995）认为，利益相关者在企业中投入了一些实物资本、人力资本、财务资本或一些有价值的东西，并由此承担了某些形式的风险；或者说，他们因企业活动而承受风险。[②] 我国学者贾生华、陈宏辉（2002）对利益相关者的界定有一定的代表性，认为利益相关者是指那些在企业中进行了一定的专用性投资，并承担了一定风险的个体和群体，其活动能够影响该企业目标的实现，或者受到该企业实现其目标过程的影响。[③] 这一概念既强调了专用性投资，又强调了利益相关者与企业的关联性。比克拉克森（1995）的界定更为清晰。以后的学者付俊文、赵红（2006）进一步拓展了贾生华、陈宏辉的概念，将自然环境和社区也纳入了利益相关者的范畴，将环境纳入利益相关者之列，无疑有利于社会经济的可持续发展，符合实现社会福利最大化的要求。[④]

　　我们认为在税收背景下展开的企业利益相关者的探讨应该和政府

---

① Freeman, R. Edward. Strategic Management: A Stakeholder Approach, Pitman Publishing Inc, 1984: 10 - 20.

② Max B. E. Clarkson. A Stakeholder Framework for Analyzing and Evaluating Corporate Social Performance, The Academy of Management Review, Vol. 20, No. 1 (Jan., 1995): 92 - 117.

③ 贾生华、陈宏辉：《利益相关者的界定方法述评》，载于《外国经济与管理》2002年第 5 期，第 13 ~ 18 页。

④ 付俊文、赵红：《利益相关者理论综述》，载于《首都经济贸易大学学报》2006 年第 2 期，第 16 ~ 21 页。

课税追求的目标相联系。利益相关者理论对企业的目标要求和政府的目标要求不谋而合，这种兼顾了"个人"利益和"社会"利益的理论观点符合政府对企业的利益诉求。政府对企业的要求不仅仅局限于从企业获得物质利益，而是要通过税收来影响企业的行为选择，发挥税收的经济调节机能。这种机能的发挥表面看来是物质运动，而本质上是企业生产关系的变化，在于课税影响了企业的利益分配，进而影响这些主体的行为，从而影响宏观经济运行。基于以上考虑，我们认为，应采用广义的视角，将包括环境在内的利益相关者都囊括到研究的框架中。因此，企业的利益相关者是指那些在企业中进行了一定的专用性投资，并承担了一定风险的个体和群体，其活动能够影响该企业目标的实现，或者受到该企业实现其目标过程的影响的人。尽管环境不能表述为个人或团体，但在这里我们将其视为"经济范畴的人格化"，同样作为企业的利益相关者。至此，本书的利益相关者的范畴包括人力资本、财务资本、市场资本和公共环境资本（杨瑞龙、周业安，2000）。

3. 企业的利益关系

利益是一个十分宽泛的概念，可以具体化为经济利益、政治利益、个人利益、国家利益等诸多范畴。马克思说："人们奋斗所争取的一切，都同他们的利益有关"，"'思想'一旦离开'利益'，就一定会使自己出丑"。[①] 人类任何有意识的活动都是为了取得某种"利益"，概莫能外。恩格斯就指出："革命的开始和进行将是为了利益，而不是为了原则，只有利益能够发展为原则。"[②]

作为一种客观存在，利益具有自然和社会两重性质。直观地看，利益的自然形态表现为人类生存发展所必需的种种物质利益，如食物、衣物、住房、各种生活用品等。获取这些直接的物质利益构成了

---

① 《马克思恩格斯全集》第二卷，人民出版社 1995 年版，第 103 页。
② 《马克思恩格斯全集》第一卷，人民出版社 1956 年版，第 551 页。

人类经济活动的原始动机，可以被看作是自然人的利益诉求。当人与人结合形成社会时，自然人变成了社会人，人要满足自身的利益诉求，必须和他人发生某种社会关系，如联合劳动、交换等。这时，利益就有了社会性。这种社会性又表现在两个方面：一方面，出现了社会性的利益诉求，例如，政治权力、等级地位、国家利益等；另一方面，人与人之间形成了复杂的利益关系。

经济学以经济利益为研究对象，经济利益就是人们在社会经济活动中的利益诉求，是人们在生产、流通、分配、消费过程中的利益。恩格斯曾指出："第一个社会经济关系首先是作为利益表现出来。"①因此，一切经济关系实质上都是经济利益关系。在经济社会中，存在着纷繁复杂的经济利益关系。分析经济利益关系实际上分析的是经济利益关系的社会属性。一方面，利益关系主体的利益诉求取决于其所处的社会经济地位；另一方面，这种利益关系本身就是一种社会关系。

从现实看，企业作为一个经济主体，在生产、交换、分配和消费四过程中与之发生经济关系的主要有以下几类关系主体：出资人（股东）、债权人、雇员（包括管理者和普通员工）、供应商（原材料）、消费者和政府。虽然现代企业组织的不断发展变化，使企业日益表现为一个独立的"社会企业"，但其利益主体作为不同的社会范畴之间的关系仍然是明确的，并没有变成一个真实的社会利益共同体，而是表现为许多不同的对立关系的矛盾统一。

从本质上说，企业是一个生产性组织，其主要的利益关系对立发生在企业内部的生产过程中，主要的利益相关者范畴是股东、经营者和职工。其中，随着现代企业组织形式的发展，股东开始逐渐退出企业的直接生产过程。此外，债权人尽管从未直接参与企业的生产，但由于其所贷出的货币资本的特殊性质使其与企业有关货币使用权的交

---

① 《马克思恩格斯全集》第二卷，人民出版社1995年版，第537页。

换表现出不同其他主体的关系特征来。因此，债权人也成为了企业的利益主体。企业的供应商和消费者都是在市场交换过程中与企业发生利益关系的。这种利益关系本身是纯粹的市场交换关系，但对于企业履行其社会经济职能、实现其经济性质具有十分重要的意义。至于政府，作为国家职能的代理者，主要通过管理社会经济活动与企业发生联系。此外，现代企业日益依赖于社会提供的一切资源，在某种程度上也必须承担一定的社会责任，但我们应该认识到这种社会责任关系是受历史进程局限的。

综上所述，利益相关者理论为我们分析企业的利益关系提供了理论基础，结合马克思主义政治经济学的分析方法，在税收视角下，企业的利益相关者包括企业生产关系中所有的利益主体，他们之间的关系体现了企业的社会属性，而生产关系的本质是利益关系。因此，对企业行为的分析从企业的社会属性看是分析企业的利益关系，而抽象的利益关系体现为一定的制度安排。

2.1.4　企业运行机制

1. 企业运行机制的一般分析

按照《语言大典》的定义，机制有三层意思：（1）使承受机器的作用，通过机器进行生产或加工；（2）生物体中合成代谢和分解代谢过程作用的天然顺序或系统；（3）任何事物的系统或作用方式。①《政治经济学大辞典》则阐明了机制一词的使用演变过程："机制一词来源于希腊文 mechane，意指机器的构造和运作原理，它的本意是指机器运转过程中的各个零部件之间的相互联系、互为因果的连接关系及运转方式。后来生物学界和医学界通过类比方式运用了生物机制、病

---

① 王同礼：《语言大典》，三环出版社1990年版，第253页。

理机制等概念，用以表示各个器官之间的相互联系、作用和调节方式。机制引入经济学构成经济机制范畴，指一定经济机体内各构成要素之间相互联系和作用的制约关系及其功能。"①

2. 企业运行机制的二重性

从企业的自然属性看，任何企业的再生产都包含着生产、交换、分配和消费四个环节，它们相互依存、互相制约，构成企业的再生产运动，也就是企业的经济运行。那么，企业运行机制自然就是指"企业再生产过程中各个环节的相互依存、相互制约的关系及其赖以运行的方法、手段和机构的总和"。② 从企业的社会属性看，生产关系是人们通过一定方式结合起来进行生产而形成的人们之间的关系，企业的再生产活动反映了企业内部各主体之间的生产关系。那么，企业运行机制所描述的事实上也是企业再生产活动中各相关主体之间的关系。

因此，企业的运行机制应包括两个层次的内容：第一层次，企业的自然属性运行机制，即企业生产的运行机制；第二层次，企业的社会属性运行机制，即协调人们在企业生产过程中形成的各个参与主体经济利益关系的运行机制。

第一层次的运行机制体现为企业具体的生产经营机制，在假定企业制度不变的情况下，企业的目标体现为企业的利润最大化，企业按照 MR = MC 的原则安排企业的各项生产活动，包括产品的生产、劳动力的需求、实物资本的投资、产品的销售等，这些活动的过程也是企业资源配置的过程。因此，我们称之为资源配置机制。

第二层次的运行机制体现为企业在协调各个利益相关者间的利益冲突时所形成的制度安排，无论企业的生产关系多么复杂，最终都上升到制度的层面上，企业利益相关者间的矛盾冲突都是通过一定的制

---

① 张卓元：《政治经济学大辞典》，经济科学出版社 1998 年版，第 117 页。
② 宋涛：《政治经济学教程》，中国人民大学出版社 2000 年版，第 5 页。

度安排来解决的。因此，企业运行机制的第二层次体现为企业制度安排运行机制，现代企业理论称之为治理机制。

因此，企业运行机制是指企业的资源配置机制和制度安排机制的综合，企业正是在资源配置的不断变化和制度安排的不断演进中展开其各项经济活动的。

2.2　企业税收契约关系分析

2.2.1　企业税收契约关系的概述

利益相关者理论将企业描述成利益相关者的联结，作为企业强势缔约主体的政府和企业这个利益相关者的联结形成了显性或隐性的税收契约关系，即政府参与企业的生产活动，和企业的其他利益相关者一道参与企业的利益分配，从而改变了企业原有的资源配置和制度安排。

1. 契约的一般描述

所谓契约在法学中一般解释为"合意"，它包含了正义和自由两个方面的内容，即契约是双方当事人能够完全自由的就缔约内容和方式达成一致意见，并且是公正合理的。契约的法学解释强调了"当事人的意图必须建立在法律上具有强制力的契约，而不是一个社交性的或超出法律的协议"。[1] 社会学则认为，契约的初始根源是社会，没有社会，契约现在和将来都不会出现，所谓契约，"不过是有关规划将来交换的过程当事人之间的各种关系"。[2]

―――――――――

①② 程宏伟：《隐性契约与企业财务政策研究》，西南财经大学博士学位论文，2005 年。

　　经济学中契约的内涵要比法学意义上的内涵更丰富，既包括具有法律效力的契约，也包括许多默认的契约，而且把"交易"看作是一种"契约关系"或一种"契约安排的结果"。企业被看作是"各种契约的联合体"或由"利益相关者构成的契约集合体"，而企业的治理结构被看作是企业所有权安排的契约制度。因此，经济学中的契约概念具有多维度的内涵，它既依赖于法律体系，也依赖于社会习惯以及交易物的技术特性。正如李风圣（1999）在翻译《契约经济学》时撰写的前言中所提到的："现代契约经济学中的概念，比法律所使用的契约概念更为广泛。它比法律上所使用的契约概念的内涵要宽泛得多，不仅仅包括具有法律效力的契约，也包括一些默认的契约。现代经济学中的契约概念，实际上是将所有的市场交易（无论是长期还是短期的、显性的还是隐性的）都看作一种契约关系，并将此作为经济分析的基本要素。"①

2. 马克思的契约观

　　交易活动是缔结契约的基础，马克思从交易活动的对象——商品开始研究资本主义生产过程的本质内容，同时也揭示了契约形式之后的社会经济关系。马克思主义政治经济学从以下几个方面对契约进行了诠释：

　　第一，交易的对象是商品，但交易活动是人的意志的体现，即商品所有者的意志体现。一方只有符合另一方的意志，就是说每一方只有通过双方共同一致的意志行为，才能让渡自己的商品，占有别人的商品，这体现了法学中的"合意"表达。

　　第二，交易双方，即契约的当事人具有法律形式上的平等地位和自由意志。这是契约自由原则的重要表现，即强调形式上契约主体地位的平等和行为的自由。

---

　　① 科斯·哈特、斯蒂格利茨等著，拉斯·沃因、汉斯·韦坎德编，李风圣译：《契约经济学》，经济科学出版社 1999 年版，第 3 页。

第三，无论是正式的还是非正式的交易，无论其是否具有法律上的契约文本，"这种具有契约形式的（不管这种契约是不是用法律固定下来的）法的关系，是一种反映着经济关系的意志关系。这种法的关系或意志关系的内容是由这种经济关系本身决定的"①。"契约只是人们交往关系的法律形式，人们不能超越他们所处的关系去订立契约。"② 因此，要正确理解契约所反映的人与人之间的经济关系，恰恰必须抛弃契约形式本身。

第四，以一般商品为对象的交换活动仅仅遵循等价交换的原则，这种交换过程本身并不产生新的价值。因此，当人们把企业视为一系列契约的联结的时候，已经完全抛弃了企业作为生产性组织和社会财富创造主体的根本属性。

第五，契约仅仅是交换活动的表现形式，在生产、分配、交换、消费的社会生产全过程中，生产是居于决定性位置的。交换活动以及契约的所谓正义性最终是由社会的生产关系决定的。

从以上的马克思主义政治经济学的契约观可以看出，契约内容同样包含了自由和正义的原则，但是马克思认为不能就契约论契约，只有离开交换进入企业的生产过程，才能完全揭示商品契约所反映的社会经济关系，才能获得产生剩余的正确原因。在马克思看来，要素契约形式集结起来是为了进入生产过程，货币购买要素商品的目的是为了出卖新的产品。现代契约理论指出企业是一种长期契约，有别于市场的短期契约。但是，契约本身只是过程的一个形式上的起点，产生这种周而复始循环的根本原因在于生产过程。要了解生产关系的全部内涵，必须离开流通过程，抛弃"契约"，进入生产过程，全面了解要素（商品）所有者之间利益关系的本质。

因此，在马克思的契约观下，企业税收效应的研究，同样要深入

---

① 马克思：《资本论》第一卷，人民出版社 1972 年版，第 102～103 页。
② 科斯、哈特、斯蒂格利茨等著，拉斯·沃因、汉斯·韦坎德编，李风圣译：《契约经济学》，经济科学出版社 1999 年版，第 3 页。

企业生产的内部，对企业税收契约关系进行全面的剖析，从而对企业税收效应有一个全面、清晰的认识。

3. 企业税收契约关系

政府通过对企业课税参与了企业的生产过程，并通过契约的形式，将处于企业生产关系中双方的关系固定下来。这种契约关系一般包含以下几个方面的内容：第一，要界定双方在分配中的"责任"的规则，即约定给出双方的行动目标；第二，界定双方可以干什么和不可以干什么的规则；第三，要确定关于惩罚的规则，即对违反约定行为者要进行相应的惩罚；第四，要确定度量财富的规则；第五，要确立实施机制。

为了考察企业和国家之间的这种税收契约关系，我们借鉴美国经济学家马斯格雷夫的"税收影响点"理论来考察国家与企业这一"利益相关者多边契约集合体"的税收契约关系。

马斯格雷夫的"税收影响点"理论揭示了国民收入过程中政府、企业、家庭三大部门的收入分配关系，我们在此基础上进行拓展，增加环境这一企业的利益相关者。原因在于政府、家庭和企业三大部门都要依存于环境，而且作为企业的一个隐性契约者，环境对企业行为的影响是不可忽视的。

图 2-1 显示了政府、家庭和企业收支的循环流程，以及在国民收入运转体系中三大部门和环境间的相互关系，同时标明各类主要税收在该经济运行体系中的地位与影响点，显示了国家与企业及其利益相关者的税收契约关系以及税收运动过程。在国民收入的运转过程中，伴随着国民收入的流转，政府通过在一定的周转点上向企业这个"一系列契约的联结"征税，并在这些点上对企业及其利益相关者的经济行为产生影响，构成了企业税收契约点与税负冲击点。

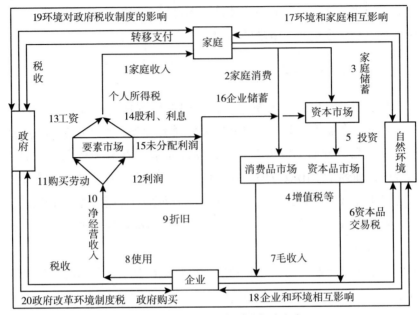

图 2 - 1　税收契约点和税负冲击点

图 2 - 1 中各点的税收分别为: 点 1 是对家庭收入征收的个人所得税; 点 2 是对家庭消费征收的消费税; 点 3 是对家庭的储蓄征收的税; 点 4 是对企业零售营业收入征收的增值税等流转税; 点 5 是对投资征收的税, 影响了资本品市场; 点 6 是对资本物品包括有形资产、无形资产以及证券交易征税; 点 7 是对企业毛收入征税; 点 8 是对各项生产要素支付的税, 又区分为工资、租金、利息和股息四个部分, 这些资金流入企业或家庭, 据以开征企业所得税和个人所得税, 形成了对企业内部利益相关者的税负冲击; 点 9 表示企业的折旧, 对企业折旧前的营业收入课税属于"生产型"增值税; 点 10 是对扣除折旧后的净营业收入征税, 也就是"收入型"的增值税; 点 11 是对企业购买劳动力征税, 也就是社会保障税, 一般是由企业及其人力资本的提供者承担, 该税的轻重直接影响了企业的成本和个人的收入的高低, 影响了企业人力资本的供求; 点 12 是对利润征税, 也就是企业所得税; 点 13 是对工资薪金征税, 也就是个人所得税, 个人所得税

的征收直接影响了个人的可支配收入，进而影响个人的消费和储蓄，也影响企业人力资本的供求；点 14 是对财务资本的所得即股利和利息征税，影响了企业财务资本的供给；点 15 是对未分配利润征税，同样是对财务资本的所得征税，由于留存收益已经课征了所得税，为了避免重复课税，一般不再对留存收益征税，但由于对点 14 股息征税，对留存收益不征税造成很多企业不分配股利，所以很多国家对留存收益和股息采取差别税率，影响了企业的财务资本供求；点 16 是对企业储蓄征税，其影响和点 3 一样，对进入资本市场取得的股息和利息征收所得税，影响了投资；点 17 是家庭活动和环境的相互影响，如家庭的汽车消费等给环境带来污染而环境的好坏反过来会影响居民家庭的行为，如美好的自然环境会吸引家庭的迁入等；点 18 是企业和环境的相互影响，主要体现在"外部性"方面，例如生产企业排污会导致环境恶化，从而影响企业周边居民的生活，同时，环境的好坏也会影响企业的行为，如一些高科技企业在选择投资地址时也会考虑环境状况，以便于吸引高端人才；点 19 和点 20 是指环境的恶化给政府提出了制度安排的要求。企业、家庭以及国家和环境在税收方面的关系主要是政府如何制定税收政策矫正企业生产和居民消费的负外部性，使其社会成本内部化，达到保护环境的目的。

由以上分析可知，首先，这些影响点构成了政府和企业（点 4、5、6、7、10、11、12、15、16、18）以及企业的人力资本提供者（点 11、13）、财务资本提供者（点 14）、市场资本提供者（点 3）和公共环境资本提供者（点 18）的税收契约点，形成了显性或隐性的税收契约关系。政府与企业的税收关系体现为"利益相关者税收契约关系的联结"。企业税收契约关系的主体得到了进一步的拓展，除政府和企业外，还包括企业的利益相关者。

其次，这些点对企业及其利益相关者带来税负冲击，影响了企业及其利益相关者的福利水平并带来了效率损失，经济人的逐利本性导致纳税人会想方设法将税收负担转嫁给别人承担，税负随着国民收入的运转而运动，直到找到税收归宿为止。在税负运动的过程中，企业及其利益相关者为了实现自身目标，在税制既定的情况下做出最有利于自己的选择，税收效应由此产生。

正如约翰·凯在《企业税收逻辑》一文中提到的"由企业征收的税并不是加在企业身上的税。所有的税都是由个体支付的，他们或作为雇员、消费者，或作为股东、房产所有者。当人们谈起某个企业的税收时，他们指的是与该企业相关的人的税收，如它的客户、股东或雇员。这就像当人们谈到烟草税时，他们指的是那些出售或使用烟草的人所需缴纳的税赋，而非烟叶本身的税。"[1]

2.2.2 企业税收利益相关者分析

从图 2-1 中我们可以看出政府、企业以及企业的其他利益相关者因为国家课税产生了税收契约关系，我们把包括政府在内的与企业产生税收契约关系的契约方称为企业的税收利益相关者。但是这个定义过于宽泛，因为在现实中的每个人都或多或少的与企业税收产生关系。因此，我们通过对企业税收利益相关者的分类进一步界定企业税收利益相关者的内涵。下面，我们从静态和动态两个层面来考察企业税收利益相关者的分类情况。

第一，从静态的层面来考察，按照企业利益相关者的行为是否产生了直接的税收征纳关系，将企业的税收利益相关者分为直接税收利益相关者和间接税收利益相关者两类。直接税收利益相关者是指因向企业提供了财务资本和人力资本这些"专用性"[2] 资产，直接导致税

---

① 《企业税收的逻辑》，慧聪网，http: //info. ceo. hc360. com/2005/11/01082318472. shtml。

② 资产专用性理论首先由克莱因、克劳福德和阿尔钦等人提出，德姆塞茨将之发展为资产的专用性是指资产转作他用带来的损失，他认为专用性既包括人力资本又包括实物资本，两者都可以在某种程度上被锁定而投入特定的贸易关系。简言之，资产专用性是指用于特定用途后被锁定，很难再移作他用性质的资产，若改作他用则价值会降低，甚至可能变成毫无价值的资产。

收契约关系产生的个人或群体，包括股东、债权人、经营者、职工。对这些利益相关者征收的税也就是我们通常所讲的要素税。间接税收利益相关者是指因企业的税收行为对其产生了经济影响或是因企业行为对其产生影响导致了政府通过课税来约束企业的行为的利益相关者，主要包括消费者、供应商、自然环境以及周边社区。这些利益相关者之所以和企业之间产生税收利益关系，原因在于企业可以通过一定的方式将税负转嫁给消费者或供应商，对于自然环境和周边社区来说则是因为企业生产的"外部性"给其带来有利或不利影响，从而形成了政府进行相应制度安排的倒逼机制，要求政府通过税制安排矫正企业行为。

第二，从动态的层面来考察，企业税收利益相关者分为征税人、纳税人和负税人。企业税收处于不断运动的过程中，一方面政府课税，资源由企业流向政府，体现为资金单方面的运动；另一方面，由于税收可以通过价格机制将其传导给供应商或者是购买者，在没有找到最终归属以前，企业税收处于不断运动之中，直到找到最后的负税人为止。税收效应的发挥正是通过税收的不断运动得以实现的。

以上两种分类是相互影响、相互制约的，第一种分类从静态的角度诠释了税收条件下的企业利益关系，将财务资本和人力资本的提供者视作直接的税收利益相关者；将市场资本和除国家以外的公共环境资本视作间接税收利益相关者。第二种分类从动态的角度诠释了税收利益相关者之间在税负运动中的地位，它是税收得以发挥作用的前提。直接利益相关者和间接利益相关者在税负运动中又演绎为纳税人或负税人，最终的结果形成国家、企业和其他利益相关者的利益分配格局。更为关键是，对企业来讲，由于企业的所有利益相关者都和税收有着直接或间接的税收契约关系，这些税收契约关系的存在，改变了企业利益相关者的利益诉求，影响了企业的制度安排。图 2 - 2 显示了企业税收利益相关者两个层面（静态和动态）的分类情况。

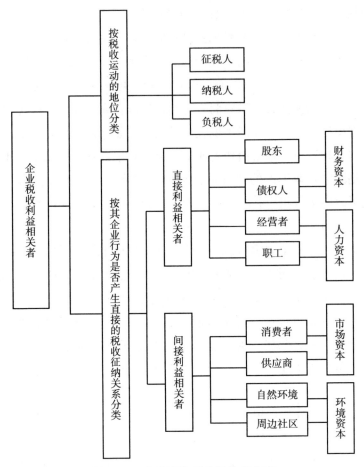

图 2 - 2　企业税收利益相关者分类

2.2.3　企业税收契约关系分析方法

尽管政府参与企业的生产经营体现为政府和其他利益相关者的契约关系，但是如何解析这种契约关系成为摆在我们面前的难题。目前，无论是主流的现代企业理论，还是利益相关者理论，都将企业看成是契约的联结，但也仅仅限于伦理方面，其泛化的契约观无法触及企业的本质。同样，如果采用相同的方法研究企业税收契约关系，在对税收效应的社会属性进行界定时难免会走入契约泛化的误区。因此我们借鉴马克思的契约观和利益分析法建立起研究企业税收契约关系的基础架构，为以后企业税收效应的研究奠定一定的理论基础。

从前面的论述可知，契约关系的本质是利益关系，企业税收契约关系同样是一种利益关系，其作为利益的体现同样具有自然属性和社会属性。自然属性体现为纳税人的物质利益流向政府；社会属性体现为在税收运动过程中形成的各种利益关系。由于课税改变了企业利益相关者的既定利益，从而产生了企业利益相关者的利益诉求以及企业税收运动中利益相关者的税收契约关系。

马克思的利益分析法为我们提供了研究企业税收契约关系的最好方法，尽管马克思的利益分析法重点分析的是资本家利益和雇佣工人利益之间不可调和的对立，但是其从具体到抽象、从现象到本质的研究方法是我们研究社会经济利益关系的根本方法论。

首先，范畴的界定是研究企业税收契约关系的前提，如同一个人既可能是企业的普通职工，也可能是企业的消费者。可见，在不同的经济范畴中，经济主体的利益诉求及其利益的客观决定是不同的，必须对此正确地加以区分。从企业税收契约关系可知，企业税收关系体现为政府和利益相关者间直接或间接的复杂利益关系，企业的利益相关者可能是企业税收运动中的纳税人，也可能是负税人，因此在进行具体税收利益关系研究时，必须对有关范畴加以界定。

其次，企业税收契约关系的核心是"利益对立"，它反映了不同企业税收利益主体之间利益诉求的矛盾性。马克思在进行具体经济关系的分析过程中，多次采用了"利益对立"分析法。企业税收利益关系同样也是对立的，政府课税减少了纳税人的既得利益，这本身就是一种对立，从方兴未艾的税收筹划和层出不穷的偷逃税以及国家税制的不断完善也可窥见一斑。

因此，在税收契约关系方面应采用"利益对立"分析法分析税收利益相关者之间的经济关系，这样更有助于政府全面地了解优化企业税制的微观基础，在企业利益博弈的过程中催生新的企业税制。

2.3　企业税收效应机制

2.3.1　企业税收效应机制的有关范畴

1. 企业税收效应的界定

在西方税收理论中，税收效应是指纳税人因国家课税而在其经济选择或经济行为方面做出的反应。但是，这种观点仍然是站在企业的自然属性上将企业看成是一个"黑箱"，没有考虑企业内部的利益关系发生的变动，单纯研究课税对企业这个"生产函数"的影响。我们认为无论从企业的性质还是企业的目标来看，都体现了企业生产的二重性，税收效应的研究不仅仅是单纯研究税收对其自然属性的影响而忽视对其社会属性的研究，不去剖析税收对企业生产关系的影响就无法打破企业这个"黑箱"，也就无法做到真正的税制优化。其原因在于课税打破了企业原有的利益均衡，改变了每个利益相关者的利益诉求，每个利益相关者在税收条件下都会做出最有利于自己的选择，在企业既定产出不变的情况下，每个"经济人"都想分一块"蛋糕"，原有的制度安排因利益诉求的改变不得不做出既定条件下的最优调整，而安排的结果要取决于各方博弈的能力。

因此，笔者认为应从两个层次界定企业税收效应的概念：第一层次是税收效应的自然属性；第二层次是税收效应的社会属性。

（1）第一个层次的税收效应界定。我们在第一层次的界定上仍应沿用西方税收理论传统的定义方法，从企业的自然属性角度解析企业税收效应的概念。之所以沿用传统的定义方法，原因在于，无论企业的社会属性有多么复杂，仍然要依托于物质的生产。在进行第一层次的界定时，不考察企业内部的生产关系，也就是不考察税收对利益相关者的影响，企业制度是外生的，只考虑企业本身的税收行为。否则，我们会陷入"鸡生蛋、蛋生鸡"的"定义泥潭"，将企业视为一个生产函数。税收对企业的影响表现为课税影响了企业的生产运动，这种影响体现为企业在税收条件下为达到产出最大化做出的各种资源组合，我们称之为税收的资源配置效应。需要做出特别说明的是，尽管在分类上，税收的间接利益相关者是以"经济范畴的人格化"的身份作为企业的利益相关者出现的，但是由于其利益诉求是通过政府或市场来实现的，因此企业的间接利益相关者不会参与企业的剩余分配，也就不能深入企业内部利益关系。例如，从公共环境资本的提供者角度来说，企业的生产行为的"外部性"导致了政府通过税收加以矫正企业的行为，而环境资本的提供者无法参与企业的剩余分配；从市场资本的提供者角度来说，企业通过价格机制将税收负担转嫁给了他们，他们并没有参与企业的剩余分配，企业仍然是以整体的身份出现的，即间接利益相关者和企业间是供给和需求的关系，并没有深入企业的内部利益关系。因此，对间接税收利益相关者的分析仍然属于税收效应的自然属性分析，在本质上仍属于企业资源配置效应。

（2）第二个层次的税收效应界定。第二层次的界定是从企业的社会属性出发解析企业税收效应的概念，即从企业的税收契约关系出发研究企业的税收效应。基于同样的考虑，在第二层次的界定中，我们假定企业的资源配置是既定的，在产出不变的情况下，国家要从"蛋糕"上切去一块，从而改变了原有的利益关系。基于自身利益最大化的考虑，每个利益相关者会通过企业运行机制表达自己的利益诉求从而改变了企业原有的利益均衡格局。由于我们打破了"黑箱"，税收面对的不是企业这个虚拟的法人，而是活生生的利益诉求者，影响的不是企业的产出，而是企业的利益关系。因此，第二层次的界定应从直接的税收利益相关者的范畴出发，对其加以诠释。由于间接税收利益相关者主要借助政府或市场投票来实现自己的利益诉求，而且公共环境资本的"外部效应"以及市场资本的"均衡效应"主要是由企业的整体生产行为造成的，我们已经将其划归为第一层次的分析。这样一来，对企业税收效应社会属性的分析主要是企业财务资本提供者和人力资本提供者的利益诉求效应分析。

在对所有的间接利益相关者界定完以后，剩下的是税收对企业内部利益诉求关系的影响分析，也就是企业剩余的分析问题。税收效应的社会属性也主要体现在税收对直接税收利益相关者的影响上。直接税收利益相关者参与企业的剩余分配，而且分配的剩余还要课税，使得税后剩余和税前剩余间插了一个"税收楔子"，为了保证其税前利益，他们就会对企业产生新的利益诉求，企业的生产关系因此而改变，即使抽象掉企业的生产，在错综复杂的生产关系中也难以对其做出最好的诠释。马克思主义政治经济学给我们找到了研究问题的突破口，任何复杂的经济利益关系最后都要上升到制度层面上，无论企业内部的利益关系多么复杂，最终都会体现在企业的制度安排上。因此，我们将第二层次的税收效应界定为企业的制度安排效应。

如何找到分析企业制度安排效应的突破口是我们研究该问题的关键。在企业既定产出不变的情况下，政府的强势介入改变了原有的契约关系，替代效应和收入效应的存在使利益相关者增加或减少对企业的资本投入，其对企业的"利益诉求权"结构相应改变。既然利益相关者向企业投入的是资本（财务资本和人力资本），那么将他们投入资本所产生的"利益诉求权"结构称为资本结构是符合逻辑的解释。因此，税收对企业制度安排的影响主要体现为税收的资本结构效应，但是和以往的资本结构税收效应不同的是，我们除了分析税收对企业股东和债权人的影响带来的资本结构税收效应，还要分析税收对经营者和职工的企业行为的影响。因此，此时对资本结构的研究已不仅仅是进行技术层面的分析，而更多的是从制度层面进行分析。

综上所述，在互为假设前提的条件下，课税对企业的影响最终体现为第一层次的资源配置效应和第二层次的制度安排效应。通过两个层次的界定，我们更为全面地解析了税收给企业带来的影响，更有利于展开问题的研究。

2. 企业税收效应机制的概念

尹音频教授（1997）在《涉外税收论纲》一书中对"涉外税收机制"所下的概念为："涉外税收这一经济有机体的各个组成部分和环节彼此联系、相互制约和相互影响，从而有机地结合起来，推动整个机体运动和发展的方式。"① 借鉴尹音频教授对"涉外税收机制"所下的概念，我们给出企业税收效应机制的概念。企业税收效应机制是指企业税收效应得以实现的各种相互制约、有机配合的手段，是企业税收这一经济有机体的各个组成部分和环节彼此联系、相互制约和相互影响，从而有机地结合起来，推动整个机体运动和发展的方式。

2.3.2　企业税收效应机制的静态分析

税收制度是处理税收利益分配关系、实现税收效应的载体，是税收效应机制得以运行的外在形式。长期以来，企业税收制度被认为是国家制定的用来约束征税机关和企业税收行为的一系列规则，体现了国家和企业之间的契约关系，反映了国家及其委托代理人和企业三者之间的关系。在这种契约关系中，仍然认为企业是一个追求自身利益最大化的"黑箱"，对企业税收的研究囿于以企业为纳税人的研究中，没有将企业税收契约点图（见图 2 - 1）中的利益相关者纳入企业税收研究的视野，这对企业税收效应的研究是不全面的。政府和企业间的税收契约关系还包括政府和企业利益相关者之间因利益相关者的企业行为产生的税收契约关系。如果不考虑利益相关者的税收地位

---

① 尹音频：《涉外税收论纲》，西南财经大学出版社 1997 年版，第 13 页。

对企业经济行为的影响，就无法全面地分析企业面对税收的反应。

1. 企业税收制度的基本内涵

对于税收制度，国内学者提出了不同的界定。马国强（1991）认为，税收制度是为实现税收职能，由国家以法的形式确定并通过行政手段实施的各种课税的总和。[①] 杨秀琴、钱晟（1999）认为，税收制度是国家为取得财政收入而制定的调整国家与纳税人在征税与纳税方面的权利与义务的法律规范的总称。[②] 杨斌、雷根强（1995）则认为，税收是国家政治权力主体与具有独立经济利益的缴纳主体之间分割剩余产品价值而形成的分配关系，税收制度正是税收分配关系的法律表现，是规范征税主体和纳税主体之间有关税收征纳的权利义务关系的行为准则。税收制度属于上层建筑，必须适应经济基础，才能促进生产力的发展。[③] 吕建锁、焦惠生（1995）认为，税收制度就是国家颁布的各种税收法律和征收办法的总称，它包括税收法律、条例、实施细则、征稽管理办法等。它是国家财政经济制度的重要组成部分，是国家向纳税人增收的法律依据和工作规程。[④] 从上述学者对税收制度的定义可以看出，税收制度包括以下三个方面的内容：

（1）税收制度体现了税收利益分配关系。税收分配关系是国家在征税过程中与纳税主体之间发生的经济关系。在现实生活中，这种分配关系是通过纳税人的资金向政府单方面转移实现的。而这种转移必须通过税收制度加以规定，离开了税收制度，就无法实现个体财富向政府的转移，也就无法体现税收分配关系。

（2）税收制度是税收效应机制运行的载体。税收作用的发挥必

---

① 马国强：《税收学原理》，中国财政经济出版社 1991 年版，第 200 页。

② 杨秀琴、钱晟：《中国税制教程》，中国人民大学出版社 1999 年版，第 3~4 页。

③ 杨斌、雷根强：《税收制度设计和实施的基本原则》，载于《福建税务》1995 年第 4 期，第 9 页。

④ 吕建锁、焦惠生：《税收制度学简论》，载于《税收与企业》1995 年第 3 期，第 20 页。

须通过一定的媒介,这个媒介就是税收制度。这是因为在现实生活中,税收分配的过程都是通过税收制度的具体规定进行的,不同的规定产生不同的效应。离开了这些具体规定,税收的作用无法发挥出来。因此,税收效应的运行必须借助于具体的税收制度,只有建立起合理的税收制度,才能更好地发挥税收的"正"效应,促进经济的健康协调发展。

(3)税收制度是征纳税收的依据。税收分配关系的实现和税收作用的发挥离不开实际的税收征纳工作。离开这一个过程,税收制度只能成为一种观念的规则,只有在实际具体的税收征纳过程中,税收分配关系才能得以体现。税收征纳包括征税和纳税两个方面,征税必须依据事先确定了的规则来进行,包括确定的、公开的程序,征收的方式、数额以及对违规的惩罚。纳税也必须依据事先确定的规则来进行,纳税主体应该缴纳多少数量的税收、如何缴纳、时间规定等都必须明确。

长期以来对企业税收制度的研究也主要集中在以上几个方面。随着新制度经济学的兴起,一些专家、学者又进一步拓宽了企业税收制度的内涵,认为企业税收制度不仅包括以上的这些正式规则,还应包括税收的价值观念、纳税的道德观念、涉税的风俗习惯和税收文化及意识形态等这些非正式规则以及保证二者实施的实施机制。在新制度经济学的研究框架下,企业税收制度是指规范企业税收行为的规则,它是由正式规则、非正式规则和实施机制三个方面的内容构成的。正式规则是指国家制定和颁布的相关企业税收法律的总和;非正式规则是指人们长期以来形成的税收文化、纳税的道德意识等;实施机制是指保证企业税收正式规则和非正式规则实施的征管体制。尽管对企业税收制度的研究扩展到了制度经济学,但是在研究企业税收效应时,研究人员仍然将企业看成是一个"黑箱",没有将其他税收利益相关者纳入企业税收研究的视角。

从以上的论述可以看出,尽管税收制度的界定是围绕着税收契约关系展开的，但是并没有涉及企业内部的生产关系，企业税收制度针对的主要是企业的自然属性，忽略了企业内部生产关系对企业税制的影响。因此，我们认为企业税收制度不仅包括对企业的税制界定，还应包括对税收利益相关者有关企业行为的税制界定。在利益相关者理论下的企业税收制度是指规范企业及其税收利益相关者税收行为的规则，它是"企业税收契约关系的联结"，包括三个层次内容：一是税收运动中的行为主体制度；二是针对不同税收利益相关者的税种制度；三是规范税收利益相关者行为的征管制度，即实施机制。

2. 企业税收制度的构成

企业税收制度的构成要素是企业税收制度的具体化，它是企业税收效应研究的起点。它包括税负运动中的主体制度、利益相关者的税种制度和实施机制三个层次。

（1）税负运动中的主体制度。在企业税负运动中，利益相关者身份演化为征税主体、纳税主体和负税主体。第一，征税主体包括国家及其代理人（征管机关），国家的目的是为了实现社会福利最大化，通过税收的分配机能和调节机能实现宏观经济目标。第二，纳税主体是指直接负有纳税义务的单位或个人，包括企业及直接的税收相关利益者。这些纳税义务主体作为经济人性质和地位决定了他们必然对税收这种硬性的现金流出做出灵敏的反应，针对税收的影响或变化及时调整自己的行为，以实现自身利益最大化，从而影响了企业内部的运行。第三，负税主体是指最终负担税收的责任主体，主要是间接的税收利益相关者。尽管不像纳税人有硬性的现金流出，但由于税负运动释放了收入效应和替代效应，改变了负税主体的行为决策，从而对企业产生了反作用。

（2）利益相关者的税种制度。利益相关者的税种制度包括利益相关者整体的税种制度、直接利益相关者的税种制度和间接利益相关者的税种制度三个层面：第一，整体税种制度，即对企业本身征收的税收，包括流转税、所得税、资源税、特定目的税、财产税和行为税和关税等。第二，直接税收利益相关者的税种制度，包括对债权人、股东、经营者和职工的企业获得征收的所得税，这些税收利益相关者因为提供资金、劳动力等生产要素从企业处获得了相关的支付，从而改变了企业的产权结构，企业的行为也因此产生变化。如对劳动力的工资、薪金征收个人所得税，一方面由于替代效应的存在会减少劳动力的供给，另一方面又会导致工人要求企业增加工资，从而使企业的成本提高，企业的利润减少，导致企业对劳动力的需求发生变化，这些变化影响了整个就业水平。因此，利益相关者作为企业的一部分，对其因企业行为征收的税种同样属于企业税收的一个组成部分。第三，间接税收利益相关者的税种制度，由于间接利益相关者受企业税收行为的影响，因此，对于市场资本的提供者——消费者没有相应的税种制度；而对公共环境资本的提供者——自然环境和周边社区，则主要是针对企业的"外部性"行为开征环保税。该税种的纳税人是企业，但是由于环境和周边社区向企业提供了"资本"，才引致了环保税的开征。因此，笔者认为应将环保税视为针对公共环境资本提供者设置的税种，只是它的纳税人是企业而已。

（3）实施机制。实施机制是税制运行过程中的征管制度，它是对所有利益相关者的制度约束，是企业税收制度得以有效运行的保障。新制度经济学认为，实施机制是制度的重要组成部分，一个国家的制度是否有效，除了具有完善的正式和非正式规则外，更主要的是这个国家的实施机制是否健全。离开了有效的实施机制，任何制度尤其是正式规则就形同虚设。因此，一个好的税制不仅要税种设置合理、税种内部构造科学，还要有一个好的税收征管机制，它是税收政策目标得以实现的必要条件。没有良好的税收实施机制，再好的税种也难以有效地实施。

2.3.3 企业税收效应机制的动态分析

企业税收制度的构成仅仅从静态的角度揭示了企业税收效应发挥作用的外在形态，没有说明税收效应的内在决定性，因此我们还应该考察企业税收效应的运动过程，以便进一步对企业税收进行研究。

1. 企业税收流程

图2-3显示了企业税收运动与企业资金循环（资源配置）之间的内在联系，企业资金循环的过程伴随着各个利益相关者的剩余分配和税收运动。

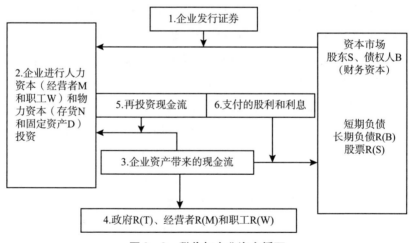

图2-3 税收与企业资金循环

（1）企业通过资本市场向股东和债权人发行股票和债券，或者是向债权人借款，现金流由股东和债权人流向企业，权益资本和债务资本的比例构成了企业的财务资本结构。

（2）企业购买人力资本和实物资本进行生产经营并给企业带来经营收入，形成企业的经营活动现金流。

（3）现金流（剩余）的分配。企业的现金流向三个方向：一是流向企业，形成企业新的投资资金；二是流向政府、经营者和职工；三是以股利和利息的形式流向股东和债权人。

在企业资金循环的过程中，处处伴随着税负的运动及其影响：①在企业发行有价证券的环节 1 征收证券交易税和印花税，影响了财务资本者的投资成本；②企业购买资产环节 2 征收增值税、消费税等，影响企业资产的投资选择；③企业经营环节 3 同样征收增值税、消费税等流转税，影响了企业的产出和消费；④企业现金流向政府和其他相关利益者环节 4 征收个人所得税，影响了人力资本的供给；⑤再投资现金返回企业环节 5 和环节 2 的影响相同；⑥分配股利和利息环节 6 征收个人所得税，影响了财务资本所有者的投资收益率。

从企业税收循环流程可以看出税收在企业财务资本的投入、人力资本和实物资本的购买以及产品的销售和剩余的分配处处伴随着税收运动。

2. 企业税收效应机制的运行机理

企业税收效应运行的机理在于课税影响了产品和生产要素的价格（包括资本品的价格），导致产品的生产与消费以及生产要素的配置产生了变化，从而产生了微观主体行为的收入效应和替代效应，通过价格机制和资本成本机制影响企业的内部运营和宏观经济的运行。

（1）课税效应分析。

税收的课税效应主要是由于课税产生了收入效应和替代效应，而收入效应和替代效应的产生是由于税收影响价格造成的，因此，又被称为税收的价格效应。

　　下面，我们以商品税为例进行课税效应的分析，商品课税对价格的影响主要有两个方面：首先，税收导致生产者得到的净价格即生产者价格与消费者实际支付的价格不一致；其次，对商品课税影响均衡价格。其结果是提高了消费者价格，降低了生产者价格。

　　在没有税收的情况下，生产者价格和消费者价格是一致的；政府对商品课税以后，二者不再吻合，二者的差额就是政府课征的商品税，用公式表示为：

$$P_c = P_f + T （从量税） \tag{2-4}$$

$$P_c = (1+t)P_f （从价税） \tag{2-5}$$

其中：P_c 表示税后价格，P_f 表示税前价格，T 表示单位税额，t 表示税率。下面我们用图形来分析商品税是如何影响均衡状态下的生产者价格与消费者价格的。图 2-4 显示了征收从价税的情况下，税收对均衡价格的影响。

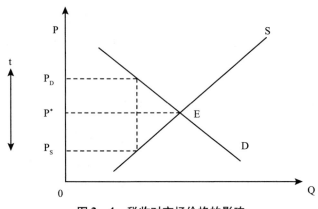

图 2-4　税收对市场价格的影响

　　图 2-4 中，D 和 S 分别代表消费者的需求曲线和生产者的供给曲线。政府课税之前，D 和 S 在 E 点相交，由此决定的均衡价格水平为 P^*，消费者和生产者都按同一价格 P^* 进行交易。政府课税之后，消费者面临的价格水平由 P^* 上升至 P_D，生产者面临的价格水平由

P*下降至 P_s，P_D 和 P_s 之间的差额即为税款 t。税收的存在使得生产者的收益下降，消费者的支出增加，同时带来了效率损失，效率损失随着税负运动扩散的范围更大，从企业交纳税款，到最后的负税人，周转的环节越多，效率损失就越大。例如生产型的增值税对资本有机构成高的企业影响最大，因为其流转的环节最多。

（2）企业税收运行的传导机制。

由以上分析可知，税收效应的发挥是通过税收的传导机制得以实现的。价格机制是指税收如何在企业及其利益相关者之间进行分配的机制，它是税收运动的媒介，也是税收效应得以有效发挥的有力工具，包括价格机制和收入机制两个部分。

①价格机制。

税收功能的发挥主要通过价格机制来实现，价格机制有资本品价格机制和商品价格机制两种。资本品价格机制反映了财务资本随着价格运转的情况；商品价格机制反映了市场资本和人力资本随着价格机制运转的情况。

A. 资本品价格机制。资本品价格是指企业购买财务资本的价格，也就是筹集资金所花费的成本，即资本成本。资本品的价格机制也就是资本成本的运行机制，体现为企业的内部运行机制和外部运行机制两个方面。图 2 - 5 显示了税收条件下的资本成本运行原理。

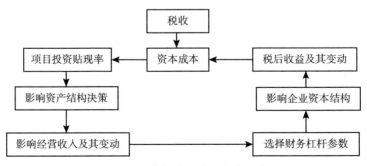

图 2 - 5　税收条件下的资本成本作用

第一，企业内部运行机制。从企业内部来看，资本成本是企业向股东和债权人筹集债务资本和权益资本所花费的价格，它是联系企业和财务资本投资者的媒介，也是联结企业筹资、投资和股利分配的纽带。资本成本正是通过这种联结发挥其功能作用的。

首先，从资金运动的角度看，课税改变了企业无税条件下的资本成本，债务税盾效应和投资者收益率降低效应的存在导致的负债—权益比率改变，从而改变了企业资源配置的最低利益要求，企业要进行相应的资产结构和投资结构的调整来适应税收的变化。其运行过程为：

税收→资本成本→投资贴现率→资产结构（资源配置）→经营收入→财务杠杆→资本结构→股利分配→资本成本′

其次，从资本结构的角度看，股东和债权人向企业投资，形成企业的权益资本和债权资本，两者的比例关系构成了企业的资本结构，权益资本和债务资本的加权平均价格构成了企业的加权资本成本。税收通过对企业资本成本的影响，影响了企业的资本结构，更关键的是影响了企业的治理结构，其运行过程为：

税收→资本成本→资本结构→治理结构

第二，外部运行机制。在外部条件下，企业的资本成本同样分为资金循环和制度安排两个层次。

首先，从资金循环的角度看，资本成本是企业在资本市场上购买资本品的价格，也就是企业投资者的投资收益率。对企业而言，如果企业融资的成本能够在所得税前扣除，在不考虑其他条件的情况下，企业会倾向于通过能够给企业带来节税效应的资本融资。但是对资本的提供者而言，作为投资者，他们是否向企业提供资本的主要考虑在于投资是否能够带来足够的收益。国家如果对其收益课税的话，就变相提高了投资成本，降低了投资收益率，影响了投资者的投资行为，进而影响了企业的资本运营。其运行过程为：

税收→投资者的投资收益率→企业的资本供给→企业的资本配置

其次，从制度安排的角度看，资本市场制度的完善与否影响了企业筹资的渠道、交易费用，进而影响了企业的资本结构。西方发达国家由于资本市场比较完善，发生扭曲的情况不多。而大多数发展中国家由于二元金融体制，对于不同身份的筹资者，资本市场给予的待遇不同，在这种体制下，税收效应已经被其他因素掩盖了，企业所有权的安排更多地受到了资本市场运行的影响。

B. 商品价格机制。政府对商品课税后改变了企业及其消费者的价格均衡，消费者支付的价格提高，企业得到的价格降低，税负通过价格机制在企业和消费者之间进行重新分配，同样的道理适用于企业和供应商之间，只不过企业变为了消费者而已。

首先，从企业和税收利益相关者之间的税负运动看，税负通过价格机制进行转嫁，从而产生了企业和利益相关者之间的税收分摊，影响了双方的经济选择和行为决策。下面，我们以完全竞争条件下企业和消费者之间的税收分摊情况来说明价格机制的传导作用，图 2－6 显示了课税后的价格和税负变化情况。

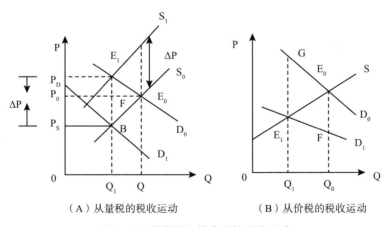

（A）从量税的税收运动　　　　（B）从价税的税收运动

图 2－6　从量税和从价税的税收运动

在图 2－6（A）中，假定商品 X 的税前均衡点为 E_0，均衡价格

为 P_0；当对该商品征收单位为 T 的税收后，供给曲线由 S_0 移动到 S_1，形成新的均衡价格和均衡数量为 P_D 和 Q_1。此时，企业得到的价格下降，消费者得到的价格上升，二者之间出现了税收楔子 $T = \Delta P = P_D - P_S$。企业承担的税负为图 2 - 6（A）中矩形 $P_D E_1 F P_0$ 的面积，消费者负担的税负为图 2 - 6（A）中矩形 $P_0 F B P_S$ 的面积，图 2 - 6（A）中三角形 $E_1 E_0 B$ 为课税带来的超额负担。在征收从价税的情况下，分析的结果一样，和从量税相比，只是从价税下的供求曲线不再水平变动，而是按照同一比率变动，即按照税率所表现的商品价格某一固定比例变动，也就是图 2 - 6（B）中的 $E_0 F / E_0 Q_0 = G E_1 / G Q_1$ 表示的比例关系，即无论是对企业征收，还是对消费者征收，两者负担的税收相同。至于负担分摊的大小，在其他条件不变的情况下，主要取决由于商品的供求弹性和成本变动趋势。

从以上分析可以看出，尽管企业是纳税人，但是税收负担并没有完全由企业承担，企业通过价格机制将其中的一部分转嫁给了消费者负担，从而影响了消费者的行为选择，消费者的行为反应对企业产生了反作用。

其次，从企业本身看，对企业课税意味着企业需要更多的产出来弥补税负带来的效率损失。

图 2 - 7 显示了企业课税后的保本点变化情况。用 TR 表示企业的收益，FC 表示固定成本，VC 可变成本。图 2 - 7（A）表示课税前企业的保本点为 Q_1；图 2 - 7（B）表示税收保本点的变化情况，课税后可变成本由 VC 上升为 VC + T，保本点上升为 Q_2，和课税前相比，企业需要更多的产出才能达到盈亏相抵。为了实现企业的价值目标最大化，企业需要重新调整资源配置，以便适应保本点的提高。

②收入机制。

税收的收入机制主要是通过对企业利益相关者剩余分配的影响，引导利益相关者的经济行为，从而影响企业的运行。假定企业的总收

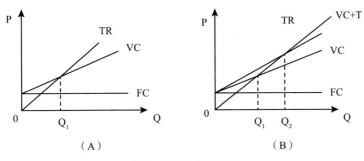

图 2－7　企业保本点

入为 TR，股东的收入为 R（S）、债权人的收入为 R（B）、经营者的收入为 R（M）、职工的收入为 R（W）、政府的税收收入为 R（T）、企业外购原材料（包括劳务）为 N、折旧①为 D。则总收入公式为：

$$TR = R(S) + R(B) + R(M) + R(W) + R(T) + N + D \quad (2-6)$$

如果我们将 N 和 D 看作常量的话，则：

$$TR' = TR - N - D = R(S) + R(B) + R(M) + R(W) + R(T) \quad (2-7)$$

对资本的提供者课税后，假设权益资本所得、债务资本所得、经营资本人力资本所得和生产人力资本所得的税率分别为：T_S、T_B、T_M、T_W，除政府外，其他利益相关者得到的实际可支配收入为：

$$R(S) \times (1 - T_S) + R(B) \times (1 - T_B) + R(M)$$
$$\times (1 - T_M) + R(W) \times (1 - T_W) \quad (2-8)$$

由式（2-8）可知，由于政府课税减少了资本要素提供者的支配收入，为了获得和税前收入相同的效用，要素提供者要么调整自身的经济行为，要么调整在企业的要素投入，从而影响了企业的资源配置和社会的收入分配。从社会的层面讲，税收的收入调节机制有利于调节贫富差距、促进社会的公平，有利于社会稳定。从企业层面讲，企业间如果没有税收差别的话，不会影响企业间的资源配置，但如果

———————

① 这里的折旧是指广义的折旧，包括固定资产和其他长期资产的摊销以及计提的资产减值准备。

有税收差别，就会导致资本的流动；企业内部利益相关者如果没有税收差别，他们不会因为税收因素调整在企业的身份，也就不会影响企业的生产关系，如果存在税收差别待遇，则会导致利益相关者的身份转移，如对股利和利息征收不同的所得税，则会影响投资者是购买企业的股票还是债券的决定，从而影响企业所有权的安排。

综上所述，价格机制和收入机制共同作用于各个税收利益相关者的经济选择和行为决策，从而对企业的运行产生重大影响。

3. 企业税收效应机制的运行过程

企业税收的资源配置效应和制度安排效应的发挥必须通过企业税收效应机制的运转才能实现，图 2-8① 显示了企业税收效应的运动过程。

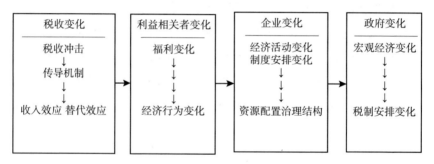

图 2-8　企业税收效应运动

从图 2-8 中我们可以看出企业税收运行经过的四个阶段，这四个阶段说明了企业税收效应机制是如何发挥作用的。

（1）政府的税收变化。政府根据宏观经济目标和当前的宏观经济运行状况，进行税收制度的改革或改良。

（2）利益相关者的行为产生变化。税收变化产生的税负冲击、

---

① 尹音频：《资本市场税制优化研究》，中国财政经济出版社 2006 年版，第 46 页。

给利益相关者带来的税收负担，降低了福利水平，导致利益相关者行为的调整。

（3）企业经济活动和制度安排产生变化。企业以及利益相关者的经济决策以及经济行为的变化直接影响了企业的资源配置和制度安排。

（4）政府优化制度安排。宏观经济运行的变化要求政府及时做出政策调整，进行相应的制度安排，以便适应宏观经济运行的要求，实现经济发展的目标。

总之，课税不仅影响了企业的生产过程，更影响了企业的生产关系，从而体现为资源配置效应和制度安排效应，这些效应的发挥必须借助一定的手段，通过其传导机制发挥对企业和利益相关者的影响作用，从而消除企业生产的机会主义，让企业的目标和政府的目标保持一致，在税收运动的过程中实现企业制度和税收制度的同步优化。

第3章 企业税收资源配置效应分析

在对企业税收效应运行机制进行了综合考察后，本章和下章将从税收效应的自然属性和社会属性出发考察税收对企业资源配置和制度安排的影响。

从前面的分析可知，企业税收资源配置效应是属于税收效应的自然属性分析，在假定制度既定的情况下，分析税收对企业生产过程中的企业内的经营活动以及企业供销活动的影响。企业资源配置效应的分析仍然沿袭了新古典经济学的分析方法，分析税收对企业这一"生产函数"的影响，以及在生产过程中引发的"外部效应"[①] 和企业间、政府间的资源配置的税收竞争。从企业内部看，体现为企业的生产效应、劳动力效应和"外部性"效应、[②] 投资效应[③]分析；从企业外部看，体现为由税收运动引起的在市场上供需双方税负转嫁以及税负归宿的均衡效应分析；从差别税收待遇看，体现为企业间和政府间的资源配置税收竞争效应。

---

① 外部环境的引致效应是企业的生产经营给环境带来的影响导致政府课税的发生，从而对企业的资源配置产生影响。

② 我们把环境带来的税收"引致效应"称为企业税收的"外部效应"。

③ 在这里我们把投资界定为物质资本投资，不考察证券投资以及人力资本投资。

3.1　企业税收资源配置效应的作用机理

企业资源配置的基本问题是企业经济效率的问题，也就是企业各项经济资源的充分和有效利用，即如何组合企业的资源使其产出最大化的问题。

在西方经济理论中，一般用帕累托最优来衡量资源配置的优劣。按照这一概念，如果一种变化在不损害他人福利的前提下增进了某些人的福利，则这种变化被称为有效率或者说效率改进了；而资源的最优配置或最高效率则意味着在这种状态下，任何人的福利都不可能得到进一步改善，除非牺牲了他人的福利，这一状态就称为帕累托最优。

从整个社会看来，帕累托最优的条件为：在完全竞争市场条件，生产的最优、交换的最优以及生产和交换同时实现最优，这是资源配置的最高级条件。

企业的资源配置从企业经营活动来看就是生产或投资的最优，从企业外部来看就是企业供销关系中的交换最优。从前面的论述可知，税收的资源配置效应是企业税收第一层次的效应表现，它主要是针对企业的生产提出的。此时，已经抽象掉了企业内部的利益关系，只考察税收对企业生产的影响。企业单纯的生产过程包括企业的投入、生产和交换三个阶段，在企业的"黑箱"理论下，企业生产和投资的最优条件是边际收益等于边际成本，这是企业内部资源配置的原理，而企业在交换阶段则引申出市场供给和需求的局部均衡和一般均衡的资源配置原理。

3.1.1　企业内部经营活动资源配置效应作用机理

引入税收后，课税增加了企业的成本或降低了企业的收益，但是资源配置的最优条件并没有因此改变，仍然遵循 MR = MC 的原理。因此税收对企业资源配置影响的作用机理在于课税改变了企业的成本或降低了企业的收益，从而使企业改变了生产决策或投资决策，但是企业生产或投资的最优条件 MR = MC 并没有改变。

1. 企业生产行为的税收效应作用机理

课税对企业生产的影响主要在于课税增加了企业的生产成本，从而使企业的利润降低，为了保持企业的利润水平，企业会通过产品的调整或生产要素的相互替代尽量减少税收带来的负面效应。

现在，我们假设产品市场的价格是既定的，要素市场的价格为 W，则：

$$W = \{W_1, W_2, \cdots, W_n\}$$

其中，W_i 为某要素 i 的价格，如果纳税人购买要素组合 X，其成本将为：

$$\sum_{i=1}^{n} W_i X_i \qquad (3-1)$$

产品在市场上出售所得的收益为 PY。当然，纳税人要受到技术约束，产品 Y 不可能越过 F(X)，并且各要素的投入水平也不能为负值，则企业受到的技术约束为：

$$\max_{Y, X} \left[PY - WX \right]$$
$$s.t. \ Y \leqslant F(X) \ \text{且} \ X \geqslant 0$$

由于企业利润是产量 Y 的函数，企业不会选择无效率的生产，所以，技术约束中等号必然成立：Y = F(X)，将其代入目标函数，得：

$$\max_{X \in R_+^n} \left[PF(X) - WX \right] \qquad (3-2)$$

如果这个最大值问题在 $R_+^n = \{X \mid X_i \geqslant 0\}$ 的内点 X_i^*（$X_i^* > 0$）的解必然满足一阶必要条件：$P \dfrac{\partial F(X)}{\partial X_i} - W_i = 0$，（$i = 1, 2, \cdots, n$）以及二阶必要条件生产函数 F(X) 的海赛矩阵：

$$D^2 F(X^*) = \begin{vmatrix} F_{11} \cdots F_{1n} \\ F_{n1} \cdots F_{nn} \end{vmatrix} = (F_{ij}(X^*)) \qquad (3-3)$$

随着企业产品的销售，就会产生应税所得额，政府无论是对企业的产出课税还是对企业使用某种生产要素课税，都会提高企业的边际成本，即 $MC' = MC + T$，边际成本的提高使得企业的利润水平下降，或者说在 P 不变的情况下，企业需要配置更多的资源、生产更多的产品才能保持原有的利润规模。在其他条件不变的情况下，对企业的课税产生了企业的生产效应和各要素间的相互替代效应。

2. 企业投资行为的税收效应作用机理

在假定企业是追求利润最大化的理性经济人的前提下，影响投资水平的仍然是投资的 MR = MC 的原理。根据乔根森（1963，1967，1974）模型：在一定阶段内，企业不断积累资本，直至最后一单位的投资收入等于资本的全部经济成本为止，即资本的边际收入 = 资本的使用成本。鲍德威、威迪逊（1972）详细列举了资本成本包括的四个方面内容：（1）边际投资的融资成本，包括支付给债券的利息和支付给股东（新旧股东）的推算收益，后者可以看成资本的机会成本；（2）折旧成本；（3）由于设备陈旧、通货膨胀带来的资本利得或损失；（4）节税，主要是由于折旧扣除和投资税收抵免带来的资本成本的降低。

这四个部分构成了企业的资本成本，也可称为资本的租金价格，我们用 C 表示资本的价格，在不存在企业所得税的情况下，资本成本可表示为：

$$C = q(r + \delta) \qquad (3-4)$$

其中，C 为资本成本；q 为资本品的价格；r 为市场利率；δ 为折旧率。在政府征收所得税的情况下，资本成本的公式为：

$$C = q(r + \delta)(1 - t_c z - t_c y)/(1 - t_c) \qquad (3-5)$$

其中，t_c 是公司所得税税率；z 是价值 1 元的资本将来的折旧扣除现值；y 是价值 1 元的资本将来的利息扣除现值。

如果（$1 - t_c z - t_c y$）>（$1 - t_c$），或者（$z + y$）< 1，那么后者决定的资本成本大于前者决定的资本成本，则税收抑制了投资；反之，则认为鼓励了投资。如果 Z + Y = 1，则认为所得税对投资的影响是中性的。

除此以外，税收对企业投资的影响还取决于税收上允许的两种特殊措施：（1）直接注销。如果投资支出一发生就作为费用扣除而没有利息扣除，那么企业所得税的影响将是中性的。因为投资的直接注销意味着 Z = 1，没有利息扣除意味着 Y = 0，这满足了（Z + Y）= 1 的条件。（2）实际折旧、利息充分扣除。如果税制允许企业对资本存量的全部价值按实际折旧并允许利息扣除，那么企业所得税也将是中性的。如果允许按比率 δ 折旧，价值 1 元的资本的折旧现值是：

$$Z = \sum (1 + r)^{-t} \delta (1 + \delta)^{-t} = \delta / (r + \delta) \qquad (3 - 6)$$

同样地，只要资本按比率 δ 折旧，也允许利息扣除，则价值 1 元的资本的利息扣除现值将是：

$$Y = \sum (1 + r)^{-t} r (1 + \delta)^{-t} = r / (r + \delta) \qquad (3 - 7)$$

则在 Z + Y = δ/（r + δ）+ r/（r + δ）= 1 时，企业的投资成本减少到 q(r + δ)。

因此，对资本的边际收入征税，将会使投资的边际收入下降，抑制投资行为；而允许某些资本成本项目进行扣除，将会降低资本成本，产生"节税"效应，这会鼓励企业投资行为。因此，在其他条件不变的情况下，任何旨在提高资本成本的税收措施，将抑制投资的增长；而任何旨在使资本成本下降的税收优惠措施，将刺激投资意愿。

3.1.2 企业外部经营活动资源配置效应作用机理

企业不仅仅在内部组织生产和投资，还必须在市场上进行采购和销售。企业按照生产最优配置资源生产的产品必须到市场销售才能真正实现利润最大化。而税收对消费者和供应商的影响正是通过企业在购销活动中的税负转嫁实现的，因此，对企业购销活动中资源配置效应的分析也就是市场的局部均衡和一般均衡的效应分析。

局部均衡效应分析主要是分析单一行业的税收运动带来的消费者和企业间的税收分摊状况以及对资源配置的影响；一般均衡分析是分析两部门下税负运动情况以及资源配置效应。由于局部均衡分析是从税收对单一行业或单一要素的影响来分析的，因此由于企业的资源配置不受其他部门的影响，税收对企业资源配置的影响原理和企业内部的经营活动并无二致。因此，我们在此主要分析一般均衡效应的作用机理。

税收对一般均衡的影响在于课税影响了原有的均衡条件，导致资源从有税的部门流向无税的部门，直到两部门的收益率相等为止，一般用哈伯格模型（1962）的思路进行分析，模型的基本假定为：

1. 假设条件

（1）设两个经济部门部门 1 和部门 2，分别生产商品 X 和 Y，使用两种生产要素资本 K 和劳动力 L；部门 1 和部门 2 的规模收益不变，即生产要素投入的增长与产出的增长比例是相同的，但是要素的密集程度不同，即资本和劳动力在部门 1 和部门 2 可以不同。

（2）资本 K 和劳动力 L 的供给总量是固定的，并且能够充分利用；要素在部门间可以自由流动。

（3）资本 K 和劳动力 L 的供给遵循收益最大化的原则，根据两部门的收益率决定资本 K 和劳动力 L 的流动，直到两个部门的边际收益率相等为止。

（4）市场符合完全竞争市场的假设前提，税前处于帕累托最优。

（5）所有的消费者有相同的偏好，税收不会通过影响人们的收入产生收入效应。

2. 无税条件下的均衡

在没有税收的条件下，两部门的成本函数分别为 $C_X(r, w, X)$ 和 $C_Y(r, w, Y)$，其中 r 和 w 为资本和劳动力的价格，由于生产的规模收益不变，所以可以用产量的一定比例来表示成本函数，

$$C_X(r, w, X) = c_X(r, w)X$$

$$C_Y(r, w, X) = c_X(r, w)Y \tag{3-8}$$

两种商品的价格为：

$$P_X = c_X(r, w)$$

$$P_Y = c_Y(r, w) \tag{3-9}$$

我们对成本函数分别求部门 1 和部门 2 劳动力以及资本的价格的导数，求出来那个部门对劳动力和资本的需求量如式（3-10）所示，其中 c_{Xw}、c_{Yw}、c_{Xr} 和 c_{Yr} 为成本函数对劳动力和资本价格的导数。

$$L_X = \frac{\partial c_X(r, w)X}{\partial w} = c_{Xw}(r, w)X$$

$$L_Y = \frac{\partial c_Y(r, w)Y}{\partial w} = c_{Yw}(r, w)Y$$

$$K_X = \frac{\partial c_X(r, w)X}{\partial r} = c_{Xr}(r, w)X$$

$$K_Y = \frac{\partial c_X(r, w)Y}{\partial r} = c_{Yr}(r, w)Y \tag{3-10}$$

由于要素的供给是固定的，即劳动力和资本的供给为 $\overline{L}$ 和 $\overline{K}$，则：

$$c_{Xw}(r, w)X + c_{Yw}(r, w)Y = \overline{L}$$

$$c_{Xr}(r, w)X + c_{Yr}(r, w)Y = \overline{K} \tag{3-11}$$

设 $X(P_X, P_Y, R)$ 和 $Y(P_X, P_Y, R)$ 为马歇尔需求函数，则产品 X 和 Y 市场的均衡点为：

$$X(P_X, P_Y, R) = X$$

$$Y(P_X, P_Y, R) = Y \tag{3-12}$$

3. 有税条件下的均衡

假设对商品 X、商品 Y 和资本 K、劳动力 L 征收从价税，税率分别为 t_X、t_Y、t_{KX}、t_{LX}、t_{KY} 和 t_{LY}，则两部门的价格方程为：

$$P_X = c_X(r(1 + t_{KX}), w(1 + t_{LX}))$$
$$P_Y = c_Y(r(1 + t_{KY}), w(1 + t_{LY})) \qquad (3-13)$$

因为资本和劳动力的供给不变，所以总量仍然是 $\overline{L}$ 和 $\overline{K}$，用公式表示为：

$$c_{Xw}(r(1 + t_{KX}), w(1 + t_{LX}))X + c_{Yw}(r(1 + t_{KY}), w(1 + t_{LY}))Y = \overline{L}$$
$$c_{Xr}(r(1 + t_{KX}), w(1 + t_{LX}))X + c_{Yr}(r(1 + t_{KY}), w(1 + t_{LY}))Y = \overline{K}$$
$$(3-14)$$

市场均衡的条件为：

$$X(P_X(1 + t_X), P_Y(1 + t_Y), R) = X$$
$$Y(P_X(1 + t_X), P_Y(1 + t_Y), R) = Y \qquad (3-15)$$

在上述严格的假设前提下，生产要素的自由流动导致两部门最后的收益率相等，如果不相等的话，要素还会流动，直到相等为止，而流动的过程就伴随着税负的不断运动，而且承担税负的大小还要看产品或生产要素的供需弹性的对比。这种税负的流动带来的资源流动的原理可以扩展到企业间和政府间的税收竞争。

下面，我们从税收对企业内部经营活动的资源配置、外部市场供销活动的资源配置以及企业间和政府间的资源配置三个的方面的影响展开分析。由于企业内部的经营活动分为投入和生产两个部分，内容较多，所以我们要用两节来进行分析，3.2 节为企业生产过程中的税收资源配置效应分析，3.3 节为企业投资过程中的资源配置效应分析。

3.2 企业内部经营活动资源配置税收效应分析Ⅰ

如果不考虑企业投资活动的话，企业的经营活动一般包括生产、采购、销售和人力资源管理（人力资本需求）等几个方面。这几个方面是相互影响、相互制约的。其中销售量决定了企业的生产，企业的生产决定了企业的采购和对人力资本的购买。因此税收对企业经营活动的影响主要体现为企业的产出效应、生产效应和人力资本效应以及由此产生的"外部性"效应，企业税收利益相关者的存在对企业的经营活动产生了反作用，在其行为选择的过程中影响了企业的经营活动。

3.2.1　企业生产的税收效应

1. 税收对企业产出量的影响

从前面的生产活动税收效应的作用机理可知，税收对企业产量的影响主要在于课税影响了企业的生产成本，进而影响了企业的均衡产量。我们从税收影响企业的成本开始进行分析。从短期来看，由于企业无法调整全部生产要素，成本分为可变成本（VC）和不变成本（FC），所以企业的生产决策应从单个企业的产量效应和行业的产量效应来进行分析；从长期来看，由于企业的生产要素可以进行调整，因此，所有的成本都是可变成本（VC），所以只需进行行业的分析即可。

（1）短期效应分析。

①单个企业的产出效应。

就单个企业而言，企业的产量决定在考虑所有利益相关者利益的前提下，根据企业的总收入函数，在不考虑企业对外投资的情况下，企业的总收入就等于产品的销售收入，利益相关者的剩余分配仍然要通过企业的总收益最大化来实现。因此，企业产量的决定仍然符合边际收益等于边际成本的原理，即：

$$MR = MC \tag{3-16}$$

假定单个企业的产品供给变化不会影响到市场的均衡价格，即产品的市场价格 P 不变，则企业的 MR 就等于 P。企业缴纳产品税收后，单位产品的边际成本 MC 和平均成本 AC 均上升，幅度为单位产品的课税额。由于 MC 上升为 MC′(MC′ = MC + t)，故 MR = MC 的均衡点就会改变，对应的均衡产量小于税前的均衡产量，图 3 - 1 显示了课税后企业成本的变化情况以及对企业产出量的影响。

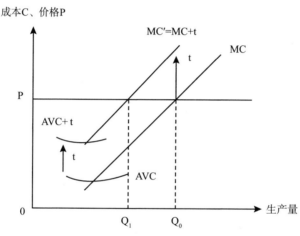

图 3 - 1 单个企业产出的短期税收效应

课税前，企业的边际成本曲线为 MC，平均可变成本曲线为 AVC，MC 过 AVC 的最低点。税前企业的均衡产量由 MC 与价格线 P 的交点所决定，对应的产出量为 Q_0。对企业征收税收 t 后，AVC 曲线和 MC 曲线均上移，分别为 AVC + t 和 MC + t，税后企业的均衡产量为 MC + t 与价格线 P 交点所对应的 Q_1。显然 $Q_1 < Q_0$，也就是说，对产出的课税造成单个企业量的减少，这就是税收的产出效应。税后的产量使企业利润达到最大化，但总利润较税前减少。

需要指出的是，当企业本身的成本比较高，或者是政府课征的单位商品税额比较高时，课税后 AVC 和 MC 曲线的上移幅度过大，便可能造成平均可变成本曲线的最低点在价格曲线（即收益曲线）之上，此时企业的产出决策就不仅仅是减产，而是停产了。

②行业的产出效应。

假定同一种产品的企业都要课征上述的产出税，则根据上面的分析，该行业所有企业的产量都会下降，进而直接影响到市场上的均衡价格，在供给减少的情况下，市场价格有上升的内在要求。而价格的上升又反过来刺激产出的增加。在这种交错的作用机制下，假定市场价格是可以变动的，总需求曲线是有弹性的，在征收从价税的情况下，企业的利润函数为：

$$\pi = R(Q) - C(Q) - tR(Q) = (1-t)R(Q) - C(Q) \quad (3-17)$$

对其求一阶导数并令其等于零得：

$$d\pi/dQ = (1-t)R'(Q) - C'(Q) = 0 \quad (3-18)$$

则：$(1-t)R'(Q) = C'(Q)$，即 $(1-t)MR = MC$，此时，企业的生产达到了利润最大化。和税前相比，企业的产出水平下降，价格提高。

图 3-2 显示了课税对行业产出的影响，图中 Q_3 点是虚拟情况（即假定市场价格不变）下的产量，从 Q_2 到 Q_3 的变动即表示了价格变动对均衡产出的反作用。图 3-2 中 $Q_2 > Q_3$，行业减产的幅度要小于对单个企业分析时的减产幅度。

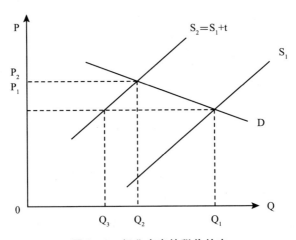

图 3-2　行业产出的税收效应

（2）长期效应分析。

上面的分析局限于税收的短期效应，而从长期看，要素市场具有流动性，在利益驱动机制的作用下，某些企业会退出该行业，也可能有其他企业进入该行业。整体上讲，课征产出税会使生产成本较高、盈利率低甚至亏损的企业退出该行业，即行业的企业数量下降，总的产出规模也会缩小，行业的供给曲线上移。这就是税收的长期产出效应。图 3-2 中，均衡产量由 Q_1 减至 Q_2 就反映了这一效应。

2. 税收对企业生产的影响

（1）生产的税收替代效应。

税收的生产替代效应是指税收对企业产品结构的影响，它体现为当政府课征商品税时，由于企业所面临的课税商品的价格相对下降，导致其减少课税商品或重税商品的生产量而增加轻税或无税商品的生产量，即以无税商品或轻税商品替代课税商品或重税商品。政府征税改变了企业产品的产量结构，税收的生产替代效应是由政府进行选择性商品课税造成的。这里的价格是指企业价格，而不是市场价格或消费者价格。企业的生产决策不是根据消费者支付的含税价格做出的，而是以其实际得到的不含税价格为准的。

图 3-3 揭示了税收对企业生产选择的替代效应。假定某企业拥有的生产要素是固定的，并全部用来生产两种商品 X_1 和 X_2。其生产可能性曲线 TT 代表可能生产出来的商品 X_1 和 X_2 的组合情况。政府征税之前，TT 线与无差异曲线 I_1 在 C_1 点相切，形成税前的厂商均衡点。这意味着在 C_1 点上，X_1 和 X_2 的组合最优，企业按 a_1 生产商品 X_1，按 a_2 生产商品 X_2，获得的利润最大。政府对 X_1 商品征税后，厂商的均衡点由 C_1 移至 C_2，这意味着企业在政府对 X_1 征税之后，减少了 X_1 的生产量，而相对增加了 X_2 的生产量，即以 X_2 的生产相应替代了一部分 X_1 的生产。

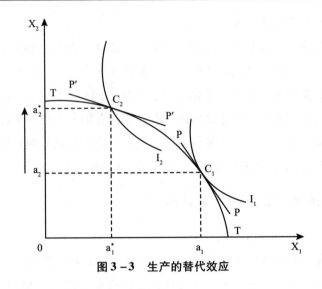

图 3 - 3　生产的替代效应

（2）生产的税收收入效应。

税收对企业选择的收入效应是指政府征税之后会使企业可支配的生产要素减少，从而降低了商品的生产能力，企业居于较低的生产水平，如图 3 - 4 所示。

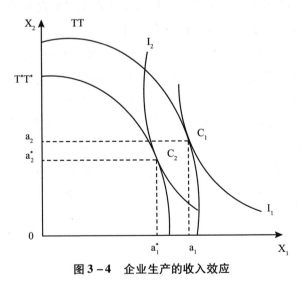

图 3 - 4　企业生产的收入效应

假定某企业在政府征税前的厂商均衡点仍为 C_1 点。在 C_1 点，其生产可能性曲线与所能达到的最高无差异曲线 I_1 相切，企业按照 a_1 和 a_2 的坐标所决定的最佳组合生产商品 X_1 和商品 X_2。现假定政府决定向企业征收公司所得税。这种税不对商品的相对价格产生直接影响，但会减少纳税人的购买力。政府征税的结果是企业的生产可能性曲线向内移动，在图 3-4 中由原来的 TT 线移至 T^*T^* 线。新的生产可能性曲线 T^*T^* 与所能达到的最高无差异曲线 I_2 在 C_2 点相切，形成税后的厂商均衡点。这表明企业所能支配的生产要素较政府征税前减少了，生产能力因此而相应按照 a_1^* 和 a_2^* 的坐标所决定的最佳组合生产商品 X_1 和商品 X_2，而这一税后组合较税前减少了（见图 3-4），其可能获得的最大利润量也较税前降低了。

不难看出，政府征税改变了企业的生产抉择。其厂商均衡点由 C_1 移至 C_2 意味着，企业在政府征税之后，因可支配生产要素减少，不得不相应减少商品的生产量。

3.2.2　企业劳动力需求的税收效应

从企业的角度讲，税收对企业人力资本的影响主要是政府课征的社会保险税提高了企业经营人力资本（经营者）和生产人力资本（职工），即人力资本的价格，导致企业减少了对劳动力的需求。政府对企业进行劳动力课税给企业带来了劳动力需求的的规模效应和替代效应。

1. 劳动力需求的规模效应

社会保险税一般是按照雇员工资的一定比例向雇员和雇主分别征收的，税后的人力资本的使用价格不仅取决于雇员（经营者和职工）的工资，还受到社会保险税的影响。雇员的工资加上企业所支付的社会保险税就等于税后的人力资本价格，它高于税前的水平，从而导致企业减少了对人力资本的需求。

　　图3-5揭示了对企业征收社会保险税后对劳动力的价格影响。假定劳动力的价格P不变，在没有征税之前和边际成本MC相交于E点，此时的劳动力的需求量为Q_0。当对企业征收社会保险税后，企业的边际成本由MC上升至MC^*，和P相交于E^*点，劳动力的需求量由Q_0下降至Q^*。由于社会保险税的征收增加了企业的生产成本，导致企业的利润下降，为了降低成本，企业会减少对劳动力的需求。

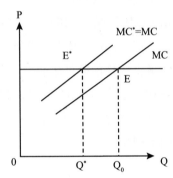

图3-5　人力资本需求的规模效应

2. 劳动力需求的替代效应

　　从图3-5的分析我们知道，征收社会保险税使得企业雇佣劳动力不仅需要支付工资，同时还需为其支付社会保险税，造成劳动力的价格提高。企业为了保持其投入水平会寻找劳动力的替代品，代替劳动力的使用。由于非人力资本（物力资本和财力资本）与人力资本之间在技术上存在可替代性，且人力资本价格的提高导致人力资本与非人力资本相对价格提高，因此企业将增加非人力资本的使用，减少人力资本的需求。这就是税收对企业劳动力需求的替代效应。

　　我们用图3-6表示征税后劳动力需求的替代效应，其中L表示劳动力的需求曲线，W表示工资（即人力资本的价格），D_0为征收社会保险税前的劳动需求曲线，D_1为税后劳动需求曲线，S是劳动供给曲线。随着人力资本价格的提高，税收使劳动力需求曲线向下移动，在新的均衡状态下，雇员的工资下降。在"正常"情况下，劳动力供给弹性相对较小，劳动力供给曲线陡峭，社会保险税的绝大部分都增加到雇员身上。在这种情况下，工资下降较多，而劳动力需求量变化不大。但是，在现实经济情况下，工资具有"粘性"，工资并不会随着劳动需求曲线的下降达到新的均衡 W_1，而是仍保持 W_0 的水平，造成劳动需求量 L_0 减少，结果劳动力需求由 L_0 降至 L_2，从而增大了税收的替代效应。

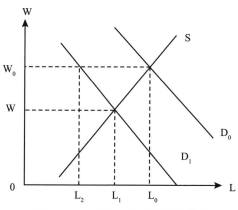

图 3 - 6　人力资本需求的替代效应

3.2.3　企业生产的"外部性"税收效应

外部性是指企业的行为通过市场机制以外的方式对环境资本产生了有利或有害的影响，从而导致政府针对这种不良影响用税收加以矫正。设 A、B 为不同的企业，企业 A 的目标函数为 Q_A，此时 Q_A 不仅受到企业自身可控变量 Z_{IB}（$I = 1, \cdots, N$）的约束，还受到 B 企业带来的不受市场机制影响的、企业 Q_A 也无法控制的变量 Z_{MB} 的影响，则企业 B 给企业 A 带来了外部效应。用公式表示为：

$$Q_A = Q_A(Z_{1B}, Z_{2B}, \cdots, Z_{NB}, Z_{MB}); \quad B \neq I \qquad (3 - 19)$$

外部性的产生在于企业生产的成本和收益与社会付出的成本和收益不相等。企业按照边际收益等于边际成本向社会提供产品或购买生产要素。在正的外部性下，企业得到的收益小于社会得到的收益，因此企业就不愿提供产品；在负的外部性下，企业的边际成本小于社会边际成本，因此企业会提供过多的产品。无论是正或负的外部性其效率都是低的，扭曲了企业的行为。我们以企业甲为例分析其外部效应。

图3－7（A）、图3－7（B）分别显示了课税前企业甲在正外部性条件下和负外部性条件下的行为选择。在正外部性条件下，企业甲给自身带来收益（PMB），给社会带来边际收益（SMB），社会最优值位于社会边际收益和边际成本的交点 Q^* 上，而企业的供给量在 Q 点上，$Q < Q^*$；同理，可以分析在负外部性下，企业供给量 $Q > Q^*$。最优的状态应该在 Q^* 上，企业无论是在哪种情况下都没有达到帕累托最优。税收正是要纠正这一行为，使企业的行为回归到最优状态——供给量为 Q^*。现在税收对企业行为外部性的影响主要体现在环境污染方面，因此课征环保税可以矫正企业的污染行为。环境在企业税收利益相关者中占有很重要的位置，因为环境对每个经济实体都是至关重要的，它是人类赖以生存的基础，也是政府在制定税收政策时必须考虑的因素之一。

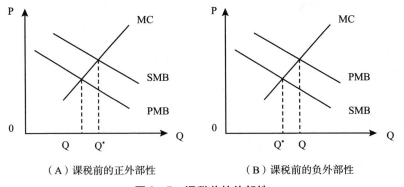

（A）课税前的正外部性　　　　　（B）课税前的负外部性

图3－7　课税前的外部性

图 3-8 显示了课税后对企业生产的负外部性的影响。政府对企业课征的最适税收为社会边际成本（SMC）和企业边际成本（PMC）之间的垂直距离。此时，企业的生产成本提高，企业供给减少，价格上升，需求量由 Q 减少为 Q*。

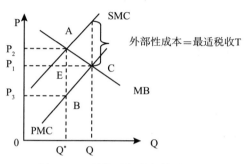

图 3-8　税收对负外部性的影响

上述情况的原因在于对企业课税后，企业要支付给政府 t 乘以单位商品销售数量，即图中 P_2P_3AB 的面积，但是由于生产成本提高，价格相应提高，给消费者以及企业带来的损失为图中三角形 ABC 的面积，政府只得到了 P_1P_2AE 的面积。由于对企业课税使企业的成本趋向于社会成本，庇古把这种税叫作"矫正性税"，后人称其为"庇古税"。

环保税是目前企业税制优化中很重要的一环，开征环保税能够使企业的生产达到最适点，促进企业的技术改造和创新，有利于改善人类生存的环境，促进人类与自然的和谐统一与经济的可持续发展。

3.3　企业内部经营活动资源配置税收效应分析 II

从前面的投资活动的税收效应作用机理可知，税收对投资的影响主要涉及投资的资本成本和资本边际收益率。一般来说，直接影响资本成本的税种是所得税，因此，对企业投资效应的分析主要集中在企业所得税的分析上。

3.3.1　企业投资收益的税收效应

1. 投资收益的界定

从理论上讲，投资收益应该是经济利润，即企业的收入减去生产经营的全部成本，包括股东股权的机会成本。股权的机会成本等于股东投入企业的资金所挣得的实际利息，用数学公式表示为：

$$\prod = R - W - C \tag{3-20}$$

其中，$\prod$ 为经济利润，R 为企业的毛收入，W 为现实成本（包括工资和原材料的成本），C 为资本的使用成本（包括利息支付和折旧）。资本的使用成本可以表示为：

$$C = k_{WACC} Q + D \tag{3-21}$$

其中，D 为经济折旧，[①] k_{WACC} 为融资的加权平均成本，Q 为资本的投入量。在资产负债表上 Q = B + S，其中 B 为向债权人借入的资金，S 为股东投入的资金。所以：

$$k_{WACC} = S/Q \times K_S \times k_{WACC} + B/Q \times K_b \tag{3-22}$$

当政府对经济利润征税时，税收对企业的行为没有影响，体现了税收的中性原则。图 3-9 显示了税收对经济利润课税的中性影响。

---

① 经济折旧是指用市场价值表示的折旧额，用年度开始的市场价值减去年末资产的市场价值。它与账面折旧或税法规定的折旧不同。

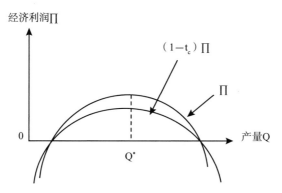

图 3 - 9　对经济利润课税的中性影响

从图 3 - 9 中可以得知：经济利润随着产量的增加而上升，达到最高点后下降，产量为 Q^* 时，利润最大。如果政府对经济利润课税的税率为 t_c，则税收的经济利润曲线为 $(1 - t_c)\prod$。这条曲线的高度与税前经济利润曲线 $\prod$ 的高度成正比，所以尽管对利润征税，但企业税后的最佳产量仍然是 Q^*。因此，对经济利润课税不影响企业的产量决策。

然而，企业所得税不是对经济利润课征，而是对企业的所得或者说企业的经济所得课征。企业的经济所得是指企业的毛收入（R）减去现实成本（W）和资本成本（C），但是不包括股东投入资金的机会成本，所以企业的经济所得（economic business income）为：

$$EBI = R - W - C + S \times K_S \tag{3-23}$$

即经济所得等于经济利润加股东投资的机会成本。

企业的应税所得（taxable business income）虽然也等于企业毛收入（R）减去经营成本，但是税法规定的成本是指企业从事经营的"一般和必要"支出。在计算应税所得时，利润表上的大多数成本都是可以从毛收入中扣除的，包括原材料、支付给职工的工资、管理费用等。这些我们称为现实成本（W）。其次，利息支出可以在税前扣除（$B \times K_b$）。最后是折旧的处理，但是税法规定的折旧与经济折旧以及会计准则规定的折旧时常不同。所以企业应税所得和经济利润以及经济所得都不同，它可以表示为：

$$TBI = R - W - B \times K_b - D_r = \prod + S \times K_S + (D - D_r) \quad (3-24)$$

从上面的公式可以看出企业应税所得（TBI）与经济利润、经济所得之间的关系：企业应税所得等于经济利润加上股东投资的机会成本（两者之和是经济利润 EBI），再加上经济折旧与税法折旧之间的差额。企业应税所得与经济所得之间的主要差异在于税法折旧和经济折旧的大小。由于对经济利润课税是中性的，故税收对企业投资决策的影响取决于 $S \times K_S$ 和 $(D - D_r)$，也就是企业的资本成本和折旧，这时的折旧仍然是广义的折旧。除此以外，税前亏损的弥补以及通货膨胀对企业的投资都有影响。

2. 税收对投资收益的影响

我们将投资看成是收益的函数，则投资函数可以表示为：

$$Q = f(r)$$

其中，Q 为资本的投入量；r 为投资收益率。

在不考虑所得税因素下，r 为毛收益和资本投入量的比率；在考虑了所得税以后，企业的净收益率为 $r(1 - t_c)$。当市场平均利率为 K_r 时，企业要求的投资收益率为 $r(1 - t_c) \geq K_r$。在不存在税收的情况下资本成本为：

$$C = q(r + \delta), \quad r = \beta i + (1 - \beta) p$$

其中，i 为债券的利率；β 为债券融资的比例；p 是股票融资成本。

根据乔根森模型，企业投资决策将根据资本要素的边际产品价值恰好等于资本的使用成本的原则做出：

$$P \times MP_k = q(r + \delta)$$

其中，P 为企业生产的产品的价格；MP_k 为资本要素的边际产量。

现在我们引入税收因素，由于借款的利息可以在所得税前扣除，在税率为 t_c 的情况下，资本的融资成本下降为：$r = \beta i(1 - t_c) + (1 -$

β)p。在折旧可以在税前扣除的情况下，投资产生的折旧额为 D_n，年折旧抵税额为 $t_c \times D_n$，对其进行折现得到税收引起的折旧节税现值，它使企业的资本使用成本降低为 $q(1-\varphi)$。在采取加速折旧的政策下，税收带来的影响更大，成本降得更低，以双倍余额递减法为例，看 φ 的计算。设 α 为规定的折旧率，资产额为 M，则第一年的折旧额为 αM，第二年的为 $(1-\alpha)\alpha M$。以此类推，第 n 年的折旧额为：$(1-\alpha)^{n-1}\alpha M$，则：

$$\varphi = \sum_{n=1}^{T} \frac{t_c \alpha M (1-\alpha)^{n-1}}{(1+r)^n} \tag{3-25}$$

将式（3-25）进一步整理为：

$$\varphi = \sum_{n=1}^{T} \frac{t_c \alpha M (1-\alpha)^{n-1}}{(1+r)^{n-1}(1+r)} = \frac{t_c \alpha M}{\left(1 - \dfrac{1-\alpha}{1+r}\right)(1+r)} = \frac{t_c \alpha M}{r+\alpha}$$

$$\tag{3-26}$$

根据式（3-26）可知税后的资本使用成本降低为 $q\left(1 - \dfrac{t_c \alpha}{r+\alpha}\right)$。

美国在 1962 年曾经使用投资税收抵免（ITC）政策来刺激经济，[1] 通过给予符合规定的资本投资项目，允许厂商从其纳税义务中扣减其资产购买价格的一定比例。如果比例为 S，那么资产的购买成本就是 $q(1-S)$。佩奇曼曾经对此进行过计算，如果某项投资的收益率为 10%，在为期 10 年的直线折旧法和 34% 企业所得税率的条件下，投资税收抵免政策可以把收益率提高到 12%。而如果没有这项政策，只有把企业所得税率调到 28.9%，才能达到同样的效果。

税收可以降低资本成本，但也可以提高资本成本。企业所得税的存在使得利润为原来的 $(1-t_c)$，实际上资本的使用成本提高了，提高额为 $1/(1-t_c)$。对此，可以推导如下：

设产品价格为 P，产量为 Q，使用资本要素数量为 K，劳动要素的

---

① 刘宇飞：《当代西方财政学》，北京大学出版社 2003 年版，第 328 页。

数量为 L，资本成本为 C，工资率为 W。在不存在税收的情况下，竞争平衡为 PQ = CK + WL。企业所得税介入后，税率为 t_c，一般来讲，税法允许企业将工资成本税前扣除，而不允许企业将资本的机会成本税前完成。那么税后的平衡式则为：PQ = CK + WL + t_c(PQ − WL)。

对该公式整理得出：PQ = C/(1 − t_c)K + WL，可见，资本成本由税前的 C 上升为税后的 C/(1 − t_c)。

综合以上的讨论，可以将税后的资本成本公式写为：

$$C' = \frac{q}{1 - t_c}(r' + \delta)(1 - \psi - s) \quad r' = \beta i(1 - t_c) + (1 - \beta)p \quad (3 - 27)$$

在加速折旧条件下：

$$C' = \frac{q}{1 - t_c}(r' + \delta)\left(1 - \frac{t_c \alpha}{r + \alpha} - s\right) \quad (3 - 28)$$

由于资本成本是衡量投资收益率的标准，也就是说企业的投资收益率至少要等于资本成本，企业才会做出投资的决定。如果投资收益率低于资本成本则投资是不可行的。从上面的分析可以看出税收通过影响资本成本，从而影响投资收益率，进而影响企业投资决策。

（1）税率的高低直接决定了投资的净收益率。税收参与了企业投资收益的分配，直接导致投资人分得的投资收益下降，而税收分享收益的程度又由税率的高低决定。税率的高低直接作用于投资的净收益率。

（2）税收影响了纳税人的行为选择。税率的存在改变了债权投资的资本成本和股权投资的资本成本的对比。通过上面的分析我们可以知道，由于税收的介入，债权投资的资本成本降低了，那么与股权投资相比，债权投资占据了优势。在其他条件不变的情况下，这种改变增加了投资人对债权投资的好感。

（3）加速折旧和投资税收抵免政策降低了资本成本，促进了投资。这种促进是以税收的让步为代价的。加速折旧等同于企业使用了一笔无息贷款，其金额相当于企业因加速折旧而没有缴纳的税款。投资税收抵免政策则是直接以税款的减少增加了收益。由此可见，类似的税收优惠政策都会产生相同的效果。

（4）税收对收益的改变干扰了投资人对投资方案的判断。投资人在考虑投资项目时，不能忽视税收因素。原来合理的方案，有可能变得不合理；原本不做考虑的项目，有可能被纳入考虑的范围。在这一点上，税收违背了税收中性原则。

3. 税收对投资水平的影响

从上面的分析可以看出，在投资的边际收入大于边际成本的情况下，企业就会增加投资。但是由于不是对经济利润投资，股东的机会成本不能够扣除，变相提高了资本的边际使用成本。税法折旧往往与经济折旧不同，如果税法规定可以用加速折旧，资本的边际使用成本降低。但是这也只能抵消一部分股东的投资成本，资本的使用成本还是比股权机会成本扣除时高。图 3 - 10 显示了企业所得税对投资水平的影响。

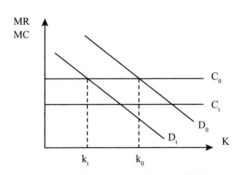

图 3 - 10　税收对企业投资水平的影响

图 3 - 10 中，K 为企业的投资量，MR 为边际收益，MC 为边际成本，C 为每单位资本的使用成本，D 为资本的需求曲线。在无税的情况下，投资资本的需求量为 K_0，此时边际收入等于边际成本，企业通过投资 K_0 达到了利润最大化。在课税以后，需求曲线由原来的 D_0 向左下方平移为 D_t。资本的使用成本由于课税后的扣除向下平移，

由于使用成本没有完全从应税所得中扣除，所以利润最大化的水平由 K_0 下降为 K_t。

3.3.2　企业投资风险的税收效应

投资的成本一般具有不可逆性，而投资的收益具有不确定性，支出的不可逆与收入的不确定之间的矛盾造成了投资风险。投资人追求的是风险和收益的统一。投资项目的风险因项目本身的特点而不同，例如，投资于国债，投资人的风险很小，可以忽略不计。我们把这样的资产称为零风险资产。我们假定投资人为风险厌恶者（要求预期收益大于其投资于零风险资产所获得的收益），投资的风险是发生亏损的概率。税务机关对投资收益 R 征收税率为 t 的所得税。如果收益为正数，那么税后收益为 (1 - t)R；如果收益为负数，则不征税。由此可见，在投资人风险厌恶的条件下征税不影响投资风险，因为税收只能减少投资收益，而不能改变投资盈利状况。在其他条件不变的情况下，税收会促使投资人减小投资的规模，把资产转移到零风险资产上来。

如果税收对盈利征税，允许将亏损税前扣除，那么投资的损失可以从其他方面的盈利中抵消。如果损失过大，可以允许企业用以后年度的税前利润弥补。这样，盈利的税后收益还是 (1 - t)R。投资的风险降低了，因为企业可以把风险分摊到以后年度。从一段期限来看，风险的损失减少了，风险降低了。

图 3 - 11 显示了税收对投资的影响，其中曲线 EF 表示最佳投资规模曲线，在 EF 上的点，越靠上的代表投资规模越大。在这里，我们允许投机的存在，因此不存在更好的收益—风险组合。由于风险厌恶，投资人要求收益的增加要高于风险的增加，曲线下凹。AB、MN 分别过 E、F 点的切线，其斜率代表了投资的收益需求弹性，即收益和风险的相对变化率的比较。斜率越大，弹性越小，即收益增加一单

位风险增加更多的单位。税收会降低投资的净收益，同样也会降低风
险的大小。假设风险造成的损失为 S，那么由于税收的作用，投资风
险下降为 $(1-t)S$。

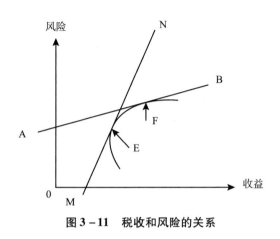

图 3-11　税收和风险的关系

可见收益和风险下降相同的程度，都缩小 $(1-t)$，那么投资人
在 EF 曲线上的运动就看弹性的作用了。MN 的斜率大于 1，投资人要
求的收益的上升程度低于风险的上升程度，但同时要求收益的下降程
度低于风险的下降程度。否则投资人就会减少投资总量。如果投资人
初始投资点为 E，那么税收会导致投资的减少。反之，如果投资人的
初始点为 F，其有可能增加投资。

税收政策可以降低投资人面临的风险，那么政策改变的前景可能
会增加不确定性，影响投资人的心理预期，从而改变风险。一项新的
税收政策从讨论、确定到出现在公众面前呈现效力，需要一段时间。
我们考虑政府拟讨论关于投资的课税扣除的方案。政策生效时，企业
投资的成本下降 T_c（设投资沉没成本为 C），这里可能存在两种情
况：一是课税扣除不存在，后来政府通过法案使之生效；二是课税扣
除存在，政府在讨论是否取消。如果投资的收益为 P，用下标 0 表示无
课税扣除，用下标 1 表示有课税扣除，这样就产生了两种状态；由课

税扣除无效的状态开始，到下一段时期课税扣除有效；由课税扣除有效的状态开始到其无效。我们可以设定区间（0，P_1），在这个区间里，无论课税扣除是否存在，企业都不会进行投资。区间（P_1，P_0）表示如果课税扣除生效，企业投资；如果无效，企业会选择等待课税扣除的发生。（P_0，$+\infty$）则表示由于瞬间的收益十分巨大，企业会立即投资，不考虑政策。这样临界值 P_1、P_0 就出现了。P_0 表示当税收减免不起作用时的投资临界值；P_1 表示当税收减免起作用时的投资临界值。我们直接引用伊藤引理的结论，可以大概地分析这个临界值。首先，当前课税扣除无效时，法案颁布的概率会直接影响投资，企业会选择等待，因此政策强烈地抑制了投资。课税扣除当前有效时，失去课税扣除的前景会促使企业现在投资，但这种影响不如前一种强烈。我们可以看出，投资的税收优惠政策通过的不确定性对投资的选择有影响。

通过上述分析，我们看到税收对投资风险的影响是存在的，这种影响也是不容忽视的，具体有以下几点：

（1）从现实税收对投资的处理来看，所得税的存在增加了投资的风险。所得税可以被看成是政府对企业成功的经济行为所附加的一种费用。当企业盈利时，政府凭借税收分享了投资的果实；当企业亏损时，税收却不能分担企业的损失。因此大多数国家都规定亏损结转的方法。政府允许投资人在纳税前先用利润弥补亏损，然后再完成纳税义务。这样，政府也负担了企业一部分投资亏损。从实际情况来看，税收还是在一定程度上增加了投资的风险，因为亏损的弥补是向以后年度转移的，考虑时间价值的因素，弥补的价值要低于实际的损失，尤其在通货膨胀的情况下。

（2）税收对投资的影响也会作用到企业的资本结构。米勒和迪格里亚尼对这一问题做了回答，在完全的资本市场上，如果不存在税收和破产成本，那么公司的市场价值与其资本结构无关，即与其融资方式无关。这就是著名的"MM 定理"。如果存在企业所得税，那么由于利息可以税前扣除，而红利不能扣除，企业可能通过债务融资来改变资本结构，这样能更好地利用税收的作用，提高企业的价值，这就是"资本弱化"现象。

（3）税收对投资的影响是综合的。一项税收政策不会只影响收益而不影响风险，或只影响风险而不影响收益。税收对投资的作用是在两方面同时运行的。

税收正是通过对企业的投资收益、投资风险的影响，从而影响了企业的投资水平，进而影响了企业资源的配置。企业会将资源配置在投资收益高且风险相对低的项目上，但是这要受到企业风险厌恶水平的影响。一般来讲，对企业的课税越低，企业的投资水平就越高，在政府承担一部分项目投资风险的情况下，会激发企业将资源配置到这些领域。

除此以外，对企业的征税还会改变投资的产业结构。政府如果对不同产业的投资采用高低不等的税率，则企业或投资者会增加对低税产业的投资，而减少对高税产业的投资。在不同地区存在税收差异的情况下，税收还会改变企业投资的地区结构，投资会由高税地区流向低税地区。最后，税收会改变企业投资的技术结构，在对高新技术有税收优惠的情况下，会鼓励企业新技术的采用。

3.4　企业外部经营活动资源配置税收效应分析

企业外部经营活动的资源配置效应主要是对企业税收的市场均衡效应进行分析，即分析税收对企业消费者和供应商这些间接利益相关者的影响。根据前面的原理分析我们可知，税收对这些利益相关者的影响是由于其在价格传导机制的作用，将其中的一部分或全部税收负担转嫁给消费者或供应商负担，从而带来了企业的产出效应和部门间资源流动的效应。其本质仍然属于企业税收效应的自然属性分析，和经营活动不同的是，企业的资源配置受到了市场的供需状况的约束和其他部门的影响。但是企业的内部仍然是一个"黑箱"。

因此，我们仍然采用局部均衡分析和一般均衡分析的方法，假设市场在完全竞争的条件下，分析税收在单一市场和整体市场条件下对企业及其利益相关者的影响。

3.4.1　局部均衡条件下的税收效应

局部均衡效应主要是分析企业和消费者或供应商间的税负转嫁问题，而影响税负转嫁的因素主要是商品的供求弹性以及企业的生产成本等。

1. 局部均衡税收效应的基本分析

我们以企业甲为例，分析其生产的 X 商品在完全竞争市场上的税负运动情况，假设只有因税收因素带来的价格变化，其他条件不变，如消费者的偏好等。图 3 – 12 反映了从量税和从价税下的企业和消费者之间的税负运动情况及税负运动带来的影响。

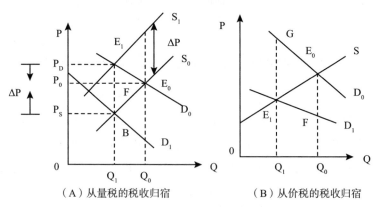

（A）从量税的税收归宿　　　　（B）从价税的税收归宿

图 3 – 12　从量税和从价税的税收归宿

在图 3 - 12（A）中假定商品 X 的税前均衡点为 E_0，均衡价格为 P_0；当对该商品征收单位为 T 的税收后，供给曲线由 S_0 移动到 S_1，形成新的均衡价格和均衡数量为 P_D 和 Q_1。此时，企业得到的价格下降，消费者得到的价格上升，二者之间出现了税收楔子 $T = \Delta P = P_D - P_S$。此时，消费者负担的税收为图中矩形 P_0FBP_S 的面积；企业承担的为 $P_DE_1FP_0$ 的面积，至于图中三角形 E_1E_0B 为课税带来的超额负担，我们在之后进行分析。在完全竞争条件下的从量税，无论是对消费者课征，还是对企业课征，消费者支付的税后价格与企业得到的净价格是一样的，也就是税收的无关性定律，[1] 用公式表示为：

$$P_D = P \text{ 或者是 } P_S = P_D - T \tag{3 - 29}$$

在征收从价税的情况下，分析的结果一样。只是和从量税相比，从价税不再水平变动，而是按照同一比率变动，即按照税率所表现的商品价格某一固定比例变动，即图 3 - 12（B）中的 $E_0F/E_0Q_0 = GE_1/GQ_1$。还是对企业征收两者负担的税收相同，至于负担分摊的大小，在其他条件不变的情况下，主要取决由于商品的供求弹性和成本变动趋势。

2. 供求弹性对税负转嫁的影响

图 3 - 13 显示了在从量税下，供给弹性对税负转嫁的影响。图 3 - 13（A）和图 3 - 13（B）图分别显示了需求弹性不变和需求弹性改变情况下的供给弹性作用。

（1）需求弹性不变。在假定需求弹性不变的情况下，图 3 - 13（A）中供给曲线 S_{L0} 供给弹性大于 S_{K0} 的供给弹性。在没有课税以前，均衡点为 E_0 点。课税后，供给曲线 S_{L0} 和 S_{K0} 水平左移至 S_{L1} 和 S_{K1}，这时的均衡点分别为 E_1 和 E_2，均衡数量为 Q_1 和 Q_2。消费者付出的价格分别为 P_{LD} 和 P_{KD}，企业得到的价格为 P_{LS} 和 P_{KS}。从图 3 - 13（A）

---

① 哈维·罗森：《财政学》，中国财政经济出版社 2002 年版，第 354 ~ 358 页。

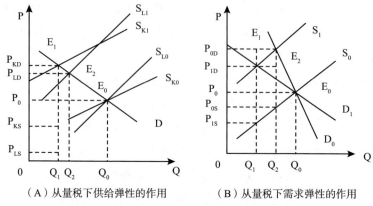

（A）从量税下供给弹性的作用　　（B）从量税下需求弹性的作用

图 3 – 13　从量税下供给弹性和需求弹性的作用

中可以看出消费者支付的价格 $P_{KD} > P_{LD}$，即供给曲线的弹性越大，消费者面临的价格就上升越高，消费者负担的税收就越多，即 $P_{1D} - P_0 = T_1 > P_{2D} - P_0 = T$。对企业而言，$P_{KS} > P_{LS}$ 即商品的供给弹性越大，企业得到的价格就越多。即在其他条件不变的情况下，商品的供给弹性越大越容易转嫁税负。

（2）供给弹性不变。图 3 – 13（B）显示了供给弹性不变，需求弹性改变的情况。需求曲线 D_1 的弹性大于需求曲线 D_0 的弹性，在课税以前，均衡点为 E_0。课税后，供给曲线由 S_0 向上平移至 S_1，均衡点为 E_1 和 E_2。此时，消费者付出的价格为 P_{0D} 和 P_{1D}，企业得到的价格为 P_{0S} 和 P_{1S}。显然，$P_{0D} > P_{1D}$，$P_{0S} > P_{1S}$，即商品越富有弹性越不易转嫁税负，越缺乏弹性越容易转嫁税负。图 3 – 13（B）中就显示了商品在缺乏弹性的情况下，消费者付出的价格高，在富有弹性的情况下付出的价格低；企业在缺乏弹性的情况下，得到的价格多，在富有弹性的情况下得到的价格少。在供给弹性不变时，商品的需求弹性越小越容易转嫁税负。

（3）供给弹性和需求弹性同时改变的情况。在商品的供给弹性和需求弹性同时改变的情况下，税负转嫁的情况不确定。我们设商品的供给弹性为 E_S，需求弹性为 E_D，税前的均衡价格为 P_0 和 Q_0，税收引起的供给量的变动为 ΔQ_S，需求量的变动为 ΔQ_D，生产者得到的净价格变动为 ΔP_S，消费者付出的为 ΔP_D，则供给弹性和需求弹性分别为：

$$E_S = \Delta Q_S \times P_0 / \Delta P_S \times Q_0 \tag{3-30}$$

$$E_D = -\Delta Q_D \times / \Delta P_D \times Q_0 \tag{3-31}$$

课税后，当实现均衡时，$\Delta Q_S = -\Delta Q_D$，由于

$$\Delta Q_S = E_S \times \Delta P_S / Q_0 P_0 = E_D \Delta P_D \times Q_0 / P_0 = -\Delta Q_D \tag{3-32}$$

整理该式得：
$$E_D / E_S = \Delta PS / \Delta P_D \tag{3-33}$$

由于 ΔP_S 和 ΔP_D 分别为企业和消费者承担的税负，所以 $\Delta P_S + \Delta P_D = T$，由此可知企业和消费者承担的税负与各自的弹性成反比。对企业来讲，供给弹性越大，企业承担的税负越小，供给弹性越小，承担的税负越大；对消费者来讲，需求弹性越大，承担的税负越小，反之越大。在供给弹性等于 0 或者需求弹性无穷大时，生产者承担 100% 的税负；在需求弹性等于 0，供给弹性无穷大时，消费者承担 100% 的税负。

总之，税负转嫁的程度在考虑其他条件下，和供给弹性的大小同方向变化，和需求弹性的大小反方向变化，即供给弹性越大越容易转嫁税负，需求弹性越小越容易转嫁税负。

同样的方法我们能可以分析从价税情况下的税负转嫁情况，税负转嫁的结果和从量税下是相同的。对生产要素的课税，其税负转嫁与归宿状况也取决于劳动力、资本等要素价格的供给弹性与需求弹性的大小，和商品税的结论相同，弹性小的一方承担的税负多，弹性大的一方承担的税负小。

3. 成本变化对税负转嫁的影响

企业成本的变化呈三种趋势：一是不变；二是上升；三是下降。图 3-14 显示了企业在成本不变、上升和下降情况下的税负运动情况。

在成本不变的情况下，长期供给曲线的弹性为无穷大，税前和税

后企业得到的价格一样，即 $P_0 = P_S$，税负完全转嫁了；在成本递增的情况，企业得到的价格低于税前的价格，即 $P_S < P_0$，税负一部分由消费者承担，承担的多少视供求弹性的对比而定；在成本递减的情况下，企业得到的价格比税前还高，即 $P_S > P_0$，说明税负超过了100%的转嫁。在成本变化的情况，税负运动的情况如下：

在成本固定时，即：$\Delta P = T$，税负100%被转嫁；在成本递增时，即 $\Delta P < T$，税负一部分被转嫁；在成本递减时，$\Delta P > T$，税负转嫁大于税额。

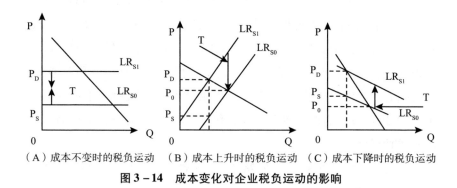

（A）成本不变时的税负运动　（B）成本上升时的税负运动　（C）成本下降时的税负运动

图 3 - 14　成本变化对企业税负运动的影响

3.4.2　一般均衡条件下的税收效应

上述局部均衡分析说明了一种税在某一市场的运动和归宿情况，但是经济总体是一个相互依存的体制，一种产品或生产因素的变动会影响到其他产品或因素。对一种商品课税不仅影响到某一市场，通过价格机制的传导作用，可能会导致其他市场的价格发生变化，所以必须将税收的影响纳入整个经济体制，研究税收变化对经济中所有价格的影响，即对税负的运动进行一般均衡分析。

由于现实中的市场经济关系错综复杂，各种因素相互影响、相互制约，要找出税收对所有商品或生产要素的影响是比较困难的，所以经济学家在行研究的时候，进行了大量的理论抽象和条件假设。在前面的作用机理中，我们已经分析了在严格假设条件下的两部门均衡情况。下面我们用图进行无税条件和有税条件的一般均衡分析，假设前提仍为完全竞争市场。

1. 无税条件的一般均衡分析

图3－15和图3－16分别显示了无税条件下，企业1和企业2生产X商品和Y商品的资源K和资源L的配置状况以及此时的均衡产量和均衡价格。图3－16（A）、图3－16（B）和图3－16（C）表示了均衡产量和两种商品的均衡价格。此时，均衡产量为 Q_{X0} 和 Q_{Y0}；均衡价格为 P_{X0} 和 P_{Y0}，此时的资源配置达到了帕累托最优。

2. 引入税收后的一般均衡分析

（1）初步分析。假设对企业1使用的资本K征收税率为 t_{KX} 的从价税。课税提高资本的支付价格，资本的使用成本上升，导致企业1对资本的需求下降。同时，资本要素提供者得到的价格也下降。由于资本可以自由流动，因此，资本的提供者会将资本投入到没有课税的企业2，即资本由企业1流向企业2，这种流动一直持续到资本的提供者从企业2得到的价格和企业1一样为止。这就意味着资本资源在

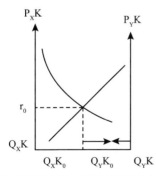
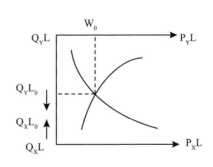

（A）无税条件下企业1资本和劳动力需求量　　（B）无税条件下企业2资本和劳动力需求量

图3－15　无税条件下企业1和企业2生产产品X和Y的资本和劳动力的需求量

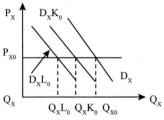

（B）无税条件下 X 商品的需求变化

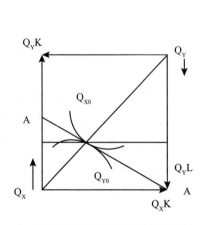

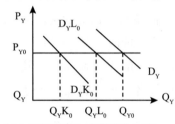

（A）无税条件下资源配置帕累托最优　　　（C）无税条件下 Y 商品的需求变化

图 3 - 16　　无税条件下企业 1 和企业 2 的均衡产量和价格

两部门间重新配置，企业 1 使用更少的资本，但是企业 1 在资本方面总的支付并没有改变，只是一部分作为税收上缴了；企业 2 将使用更多的资本，随着资本的流入，资本带给企业 2 的报酬率逐渐降低，直到和企业 1 相同为止。也就是说，对企业 1 使用的资本课税不仅影响了企业 1 的收益率，还影响了企业 2 的收益率（下降了），即企业 2 也承担了一部分税负，在资本运动的过程中，税负随之运动。在竞争假设前提下，价格等于成本，用公式表示为：

$$P_X = c_X(r(1 + t_{KX}),\ w)$$
$$P_Y = c_Y(r,\ w) \tag{3 - 34}$$

因为资本的供给总量不变，所以总量仍然是 $\overline{L}$ 和 $\overline{K}$，用公式表示为：

$$c_{Xw}(r(1 + t_{KX}),\ w)X + c_{Yw}(r,\ w)Y = \overline{L}$$
$$c_{Xr}(r(1 + t_{KX}),\ w)X + c_{Yr}(r,\ w)Y = \overline{K} \tag{3 - 35}$$

市场均衡的条件仍为：

$$X(P_X,\ P_Y,\ R) = X$$

$$Y(P_X, P_Y, R) = Y \qquad (3-36)$$

图 3-17 显示了对企业 1 使用的资本课税后对两企业的影响情况。其中，R 为资本报酬率，Q 为资本数，CD 和 FG 为资本边际收益曲线，ED 为课税后的资本净边际报酬收益曲线。在没有课税以前两企业的资本收益率相同，为 R_0。对企业 1 使用资本课征从价税 t 后，资本的净收益率为 $R \times (1-t)$，即曲线 ED 表示的部分。由于带来的收益降低，资本流向没有课税的企业 2，一直到两企业达到新的均衡点 R_1 为止。在流动的过程中，资本的供给总量仍为 $\overline{K}$。我们可以清晰地看出，在课税以前，双方的资本数为 $Q_X K_0$ 和 $Q_Y K_0$，两者之和为 $\overline{K}$；课税后，双方的资本数为 $Q_X K_1$ 和 $Q_Y K_1$，两者之和仍为 $\overline{K}$。

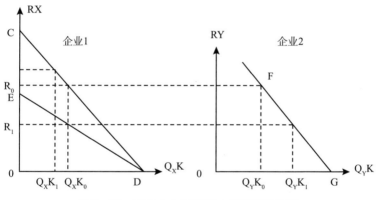

图 3-17   对企业 1 使用资本课税后的影响

我们还可以从企业 1 的生产过程和消费过程进一步分析对资本课税的税负运动。

首先，从生产过程说，企业 1 的产量将由于课税下降，而企业 2 的产量将上升。原因在于，对企业 1 课税后，资本成本的上升导致企业 1 生产 X 产品的生产成本上升，在预算约束既定的情况下，生产成本的上升意味着产品的产量的下降；企业 2 由于资本的大量融入，资本的使用价格下降，在预算约束既定的情况下，Y 产品的产量提高。

其次，从消费过程看，课税后，X 产品的数量减少，Y 产品的数量增加。在消费品市场上，因为消费者的偏好没有改变，所以对 X 商品和 Y 商品的需求没变。X 商品数量的减少则带动 X 商品的价格上升；Y 商品的数量增加，则带动 Y 商品的价格下降。

（2）拓展分析。如果我们继续放宽假设，对企业使用的资本征收 t_{KY} 的从价税，则价格和成本仍然是相等的，资本总量和劳动力的总量仍为$\overline{L}$和$\overline{K}$。则价格函数用公式表示为：

$$P_X = c_X(r(1 + t_{KX}), w)$$
$$P_Y = c_Y(r(1 + t_{KY}), w) \tag{3-37}$$

因为资本和劳动力的供给不变，所以总量仍然是$\overline{L}$和$\overline{K}$，用公式表示为：

$$c_{Xw}(r(1 + t_{KX}), w)X + c_{Yw}(r(1 + t_{KY}), w)Y = \overline{L}$$
$$c_{Xr}(r(1 + t_{KX}), w)X + c_{Yr}(r(1 + t_{KY}), w)Y = \overline{K} \tag{3-38}$$

市场均衡的条件为：

$$X(P_X, P_Y, R) = X$$
$$Y(P_X, P_Y, R) = Y$$

综上所述，税收的均衡效应主要是税收的转嫁和归宿问题，政府之所以可以通过税收调节消费者的消费行为以及产业间的配置状况，正是由于税收通过价格机制和收入机制的传导作用影响企业的资源配置和产业间的资源流动。

3.5　资源配置的税收竞争效应分析

上述内容主要分析了企业内部和外部的资源配置效应，在税收引发的资源配置效应中，不仅体现为企业自身的资源配置情况，由于差

别税收的存在，企业间存在不同的税收待遇，政府为了招商引资采取
的税收优惠同样影响了企业的资源的配置。

3.5.1　企业间资源配置的税收竞争效应

当企业面对不同的税收待遇时，就会出现企业间的税收套利行
为，从而产生了税收的博弈效应，影响了企业的产出量。我们借鉴库
诺特（Cournot）模型进行分析。

假设条件为：（1）有三个企业，企业1、企业2和企业3；（2）企
业的税收成本为 t_1、t_2 和 t_3；（3）企业的生产规模为 q_1、q_2 和 q_3，
它是税收成本的函数；（4）企业目标是收入最大化，用 TR 表示，它
是生产规模的函数；（5）三个企业同时决策；（6）自然禀赋相同；
（7）生产的产品无差异；（8）假定收益函数是严格凹的，即二次偏
导数小于0。我们构造一个逆需求函数为：

$$P = a - bQ；\quad Q = q_1 + q_2 + q_3。$$

令 $b = 1$ 则 $P = a - Q$；用 $C_i(q_i)$ 表示企业的税收成本，则 $C_i(q_i) = t_i q_i^2$。企业的收益分别为：

$$TR_1 = [a - (q_1 + q_2 + q_3)] - t_1 q_1^2$$
$$TR_2 = [a - (q_1 + q_2 + q_3)] - t_2 q_2^2$$
$$TR_3 = [a - (q_1 + q_2 + q_3)] - t_3 q_3^2 \qquad (3-39)$$

最优化的一阶条件为：

$$\frac{\partial TR_1}{\partial q_1} = a - (q_1 + q_2 + q_3) - q_1 - 2t_1 q_1 = 0$$

$$\frac{\partial TR_2}{\partial q_2} = a - (q_1 + q_2 + q_3) - q_2 - 2t_2 q_2 = 0$$

$$\frac{\partial TR_3}{\partial q_3} = a - (q_1 + q_2 + q_3) - q_3 - 2t_3 q_3 = 0 \qquad (3-40)$$

因此有：

$$2q_1 + 2t_1 q_1 + q_2 + q_3 = a$$

$$2q_2 + 2t_2q_2 + q_1 + q_3 = a$$
$$2q_3 + 2t_3q_3 + q_1 + q_2 = a \qquad\qquad (3-41)$$

联立式 (3-39)、式 (3-40)、式 (3-41) 得：

$$
\begin{bmatrix}
(2+2t_1), & 1, & 1 \\
1, & (2+2t_2), & 1 \\
1, & 1, & (2+2t_3)
\end{bmatrix}
\begin{bmatrix}
q_1 \\
q_2 \\
q_3
\end{bmatrix}
=
\begin{bmatrix}
a \\
a \\
a
\end{bmatrix}
\qquad (3-42)
$$

解这个方程组得到该模型得纳什均衡解[①]：

$$q_3 = \frac{(1+2t_1)q_1^*}{1+2t_3} \quad q_2 = \frac{(1+2t_3)q_3^*}{1+2t_2} \quad q_1 = \frac{(1+2t_2)q_2^*}{1+2t_1} \quad (3-43)$$

在税收成本相同时，即 $t_1 = t_2 = t_3$ 时，根据式 (3-5) 可知：$q_1^* = q_2^* = q_3^*$，将其代入式 (3-43) 中的任一方程得到：$q_1^* = q_2^* = q_3^* = \dfrac{a}{4+2t_1}$

策略组合为：$\left(\dfrac{a}{4+2t_1}, \dfrac{a}{4+2t_1}, \dfrac{a}{4+2t_1} \right)$。

这是博弈的唯一均衡解，因此企业间税收无差异的情况下，生产的最大规模都为 $\dfrac{a}{4+2t_1}$，生产总量为 $\dfrac{3a}{4+2t_1}$。

各自的收益为：

$$TR = [a - 3a/(4+2t_1)] a/(4+2t_1) - t_1(a/(4+2t_1))^2$$
$$= a^2(1+t_1)/(4+2t_1)^2 \qquad\qquad (3-44)$$

总收益为：

$$3a^2(1+t_1)/(4+2t_1)^2$$

在自然禀赋、产品和税收无差异的情况下，生产规模相同，三个企业的收益相同。

在税收优惠成本不同时，设 $t_1 < t_2 < t_3$，即企业 1 的成本 < 企业 2 的成本 < 企业 3 的成本，企业 1 的税收优惠最多。由式 (3-43)

---

① 由于计算过程烦琐，而且对解释问题没有意义，所以省去了计算步骤。

可知：

$$(1 + 2t_2) / (1 + 2t_1) > 1，则 q_1^* > q_2^*$$

$$(1 + 2t_3) / (1 + 2t_2) > 1，则 q_2^* > q_3^*$$

即：$q_1^* > q_2^* > q_3^*$，这个结果说明，税收成本越小的企业生产规模越大，反之，则越小。也就是说，在税收待遇有差别情况下，给予企业的税收优惠越多，企业的保本点就越低，其只要通过较小的生产水平就可以取得和税收成本高的企业一样的利润水平。因此，可以通过给予一些自然条件差的企业税收优惠增加其盈利水平。我们用保本点图 3 - 18 来说明这一影响。

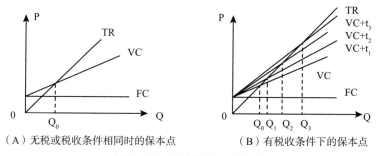

图 3 - 18　税收的保本点效应

图 3 - 18（A）显示了在无税或者是税收条件相同时，3 个企业的保本点均为 Q_0，在对 3 个企业课税后，3 个企业的税收为 $t_1 < t_2 < t_3$，即企业 1 的税收优惠最多，企业 2 次之，企业 3 最多。从图 3 - 18（B）可以看出企业的成本曲线由原来的 VC 上升为 VC + t_1、VC + t_2、VC + t_3，3 条成本曲线分别和收益曲线 TR 相交，形成新的保本点为，Q_1、Q_2、Q_3。很显然，$Q_1 < Q_2 < Q_3$。因此，税收成本越高的企业，保本点越高。同样的利润水平，税收成本高的企业需要更多的产出。

税收差别待遇的结果会导致企业间资源配置的不同，在其他条件相同的情况下，企业的税收成本越高，企业消耗的资源越多。

3.5.2　政府间资源配置的税收竞争效应

前面我们从企业层面和利益相关者层面分析了税收对企业投资的影响以及对利益相关者课税带来的企业资源配置的引致效应。由于政府间招商引资所产生的政府间的税收博弈影响了企业投资地点和投资方式的选择，引发了企业的资源由税收成本高的地区流向税收成本低的地区。下面我们以伯兰特模型来分析政府间招商引资对企业资源配置产生的博弈效应。

假设两个地区吸引投资的数量和分别为 t_1 和 t_2 的函数，用公式表示为：

$$q_1 = q_1(t_1, t_2) = a_1 - b_1 t_1 + d_1 t_2$$
$$q_2 = q_1(t_1, t_2) = a_2 - b_2 t_2 + d_2 t_1 \tag{3-45}$$

在该博弈中，两个博弈方为政府 1 和政府 2；它们各自的策略空间为 $s_1 = [0, t_{1max}]$ 和 $s_2 = [0, t_{2max}]$，其中 t_{1max} 和 t_{2max} 是两政府能吸引企业投资的最高价格；两博弈方的得益是各自的净预算收入，也就是税收收入减去吸引投资的成本，它们都是双方税率的函数：

$$u_1 = u_1(t_1, t_2) = t_1 q_1 - c_1 q_1 = (t_1 - c_1) q_1 = (t_1 - c_1)(a_1 - b_1 t_1 + d_1 t_2)$$
$$u_2 = u_2(t_1, t_2) = t_2 q_2 - c_2 q_2 = (t_2 - c_2) q_2 = (t_2 - c_2)(a_2 - b_2 t_2 + d_2 t_1)$$
$$\tag{3-46}$$

我们用反应函数法分析，利用上述得益在偏导数为 0 时有最大值，得出两政府对对方策略（税率）的反映函数分别为：

$$t_1 = R_1(t_2) = 1/2 b_1(a_1 - b_1 t_1 + d_1 t_2)$$
$$t_2 = R_2(t_1) = 1/2 b_2(a_2 - b_2 t_2 + d_2 t_1) \tag{3-47}$$

纳什均衡 (t_1^*, t_2^*) 必是两方应函数的交点，必须满足：

$$t_1^* = 1/2 b_1(a_1 - b_1 t_1 + d_1 t_2^*)$$
$$t_2^* = 1/2 b_2(a_2 - b_2 t_2 + d_2 t_1^*) \tag{3-48}$$

解方程组得：

$$t_1^* = \left[d_1/(4b_1b_2 - d_1d_2) \right](a_2 + b_2c_2) + \left[2b_2/(4b_1b_2 - d_1d_2) \right](a_1 + b_1c_1)$$

$$t_2^* = \left[d_2/(4b_1b_2 - d_1d_2) \right](a_1 + b_1c_1) + \left[2b_1/(4b_1b_2 - d_1d_2) \right](a_2 + b_2c_2)$$

$$(3-49)$$

(t_1^*, t_2^*) 为唯一的纳什均衡解,将其代入量得益函数便可得到两政府的均衡得益,该结果没有两地方政府合作得到的收益多,但是合作是非常困难的,而且往往是不稳定的。

因此,政府间的恶性税收竞争不仅不能促进企业资源的优化配置,反而会使企业将精力放在如何取得政府的税收优惠上,甚至产生了税收寻租,在这种状态下的企业资源更多的配置到了购买税收政策上,造成了企业和政府的效率损失,扭曲了企业的资源配置行为;政府官员则将目光盯在如何通过向企业提供税收优惠政策将企业资源吸引到本地区,更多地注重了资源地引入而没有注意资源引入的后续管理,导致一些企业的假投资效应和政府官员的政绩效应的产生。此时,税收成为优化资源配置的一种借口,对企业投资的影响不仅没有发挥正效应,而且扩散了税收的负效应,引发了更深层次的社会问题。如据我国国家统计局对外商直接投资(FDI)的研究课题显示,2006 年外商投资企业流失的税款大约 300 亿元,这和各地如火如荼地招商引资相比的确发人深思。

第 4 章　企业税收制度安排效应分析

第 3 章从企业自然属性的角度出发对企业的资源配置效应进行了论述，本章转入企业税收效应的社会属性研究。自然属性的研究是从企业物质运动的角度出发进行分析，将企业看成是一个没有打破的"黑箱"，不去探讨企业内部的生产关系，即假定企业内部的制度安排不变；社会属性的研究则要打破企业这个"黑箱"，深入企业内部，研究税收对企业产权关系的影响，也就是假定不考虑企业资源配置情况下，课税对企业利益相关主体间利益关系的影响，而企业内部错综复杂的利益关系最终体现为如何分配企业剩余的问题，即企业如何在各个利益相关者间最优化地安排企业的剩余索取权和控制权①的问题。

4.1　企业税收制度安排效应的作用机理

4.1.1　企业税收制度安排效应作用机理分析

分析税收对企业制度安排的影响首先要分析税收对企业生产关系

---

① 剩余索取权是指对企业的总收入在扣除折旧、材料成本和劳务成本后余额的要求权；控制权是指对企业行为施加影响和监控的权利，包括合同控制权和非合同控制权。

的影响，分析生产关系中的利益主体对企业有哪些利益诉求，税收是如何影响这些利益主体的利益诉求的。

1. 企业税收利益相关者的利益要求

根据前面的分析我们知道，利益有不同的表现形式，如经济利益、政治利益等。作为一种客观存在，利益具有自然和社会双重属性，并且社会属性要依托于自然属性。企业的利益相关者对企业的利益诉求同样体现了利益的二重性：首先是对自然属性的追求，即物质利益的追求。其次物质利益的追求必然和其他人发生某种社会关系，在企业生产过程中，则体现为各个利益主体要实现自身的利益追求就必须和其他利益主体相联合。企业必须有相应的财务资本投入才可以获得货币资本，然后通过货币资本购买物化劳动（供应商提供），而物化劳动必须通过活劳动（人力资本的提供者）加工才能生产出商品（物质商品和精神商品），企业生产的产品必须经过消费才能真正实现企业利益，而这些必须建立在公共环境资本的提供上。因此，在企业内部利益主体的利益诉求需要通过和他人的联合才能实现，这种利益关系或契约关系的联合就是利益的社会属性所在，也体现了企业是利益相关者契约联结的本质属性。

政府作为一个强势的缔约者出现后，企业原有的契约关系被打破，转而演变为企业税收契约关系。政府对企业的目标要求可以说是所有利益相关者的要求。一方面，政府希望用最少的代价得到最大宗的税款；另一方面，政府又希望企业能够提供充足的就业岗位等。而且利益相关主体对企业的利益诉求无论政府是否课税都没有改变，改变的是税收条件下的行为，正是由于行为的改变导致了利益关系的变化。即在利益诉求中，作为利益主体对利益的自然属性——物质利益的追求是不变的，改变的是利益的社会属性，即利益关系或者说契约关系。

本书借鉴陈宏辉①（2004）的实证研究资料，经过整理和补充得出了利益相关者利益诉求（见表4-1），该表显示了四大利益相关者的不同层次的利益诉求，这些利益诉求不会因为税收的引入而改变。

表4-1　　　　　　　　　　利益相关者利益诉求表

目标	企业的直接税收利益相关者				企业的间接税收利益相关者			
	财务资本提供者		人力资本提供者		市场资本提供者		公共环境资本提供者	
	股东	债权人	经营者	职工	供应商	消费者	社区	环境
1	长期发展	及时还贷	高额薪酬	工资	及时供货	产品质量	提供就业	保护
2	高额回报	长期发展	社会地位	福利	稳定生产	产品价格	改善经济	
3	企业形象	参与管理	提升人力资本	身份归属	长期发展	良好服务	社区品位	
4			长期发展	工作条件	参与管理	良好信誉	环境保护	
5			稳定工作	积累经验		长期发展	长期发展	
6			组织气氛	组织气氛				
7			良好企业形象	参与管理				
8				人力资本				

注：（1）表中的目标1～8是按照目标要求的顺序排列，即1为第一要求，以后顺次排列；（2）尽管间接利益相关者的分析在本质上属于税收效应第一层次的分析，但是为了全面的了解利益相关者的利益诉求情况，在绘制该表时仍然将其纳入了整个利益相关者的利益诉求框架中。

在表4-1中企业的直接税收利益相关者包括两大类：一是财务资本提供者，包括股东和债权人；二是人力资本提供者，包括经营者和职工。他们因直接参与企业的生产过程和政府间产生了显性税收契约关系，如政府对企业的股东和债权人的股利和利息所得课税，对雇

---

① 陈宏辉：《企业利益相关者的利益要求：理论与实证研究》，经济科学出版社2004年版，第175页。

员的薪酬课税等。直接的税收利益相关者的利益诉求的第一层次基本都属于物质利益的需要，而且主要体现在对企业的剩余分配上。间接的税收利益相关者包括两大类：一是市场资本的提供者，包括供应商和消费者；二是公共环境资本提供者，包括社区和环境。由于政府作为独立的课税主体出现，所以在公共环境资本里面不再包括政府，它们因间接地参与企业的生产过程和政府间产生了隐性的税收契约关系，本章不再分析间接税收利益相关者的税收效应，为了让大家有一个全面的认识才纳入该表中。

可以看出，各利益相关者主体对企业的目标函数要求不同：股东的利益要求是追求利润并实现其他战略目标；企业管理者追求更高的薪酬、在职消费以及职业声誉；职工追求工资收入、各种福利和晋升机会；债权人则关心自己投入企业中的本金和利息能否顺利回收；供应商则关心自己在与企业的交易中是否能够保持持久性的关系；消费者追求购买一种安全稳定的产品，并获取更多的消费者剩余；而特殊利益团体和社区一般都希望企业能够为改善周边的环境尽更多的力量。

由于间接的利益相关者不参与企业的内部分配，从税收的角度讲，对企业的影响主要体现企业的自然属性上，而企业的直接税收利益相关者由于直接参与了企业的剩余分配，形成了股东、债权人、职工和经营者共同治理的制度安排。税收对企业制度安排的影响正是通过影响这些利益相关者的剩余分配实现的，企业的剩余用公式表示为：

$$TR' = R_S + R_B + R_M + R_W = TR - N - D \qquad (4-1)$$

其中，TR 为总收益；TR'为企业剩余；N 为企业从外部购买的物质材料，如原材料等，D 为经济折旧，因为假定企业的资源配置状况不变，所以，N 和 D 是固定的；R_S、R_B、R_M、R_W 分别为股东、债权人、经营者和职工分得的企业剩余，R_B 为债权人收回的本息，R_M 和 R_W 分别为经营者和职工的工资。

2. 企业制度安排的本质

所谓制度是指"人类相互交往的规则。它抑制着可能出现的、机会主义的和乖僻的个人行为，使人们的行为更可预见并由此促进着劳动分工和财富创造。"[①] 由此我们可以引申出企业制度的概念，它是指在企业运行过程中利益相关者之间相互交往的规则。它抑制着可能出现的、机会主义的和乖僻的利益相关者行为，使利益相关者的行为更可预见并由此促进企业的劳动分工和企业财富的创造，从而有利于企业价值最大化的实现。

现代企业理论下的企业被看作是利益相关者的契约集合体，为了保证公司的正常运转，就需要对股东、债权人、经营者以及职工等的权利按照一定的形式和原则进行配置和制衡。在这里，企业主要是通过法律（公司法、证券法等）和合约（如公司章程、投资协议、聘用合同）等形式做出规定，以避免利益冲突，同时还要保证权利分立。按照詹森、梅克林（1976）的经典分析，在所有利益相关者之间的关系中，最主要的是股东和债权人以及股东和经营者的利益关系，企业制度安排主要是解决他们之间的利益对立关系。

阿吉翁、博尔顿（1988）以及哈特和穆尔（1999）则认为，公司是由一系列合约构成的有机体。显然，利益相关者对自己投入的企业要素具有明确的产权是提前签订合约的前提，同时也是现代公司合法存在的前提。由于企业本身的合约性和现实世界中合约的不完备性，企业的所有权归属就显得十分重要。但是，与财产所有权不同的是，就企业所有权来说，主要是企业收益的剩余索取权和剩余控制权的分配问题，这才是企业制度安排的根本所在。因此，企业制度安排本质上就是企业所有权的表现形式，即把企业的剩余分配给不同的产权主体的所有权安排。

---

① 柯武刚、史漫飞：《制度经济学——社会秩序与公共政策》，商务印书馆 2000 年版，第 35 页。

　　由于利益相关者行为的外部性以及可能存在的机会主义行为，现代契约理论认为，企业价值最大化的所有权安排一般是让每个参与人行动的外部效应最小化的所有权安排，一般表现为剩余索取权和剩余控制权的对应（张维迎，1996）。杨瑞龙、周业安（1997）从产权的限制性和人力资本也存在可抵押性的角度出发，认为剩余索取权和控制权分散对应的利益相关者共同治理的所有权安排是最优的。这一观点体现了利益相关者合作的逻辑思想，它具有以下特征。

　　（1）所有权安排的分散对称性。它体现为两个层次：一是所有权应由各个利益相关者共同分享；二是对每个利益相关者而言，剩余索取权和控制权都是对称分配的。在现实生活中由于制度环境等方面的影响，导致分配的非对称性，如果倾斜过度的话，就会带来负面影响，如侵蚀企业利润、经营决策短期化等。表现在税收方面：一方面，体现为政府作为利益相关者从企业处分得过多，当分配向国家倾斜时，会给企业带来沉重的税收负担，挫伤了企业的积极性，反而减少了国家的收入，拉弗曲线就说明了这个道理；另一方面，体现为利益相关者之间的差别税收待遇给利益相关者带来的税后可支配收入的不同，影响了利益相关者对企业的剩余要求，从而导致所有权安排的倾斜，影响了企业的运行。

　　（2）企业所有权安排的状态依存性。它是指企业在不同的经营状态下，对应着不同的企业治理结构（Aghion & Bolton，1992）。张维迎（1996）用企业的总收入 TR、经营者的收入 R(M)、职工的工资 R(W)、股东的最低收益 R(S)′和债权人的收入 R(B) 来描述企业的所有权安排：[①]　若企业处于 R(M) + R(W) + R(B) < TR ≤ R(M) + R(W) + R(B) + R(S)′，即公司的收益大于支付给经营者和职工的合同工资以及债权人的本息，并形成企业的"剩余收益"时，则股东在公司治理中处于支配地位；若企业处于 R(M) + R(W) ≤ TR <

---

　　①　本书对原文的代表字母进行了改变，原文用 X、r、W 和 π 表示总收益、债权人收入和股东的最低预期收益。

R(M) + R(W) + R(B) 状态时，即支付给经营者和职工的工资以及债权人的本息大于企业收益时，则债权人处于支配地位；若 TR < R(M) + R(W) 状态时，即支付给雇员的工资大于企业的收益时，则职工处于支配地位；若 TR ≥ R(M) + R(W) + R(B) + R(S)′时，即企业的收益大于支付给股东、债权人、经营者和职工的利益要求时，则经理处于支配地位。从以上分析可知，随着企业收入状况和向利益相关者分配剩余的不同，企业的所有权安排出处于动态、相机过程。

（3）所有权安排的层次性。在不考虑税收的情况下，企业和利益相关者的契约关系可分为外部的契约关系和内部的契约关系。外部的契约关系是企业与股东、债权人、政府、消费者和供应商之间的合约；内部的契约关系则为企业的经营者与职工签订的合约。

综上所述，企业的制度安排主要是企业的所有权安排，也就是企业剩余索取权和控制权的安排，即通常所讲的企业治理结构。它是指有关企业剩余索取权和剩余分配权的一整套制度安排。而影响企业治理结构的关键因素是股东、债权人、经营者以及职工投入资本的多少，投入比例的高低是这些利益主体分配剩余的依据，而投入资本的比例关系也就是企业的资本结构，它是决定企业治理结构的关键。

4.1.2　企业税收制度安排效应的运行机理

从以上分析可知，简单看来，税收对企业契约关系的作用原理为：在企业剩余既定的情况下，课税改变了利益相关者的既得利益，利益的改变产生了新的利益诉求，从而改变了企业原有的契约关系，导致企业制度安排的相应改变。其运行过程为：税收→利益相关者的既得利益→改变了其利益诉求→影响了原有的契约关系→企业所有权的安排→新的制度安排产生。

尽管税收对企业生产关系影响的原理是如此，但如果我们不抽出一条主线加以研究，就只能泛泛地就契约关系而契约关系，无法深入问题的本质。从表 4 - 1 可知,利益相关者之所以能够对企业诉求利益,就在于其向企业注入了资本,每个利益相关者投入资本的多少就成了他们索取利益和控制企业的依据。因此,利益相关者投入资本的比例关系就成了他们分配剩余索取权和控制权的砝码,对投入资本的比例关系用简单的语言概括就是资本结构,它是决定企业制度安排的关键,因此我们抽象出资本结构作为我们研究企业内部税收契约关系的主线。

1. 资本结构是影响企业制度安排的关键

对资本结构的研究,西方已经有了成熟的理论,那么我们是否可以照搬西方的理论作为我们研究的线索? 答案是否定的。纵观企业资本结构理论的产生和发展,无论是传统的资本结构理论还是现代的资本结构理论都定位于"股东财富最大化"这一财务目标,这些理论都是从财务资本的角度对资本结构加以界定,忽视了人力资本的存在。如果一个企业仅仅依靠财务资本,离开了人力资本,则企业的生存和发展是难以为继的。因此,企业的人力资本也应该是资本结构的一部分。资本结构的本质属性是一种"利益诉求权结构"或者说是一种"契约要求权结构"。所谓"利益诉求权结构"是指为企业投入资本的各利益相关者在企业所有权(利益)分配中的不同要求权,是企业各种契约关系的综合体现。我们知道从社会属性上讲,企业本质上是由各利益相关者投入的资本所组成的契约联结,因此,把由这些资本所构成的资本结构从本质上解释为一种"利益诉求权结构",便是一种合乎逻辑的释义。事实上,已经有许多学者从资本的不同产权特征出发,在论述企业所有权分配与资本结构选择的关系中暗含了资本结构的这种本质属性。阿吉翁和博尔顿(Aghion & Bolton,1992)认为,资本结构的选择就是企业控制权在股东和债权人之间的选择与分配,最优资本结构就是在一定债务水平上企业面临破产时将控制权由股东转移给债权人,从而实现债权人对企业的控制。张维迎(1999)

认为，企业所有权只是一种"状态依存性所有权"，股东和债权人都是企业处于不同状态时企业的"状态依存所有者"。刘汉良、刘锦（2001）认为，企业所有权的分配与转移取决于资本结构，资本结构是企业所有权的真实内容和客体。李维安（2002）认为，资本结构在一定意义上可以说是一种产权结构或所有权结构。所有这些论述虽然涉及的资本种类和产权主体不同，但都把资本结构与企业所有权安排内联在一起。

因此，研究税收对企业治理结构的影响从本质上讲就是研究税收的资本结构治理效应，不同的资本结构其治理效应是不同的。

图4－1显示了课税对企业资本结构的影响：图中1显示股东和债权人向企业投入财务资本，在这个过程中伴随着政府对股东和债权的股利和利息课征所得税以及证券交易税，在面对股权投资所得和债权投资所得的不同税收待遇时，投资者会在股东和债权人之间进行身份选择，从而影响了企业的权益资本和债务资本的比例和企业价值，最终影响了企业的治理结构。图中2显示了劳动者对企业人力资本的投资，在这个过程中伴随着所得税和社会保险税的运行，改变了经营者和职工对企业剩余分配的索取权，他们通过劳动合同、职业经理市场以及劳动力市场对企业的剩余分配施加压力，增强其对企业剩余分配的权利，在利益诉求的过程中，通过与企业的其他利益相关者讨价还价，影响了企业的资本结构和制度安排。

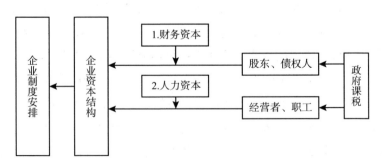

图4－1　税收对企业制度安排的影响

从上述分析可知，在税收对企业资本结构的影响方面，其主要是影响了利益主体对企业的剩余索取和控制，那么是否可以从传统的资本结构税收效应的研究一直放宽到企业的人力资本上？答案是否定的。尽管我们抽出了资本结构这条主线，但由于经营者和职工提供的是人力资本，他们更多地体现为道德风险和逆向选择，要解决的是如何通过税收建立一种激励相容机制的问题，使以经营者为首的人力资本提供者（内部人）不侵犯财务资本提供者（外部人）的利益。

2. 税收影响企业制度安排的作用机理

企业的资本结构包括人力资本和财务资本两个部分，财务资本提供者由于向人力资本提供者提供了风险担保而享有企业的控制权，从激励机制看，人力资本提供者也应该承担一定的风险，从而享有相应的剩余索取权和控制权。

第一，从财务资本提供者的角度讲，政府通过对利息、股利征收企业所得税和个人所得税，对债权人和股东形成收入效应和替代效应，影响企业的融资成本，并进一步反映在企业的现金流量和资本成本的变动上，进而带动了企业治理结构的变动。原因在于，课税后，债权人和股东获得的税后收益减少，投资报酬率也随之下降，投资报酬率的变动又将引起投资者经济行为的变化，转向投资报酬率更高的项目。这样给公司带来的经济后果就是如果公司不提高利率、增加股利支付，将不能足额筹集到所需的资金。无论是提高资本成本还是融资缺口，都会对公司产生不利后果，降低公司价值，减少企业剩余，这种局面是任何公司和其利益相关者都不愿看到的。

第二，从人力资本提供者的角度讲，政府对经营者和职工的课税同样带来了收入效应和替代效应。从劳动力的供给角度讲，替代效应的存在使他们减少了劳动时间，而收入效应的存在又会使他们增加劳动时间，为了保证其收益最大化，他们要么向企业施加压力，提高自身的剩余分配份额，要么就会退出企业的生产过程。由于劳动力的流动属于企业税收效应的自然属性部分，我们只分析他们对企业内部产权关系的影响。尽管经营者和职工的投入的人力资本构成了企业的资本结构，但是他们更多地体现为对企业财务资本结构的影响上，如经营者出于自身利益最大化的考虑不采用债务融资，从而导致企业无法通过债务的税盾效应来提高自身的价值，最终的结果是大家分得的剩余减少。因此，人力资本提供者对企业资本结构的影响，仍然体现在对企业财务资本结构的影响上。虽然从客观上讲人力资本的提供者是企业剩余的索取者和控制者，但是随着现代公司和股票市场的发展，更多的股东停留在"虚拟资本"的状态，他们更关心的是从股票市场获得的资本利得，而不是企业的剩余；债权人只有在破产的状态下，才会进入企业控制的状态。因此，企业具体的生产主要是由经营者和职工执行，由于信息的不对称，经营者往往取代股东成为企业的控制者，从而形成了股东和债权人之间的委托代理关系。

因此，企业的资本结构治理效应体现为两个层面：一是传统的财务资本结构治理效应；二是人力资本条件下的资本结构治理效应。为了避免歧义，我们按照其投入资本的属性称其为财务资本结构治理效应和人力资本结构治理效应。

4.2　企业税收财务资本结构治理效应分析

由以上分析可知，直接税收利益相关者的影响综合体现为对企业的资本结构的影响。从利益相关者的角度出发，我们将资本结构诠释为"利益诉求权结构"。在进行这项研究时，我们仍然从传统的资本结构出发进行研究，进而扩展到包括人力资本在内的"利益诉求权"结构。原因在于，尽管企业的生产关系涉及众多的利益相关者，但由于财务资本的投入者承担了企业的风险，作为"出资人"，他们的利益诉求往往摆在最重要的位置，尤其是股东的利益，无论企业理论怎样变化，对股东利益诉求的研究在现代企业理论中永远是第一位的。

　　因此，对资本结构的税收效应研究仍然要从传统的资本结构①——财务资本结构方面进行，然后再进行人力资本的拓展分析。税收对股东和债权人的影响主要是他们从企业分配的剩余以及与之对应的剩余控制权。这种影响从技术层面上讲分为现金流量和财务资本成本两个部分。其中，现金流量为股东和债权人取得的企业剩余，财务资本成本是企业获得股东和债权人投入资本的价格。税收对股东和债权人的影响正是通过对他们的剩余所得课税影响企业流向他们的现金流，以及课税影响了企业的资产处理，从而影响了企业的真实财务资本成本。图 4-2 显示了税收影响企业财务资本结构的运行机理。

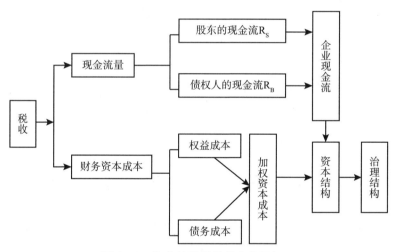

图 4-2　资本结构税收效应作用机理

　　由图 4-2 可知，课税影响了企业的现金流量和财务资本成本。现金流量是指企业支付给股东、债权人的剩余。

---

　　①　对于财务资本结构中÷债务资本有不同的理解，有的认为是长期负债，有的认为是所有负债，本书将其界定为所有的负债，即广义的负债。

$$TR' = R_S + R_B = TR - N - D - R_M - R_W \qquad (4-2)$$

其中，TR 为总收益；TR′为企业剩余；N 为企业从外部购买的物质材料，如原材料等，D 为经济折旧，因为假定企业的资源配置状况不变，所以，N 和 D 是固定的；R_S、R_B、R_M、R_W 分别为股东、债权人、经营者和职工分得的企业剩余，也就是流向他们的现金流。

财务资本成本是指企业的债务成本和权益成本，它们共同构成了企业的加权平均资本成本，即加权平均资本成本＝债务资本成本×负债资本/（负债资本＋权益资本）＋权益资本成本×权益资本/（负债资本＋权益资本）。

现金流量和资本成本实际上是"一个硬币的正反面"，从企业的角度讲，资本成本就是企业支付给股东和债权人的现金流量，而股东和债权人从企业获得的现金就是企业为融资所花费的成本。

由以上分析可知：税收对资本结构的影响在于税收影响了企业的现金流量和资本成本，进而影响了企业的治理结构选择。下面通过一步步放宽市场假设条件，分析不同条件下的税收对资本结构和治理结构的影响。

4.2.1　企业所得税条件下的财务资本结构治理效应

由美国著名财务学家莫迪利亚尼和米勒（1958，1963，1973）提出的 MM 理论被认为是研究资本结构理论的开端，他们通过一步步放宽完美市场的假设研究了不同税收条件下的资本结构问题。之后的学者秉承他们的研究形成了不同的资本结构理论的研究流派，通过资本结构契约理论、产品市场理论等将经营者、消费者、供应商等逐步纳入了资本结构理论的研究范畴。

单纯从财务资本提供者的角度讲，"公司资本结构政策研究的是公司经营性现金流在不同资本所有者之间的划分是否会影响公司价值，即所谓的馅饼理论（pie theory）"[①]。因此，我们在研究税收的资本结构治理效应时也是从研究税收对企业财务资本成本和现金流量的影响入手，分析税收对股东和债权人的资本投入影响以及由此带来的治理效应。

1. 完美市场条件下的资本结构选择

完美市场理论是由莫迪利亚尼和米勒（1958）共同提出的，完美市场要满足以下条件：

（1）公司经营风险的高低可用息税前利润（EBIT）的标准差来衡量，如果经营风险相同，则风险等级也相同。

（2）所有投资者对公司未来的 EBIT 及风险都有相同的预期。

（3）所有都是在一个完善的资本市场上买卖股票和债券，不存在交易成本，而且个人投资者的借款利率和公司相同。

（4）个人和公司都可以通过发行无风险的债券来筹资，因而债券利率为无风险利率。

（5）公司每年所产生的预期现金流量都是固定年金，即公司的盈利是一个不变的常量。

（6）没有公司所得税和个人所得税。

在完美市场条件下，MM 理论认为企业的价值为 $V_i = S + B = V_L$，其中，V_i 为无负债企业的价值，S 为股本的市场价值，B 为债务资本的市场价值，V_L 为有负债企业的价值；权益成本为 $K_S = K_i + (K_i - K_b)B/S$，其中，$K_S$ 为负债企业的股本成本，K_i 为无负债企业的股本成本，K_b 为企业负债的利息率。此时，无负债的企业价值和有负债的企业价值相等。资本结构不会影响企业的价值和资本成本，企业不存在最佳的资本结构。由于不考虑税收的影响，也就不存在税收的资本结构治理效应。

---

① 王志强：《公司财务政策的税收效应研究》，厦门大学博士学位论文，2004 年。

2. 企业所得税条件下的资本结构和治理结构选择

在只存在企业所得税、不存在个人所得税的情况下，我们通过 MM 理论逐步推出带公司税的企业价值模型。

（1）税收对企业现金流的影响。由于企业的现金流流向股东和债权人，因此，两者的现金流分别为企业分配给两者的剩余：其中，流向股东的现金为：$R(S) = (EBIT - K_b \times B) \times (1 - T_C)$；流向债权人的现金为：$R(B) = K_b \times B$；整个的企业的现金流为：

$$(EBIT - K_b \times B) \times (1 - T_C) + K_b \times B \qquad (4-3)$$

其中，$R(S)$ 和 $R(B)$ 分别为流向股东和债权人的现金流；K_b 为债务成本；B 为债务资本；T_C 为企业所得税率。

整理式（4-3）得：$EBIT \times (1 - T_C) + K_b \times B \times T_C$

我们可以看出第一项为企业全部采用权益资本融资时的现金流；第二项为负债的节税额。我们用 V_L 表示有负债的企业价值，K_i 为无负债的加权资本成本，则企业的价值为：

$$V_L = EBIT \times (1 - T_C)/K_i + K_b \times B \times T_C/K_b$$

（2）税收对资本成本的影响。税收对企业资本成本的影响主要在于课税减少了企业的债务成本，从而刺激企业的负债动机，相应提高了企业的财务风险。我们用 k_{WACC} 表示加权平均成本，K_S 表示权益成本，则企业的加权平均成本和权益成本分别为：

$$k_{WACC} = S/(S + B) \times K_S + B/(S + B) \times K_b \qquad (4-4)$$

$$K_S = K_i + (K_i - K_b) \times (1 - T_C) \times (B/S) \qquad (4-5)$$

对式（4-5）求导得：

$$dK_S/d(B/S) = (K_i - K_b) \times (1 - T_C) \qquad (4-6)$$

从式（4-6）可以看出，负债 - 权益率每提高 1 个百分点，公司财务风险就提高了 $(K_i - K_b) \times (1 - T_C)$ 个百分点。

将式（4-6）代入式（4-4）得：

$$k_{WACC} = K_i - K_i \times B/(S + B) \times T_C \qquad (4-7)$$

整理式（4 - 7）得：

$$k_{WACC} = K_i - K_i \times (B/S) \times (1 + B/S) \qquad (4-8)$$

对式（4 - 8）求导得：

$$dk_{WACC}/d(B/S) = -K_i/(1 + B/S)^2 \times T_C < 0 \qquad (4-9)$$

$$dk_{WACC}/d(B/S)^2 = 2K_i/(1 + B/S)^3 \times T_C > 0 \qquad (4-10)$$

从式（4 - 9）和式（4 - 10）可以看出，企业的加权平均成本随着负债—权益率的增加而降低，但是降低的速度逐渐减少。

因此，在存在企业所得税的条件下，企业的价值随着负债的增加而增加。由于（$1 - T_C$）< 1，所以权益资本的上升没有节税效应大，只要利息能够被 EBIT 扣除，负债就可以增加企业的价值，并且在负债为 100% 时，企业的价值最大。正如 1958 年莫迪利亚尼和米勒提到的那样，相比之下，如果我们的模型考虑到债务融资对企业价值的影响，那么，资本成本的唯一差别就是由税收引起的，其影响量等于因支付税收少缴纳的税。替代效应再一次发挥作用，由于负债能够提高企业的价值，导致企业用负债融资替代权益资本融资。

（3）税收对资本结构治理效应的影响。税收对企业资本结构治理效应的影响表现为两个层次：其中技术层面体现了企业资本结构治理效应的自然属性，它是制度层面效应的依托；制度层面反映了企业资本结构治理效应的社会属性，它反映了企业治理中各个利益主体之间的关系，以及对企业的资本结构形成的反作用。

第一，从技术层面上看。由于税收带来了债务的税盾效应，加上财务杠杆的存在，在 EBIT 能够弥补债务利息的情况下，提高了企业的价值，并且负债越多，企业价值就越大，100% 的负债是企业最佳的资本结构，企业的价值也达到了最大。

第二，从制度层面上看。首先，债务是企业的一项硬约束预算，到期要还本付息。从理论上讲，企业所有权是一种"状态依存所有权"，股东和债权人是不同状态的企业"状态依存所有者"。由于债务税盾效应的存在提高了企业的负债水平，在 EBIT 能够弥补企业的利息支出时，股东拥有企业的剩余索取权和控制权，债权人只是企业的合同收益要求者；在企业的 EBIT 不能弥补债务利息支出的情况下，企业无法还债时，企业的破产机制生效，债权人拥有企业的所有权，从而产生了资本结构的治理效应，债权人取代了股东的支配地位，产生了替代效应。其次，债务具有向市场传递企业经营信息的能力。罗斯（1977）认为，在信息不对称的情况下，外部投资把债务融资视为企业经营业绩好的一个信号，这也增加了企业的负债融资。

但是从经营者的角度讲，提高债务比例会增加管理层的面临的财务压力，使他们失去与股东或债权人讨价还价的能力，即降低了他们的影响力。因此，债务融资带来的财务压力使经营者一般不愿主动调整资本结构。

因此，尽管通过 MM 理论得到了企业最佳的资本结构是 100% 的负债，但是这种节税效应带来的企业价值的增加在现实生活中并没有得到验证，例如美国在 20 世纪 70 年代提高企业所得税率后，并没有出现企业普遍提高债务水平的现象。这说明仅仅用企业所得税的节税效应来解释企业资本结构的问题是行不通的。原因在于，从债务人的角度讲，债务的税盾效应只是股东的一厢情愿，对于债权人来讲，负债的比例越高，其风险性越大，而债权人得到的却是固定的还本付息，因此任何债权人都不愿无限制地扩大其资本投入，尽管在破产时可以通过破产机制获得企业的控制权，但那并不是债权人所希望看到的；从经营者的角度讲，他们不愿承受财务杠杆提高带来的财务压力，同样也阻止了企业追求债务效应的激情。

税收对企业资本结构的影响在我国企业中也到了验证：我国税法规定企业向金融机构借款的利息除去资本化的部分可以在所得税前扣除，其他的借款利益比照金融机构的利率按照就高不就低的原则扣除。但是对于向股东支付的股息、红利属于利润分配的部分，在税前不得扣除。如果只考虑企业所得税的影响，我国同样存在对债权人的"优待"和对股东的"歧视"，负债同样能够产生节税效应，使我国企业有高负债的冲动，显现高负债的特征。但由于我国采取的是两套企业所得税法，对外资企业以及特定产业和特定地区有一定的税收优惠，导致了享有优惠的企业的负债筹资动力要小于税率高的企业，即实际税率越低的企业最优债务水平越低。企业治理主要以股东治理为主。

4.2.2　个人所得税条件下的财务资本结构治理效应

当将企业所得税条件下的资本结构放宽到个人所得税条件时，资本结构是如何发挥作用的，米勒（1973）从个人所得税出发，研究了个人所得税对公司所得税税盾效应的"缩水效应"以及对资本结构的影响。

1. 个人所得税条件下的企业现金流

在同时存在个人所得税和企业所得税的条件下，股东和债权人从企业分得的剩余被课以税收，从而减少了企业流向股东和债权人的现金流。在这里，我们用 T_s、T_b 分别表示股东和债权人的个人所得税率，则企业流向股东的现金流为：$R(S) = (EBIT - K_b \times B) \times (1 - T_C) \times (1 - T_s)$；债权人获得的现金流为：$R(B) = K_b \times B \times (1 - T_b)$；企业的总现金流量为：

$$R(S) + R(B) = (EBIT - K_b \times B) \times (1 - T_C) \times (1 - T_s)$$
$$+ K_b \times B \times (1 - T_b) \qquad (4-11)$$

整理式（4-11）得：

$$EBIT \times (1 - T_C) \times (1 - T_s) + K_b \times B \times (1 - T_b)$$
$$\times [1 - (1 - T_C) \times (1 - T_s)/(1 - T_b)] \qquad (4-12)$$

因为企业的总现金流 $= EBIT \times (1 - T_C) \times (1 - T_s)/k_i + K_b \times B \times (1 - T_b) \times [1 - (1 - T_C) \times (1 - T_s)/(1 - T_b)]/K_b$

第一项为无负债时的企业现金流，其折现值为企业的价值 V_i，在同时存在企业所得税和个人所得税的情况下企业的价值为：

$$V_L = V_i + [1 - (1 - T_C) \times (1 - T_s)/(1 - T_b)] \times B \quad (4-13)$$

对式（4-13）求导得：

$$dV_L/d_B = 1 - (1 - T_C) \times (1 - T_s)/(1 - T_b)$$

我们可以分几种情况进行讨论：

（1）如果不考虑节税效应，$T_C = T_b = 0$，则：$V_L = V_i$，这是完美市场的无税模型的表达式。

（2）如果不考虑个人所得税率，$T_s = T_b = 0$，则 $V_L = V_i + T_C \times B$，这是带企业所得税的模型的表达式。从利益相关者的角度讲，选择向企业出资或借款取决于其投资收益率的大小以及本身对企业前景的判断，和税收无关；从企业的角度讲，负债给企业带来了节税效应，应该增加负债的融资比例，企业的治理倾向于债权人治理。

（3）如果 $T_s = T_b$，即股权收益的个人所得税和债权收益的个人所得税相同。此时，对企业的投资者而言，是选择向企业出资作股东还是选择向企业借款做债权人，从税收的角度讲是无差异的。而且由于两种收益的个人所得税相等，使他们对负债企业的市场价值的影响相互抵消。此时，$V_L = V_i + T_C \times B$，又回到了最初的企业所得税模型上。

（4）如果 $T_s < T_b$，由于对债权人利息收入存在税收上的歧视，从债权人的角度讲，对其产生了替代效应，即用向企业出资替代向企业借款。从企业的角度讲，企业所得税带来的节税效应被个人所得税部分抵消，因此，对债务融资的热情降低，债务的硬预算约束表现得更为突出。

（5）如果 $(1 - T_C) \times (1 - T_s) = (1 - T_d)$，负债的节税利益恰好被个人所得税所抵消。无论企业是使用债务融资还是权益融资，都无法获得税收上的利益，在这种情况下，资本结构对企业价值或资本成本无影响，也就不会产生税收的资本结构治理效应。

（6）如果 $T_s > T_b$，债权人的利息收入得到了优待。从债权人的角度讲，向企业借款替代了向企业出资。从企业的角度讲，企业所得税的节税效应被放大，此时，企业趋向于债务融资。

2. 个人所得税条件下的资本成本

在个人所得税条件下，股东和债权人的资本成本和企业所得税条件下相比有所不同，此时的加权平均成本为：$k_{WACC} = S/(S + B) \times K_S + B/(S + B) \times K_b$；权益资本的成本为：

$$K_S = K_i + (K_i - K_b) \times (1 - T_C) \times (1 - T_s)/(1 - T_b) \times (B/S)$$

$$(4 - 14)$$

对式（4 – 14）求导得：

$$dK_S/d(B/S) = (K_i - K_b) \times (1 - T_C) \times (1 - T_s)/(1 - T_b)$$

$$(4 - 15)$$

从式（4 – 15）可以看出：当负债权益比率每提高 1 个百分点，公司的权益资本成本就会相应提高 $(K_i - K_b) \times (1 - T_C) \times (1 - T_s)/(1 - T_b)$ 个百分点。我们分以下几种情况进行讨论：

（1）如果 $T_s = T_b$，即对利息和股息征收的个人所得税相同，则 $dK_S/d(B/S) = (K_i - K_b) \times (1 - T_C) \times (B/S)$。此时个人所得税对企业的权益资本成本没有额外影响。我们国家目前就属于这种情况，对股息和利息收入都征收 20% 的个人所得税。这样一来，由于利息收入和股息收入的税收无差异，对投资者来讲，是选择做股东还是做债权人是无差异的。企业的资本结构和只存在企业所得税的情况一样，企业的最佳资本结构是 100% 负债。

（2）当 $T_s < T_b$，即对利息收入征收的个人所得税小于对股息征收的个人所得税。此时，负债带来的财务风险导致企业的权益资本成本上升。如果 $(1 - T_C) \times (1 - T_s) = (1 - T_b)$ 的话，负债融资带给企业的好处全部被个人层面上个人所得税带来的负面影响所抵消。于是又回到了最基本的 $K_S = (K_i - K_b) \times (B/S)$，不存在最佳资本结构。

（3）当 $T_s > T_b$ 时，即对股息征收的个人所得税小于对利息征收的个人所得税，负债带来的财务风险被个人所得税抵消，权益资本成本上升的幅度较小。

3. 个人所得税条件下的资本结构治理效应

我们同样从技术层面和制度层面来分析个人所得税条件下的资本结构治理效应。

（1）从技术层面上看，企业通过增加负债可以提高自身的价值，但是企业负债的规模要受下列因素的制约：一是企业息税前投资收益率的影响。因为上面的分析是站立在假定企业的息税前投资收益率大于负债的资本成本率，也就是企业的息税前利润能够弥补利息支出。否则，负债规模的扩大不仅不会带来节税效应，反而会使企业陷入财务困境。二是投资者的影响。无论是股东还是债权人都属于企业的投资者，他们对企业投资的条件是从企业处获得的投资收益率要大于成本。由于投资者的收益也要缴纳税，降低了投资者的投资收益率，当税收带来的损失使投资无利可图时，投资者向企业提供资金的欲望就会降低。例如，对债权人征收的利息税降低了债权人向企业借款的欲望。除此之外，当对投资者的不同投资项目征收不同的税收时，就会产生投资的替代效应和收入效应，在不考虑其他因素的情况下，投资者会在股票和债券之间做出选择。三是风险因素的制约。企业增加负债，在息税前利润大于利息费用的基础上可以提高企业价值，但是随着负债的增加，企业的财务风险加大，会带来破产风险，这是企业的利益相关者不愿看到的一幕，也就是权衡理论的观点，即企业要在节税效应和破产成本之间进行衡量，找到均衡点。

（2）从制度层面上看，由于个人所得税的存在，股东和债权人获得的收益分别为 $R(S) = (EBIT - K_b \times B) \times (1 - T_C) \times (1 - T_s)$，$R(B) = K_b \times B \times (1 - T_b)$。和公司税条件下相比，个人所得税降低了债权人的投资热情，在股东和债权人的个人所得税不同的情况下，产生了差别税收待遇，加上破产成本的存在，企业的负债热情降低，使股东占有支配地位或是债权人占有支配地位，这取决于企业负债水平的确定，按照边际收益等于边际成本的原则，债务的边际收益等于边际成本时，企业的债务水平最佳。由于利息可以抵税，所以企业所得税的税率越高，企业负债带来的税盾效应就越大，债权人取得剩余索取权和控制权的可能性越大，但是由于对债权人的利息所得税课税，降低了债权人投资企业的投资报酬率，从而又降低了债权人控制企业的热情。

以上是对完美市场逐渐放宽假设条件进行分析，分别得到了无税、存在企业所得税和同时存在企业所得税以及个人所得税条件下的企业的价值和资本结构的情况。税收对企业资本结构治理的影响源于对股息和利息征收的税收产生了差异，也就是"税差学派"的观点。

4.2.3　资本利得税条件下的财务资本结构治理效应

股东除了可以获得股利外，还会获得资本利得，而资本利得和现金股利在税收方面是有差异的，从而也对企业的资本结构产生了影响。在通常情况下，为了鼓励投资，各国政府对资本利得征收的税要比对股息征收的税低。西方国家征收的资本利得税比股利所得低很多，而我国目前对股票转让所得尚未征收个人所得税。由于两种所得的待遇不同，企业的分配政策和融资政策就有所不同。王志强（2002）在《公司财务政策的税收效应研究》一文中借鉴了米勒模型，建立了包括企业所得税、利息个人所得税、股利个人所得税和资本利得个人所得税的模型，对企业的资本结构和价值进行了探讨。假设企业将税后全部利润进行分配，设 b 为税后利润中股利分配的部分，则（1 - b）为资本利得的部分，对其征收的个人所得税率为 T_g。

1. 资本利得税条件下的企业现金流

在资本利得税条件下，我们用 T_g 表示资本利得税税率，则企业流向股东现金流为：$R(S) = (EBIT - K_b \times B) \times (1 - T_C) \times (1 - T_s) \times$

$b + (EBIT - K_b \times B) \times (1 - T_C) \times (1 - T_g) \times (1 - b)$；流向债权人的现金流为：$R(B) = K_b \times B \times (1 - T_b)$；企业的总现金流为：

$$(EBIT - K_b \times B) \times (1 - T_C) \times (1 - T_s) \times b + (EBIT - K_b \times B)$$
$$\times (1 - T_C) \times (1 - T_g) \times (1 - b) + K_b \times B \times (1 - T_b) \qquad (4 - 16)$$

整理式（4 - 16）得：

$$EBIT \times (1 - T_C) [(1 - T_s) \times b + (1 - T_g) \times (1 - b)] + K_b \times B$$
$$\times (1 - T_b) \times \{1 - (1 - T_C) \times [(1 - T_s) \times b + (1 - T_g) \times (1 - b)]$$
$$/(1 - T_b)\} \qquad (4 - 17)$$

由于 $EBIT \times (1 - T_C) [(1 - T_s) \times b + (1 - T_g) \times (1 - b)]$ 为无负债时企业产生的现金流，该现金流的折现值是企业无负债的价值 V_i；债权人的现金流折现价值为：

$$B \times (1 - T_b) \times \{1 - (1 - T_C) \times [(1 - T_s) \times b$$
$$+ (1 - T_g) \times (1 - b)]/(1 - T_b)\}$$

则企业的价值为：

$$V_L = V_i + B \times (1 - T_b) \times \{1 - (1 - T_C) \times [(1 - T_s) \times b$$
$$+ (1 - T_g) \times (1 - b)]/(1 - T_b)\} \qquad (4 - 18)$$

对式（4 - 18）求导得：

$$dV_L/dB = 1 - (1 - T_C) \times [(1 - T_s) \times b + (1 - T_g) \times (1 - b)]/(1 - T_b)$$

从对式（4 - 18）的求导结果可以看出，如果同时考虑企业所得税、利息所得税、股利所得税和资本利得税，那么企业债务融资最终能否带来税收利益，要取决于企业所得税税率乘以股利所得税率和资本利得税率的加权平均与利息所得税率的比较，即 $(1 - T_C) \times [(1 - T_s) \times b + (1 - T_g) \times (1 - b)]$ 与 $(1 - T_b)$ 的比。

（1）当 $(1 - T_C) \times [(1 - T_s) \times b + (1 - T_g) \times (1 - b)] < (1 - T_b)$ 时，则负债融资能够带来节税效应，从而提高企业价值。

（2）当 $(1 - T_C) \times [(1 - T_s) \times b + (1 - T_g) \times (1 - b)] = (1 - T_b)$ 时，则企业的价值与企业的资本结构无关。

（3）当 $(1 - T_C) \times [(1 - T_s) \times b + (1 - T_g) \times (1 - b)] > (1 - T_b)$

时，负债反而会损害股东的利益，降低企业的价值。

2. 资本利得税条件下的资本成本

资本利得税条件下的权益资本成本为：

$$K_S = K_i + (K_i - K_b)(1 - T_C) \times [(1 - T_s) \times b + (1 - T_g) \times (1 - b)]/(1 - T_b) \times (B/S) \qquad (4 - 19)$$

对式（4 - 19）求导得：

$$dK_S/d(B/S) = (K_i - K_b)(1 - T_C) \times [(1 - T_s) \times b + (1 - T_g) \times (1 - b)]/(1 - T_b) \qquad (4 - 20)$$

从式（4 - 20）可以看出，导数取值的大小不仅取决于企业所得税税率、股利所得税税率、资本利得税税率与利息所得税税率大小的比较，还取决于股利支付形式的选择。也就是说，企业的资本成本不仅受资本结构政策的影响，而且受股利政策的影响。具体地说，如果允许股票回购，并且资本利得税率与现金股利税率不一，那么企业股利支付率的高低必将改变债权人和股东之间的相对纳税义务，并最终影响企业的资本结构政策。

企业的治理效应反应在如果企业利用保留盈余作为企业融资的来源，则股东的权利得到加强，同时，股东承担的风险相应增加，而股东采取内源资金融资的主要目的除了逃避税收外，就是增强自身的企业控制地位。因此，在以内源资金为主进行融资的企业一般都是股东具有较强的控制能力，可以在董事会"用手投票"，而债权人和经营者的控制权因其本身承担的风险小，相对控制力较弱，所以主要以股东治理为主。反之，企业的控制权将更多在经营者或债权人手中。

因此，企业负债—权益比率对企业价值的影响不仅取决于上述税率的综合结果，还取决于企业发放股利的形式，也就是说企业的股利分配政策同样影响了企业的资本结构。资本利得税的存在使税收对企业资本结构的影响不仅体现在以上方面，还体现在非债务税盾等方面。除此之外，频繁的变化资本结构是有成本的。这些因素都会影响企业的资本结构的决策。

4.2.4　其他因素对财务资本结构治理效应的制约

1. 非债务税盾的影响

非债务税盾的存在也会影响企业资本结构的选择，迪安格罗和马苏利（Deangelo & Masulis，1980 年）认为折旧、投资税贷项和税务亏损递延等非债务税盾可以作为债务优势的替代，在其他情况相同的情况下，拥有较多非债务税盾的企业应更少地使用债务。一些学者证实了在厌倦其他的税盾（如折旧）时，更多公司把杠杆作为一种税盾（Dhaliwal et al.，1992），杠杆的税收利益在一些选择案例中可以极大化（Engel et al.，1999）。此外，利息费用的替代品包括折旧以及和投资有关系的"盾牌"，同时也包括一些费用，如广告费、坏账（Maydew，1996）。在没有非税成本的情况下，为了实现税收目的而进行的 1 美元的广告费扣除是 1 美元利息费用扣除的完美替代品。

所谓非债务税盾是指同样可以抵税但不是负债的税前列支项目。按是否导致现金流出可以将其分为非付现非债务税盾和付现非债务税盾。非付现非债务税盾主要是指折旧。这里的折旧是指广义的折旧，包括各种长期资产的摊销以及减值准备的计提。付现非债务税盾是指除财务费用以外的管理费用和销售费用。非债务税盾对筹资的作用机理在于它对债务税盾产生了替代作用，同样能够给企业带来节税效应，而且非债务税盾没有财务风险，企业经营者更愿意使用非债务税盾取得节税利益。下面用企业的现金流来分析这个问题。

前面我们用现金流计算出了企业流向股东和债权人的现金流，最终得到企业的总现金流量。现在我们用计算营业现金流的方法来分析非债务税盾对企业筹资的影响。企业的营业现金流量为：

营业现金流 = 息税前利润 + 折旧 – 所得税 = 税前利润

$$+ 利息费用 + 折旧 – 所得税 \qquad (4-21)$$

因为筹集资金的财务费用不属于经营活动的费用，所以不包括在营业现金流中。整理式（4 – 21）得：

收入 × （1 – 税率）– 付现成本 × （1 – 税率）+ 折旧 × 税率 + 利息费用

$$(4-22)$$

从式（4 – 22）可以看出：（1）税收降低了收入带来的现金流；（2）付现成本一方面减少了企业的现金流；另外，税收的存在使付现成本带来了节税利益；（3）折旧同样带来了节税利益。这些节税利益增加了企业的营业现金流，现金流的增加降低了企业负债的欲望。

因此，企业的债务水平和非债务税盾之间存在着反向关系，即非债务税盾越多，债务水平越低；非债务税盾越少，债务水平越高。在非债务税盾较高的公司，企业的负债水平较低，治理结构更多是以股东治理为主。

2. 资本结构调整的成本

资本结构的调整是有成本的，这是因为一个企业资本结构的改变不仅取决于现实的利益，还取决于企业过去的决定。它的调整直接影响了股东、债权人和经营者的利益，间接影响了职工的利益，可能会遭遇到各方的压力。加上在上市公司要披露财务报告，从而产生的非税成本更大。当非税成本超过资本结构调整带来的利益时，即使在资产负债表存在税收条件下的最优资本结构，这种调整也是不理性的。调整资本结构的成本主要包括：

（1）交易成本。调整资本结构意味着调整目前的负债权益比例，也就是增加或减少负债。在调整过程中，企业首先需要和目前的股东、债权人就资本结构的调整讨价还价；其次还需要在资本市场上进行新一轮的搜索以及和新的债权人、股东讨价还价。这些成本无疑增加了企业的调整成本。

（2）财务报告成本。企业资本结构的调整最终要体现在企业的财务报告中，而财务报告的披露同样会给企业带来成本。这是因为，在股权分散的情况下，投资者主要通过资本市场了解企业的信息；国家也主要通过财务报告掌握企业的信息。对投资者而言，由于负债比率显示了企业的收益水平，负债比率高给投资者传达的信息是企业利用财务杠杆的能力增强，从而导致股票价格的上涨；反之，则会导致股票价格下跌。股票价格上涨或下跌都会给企业的资本结构带来问题，影响企业的价值。股票价格上涨时会促使企业增加更多的负债，带来更多的财务风险；股票价格下跌导致企业发行股票会债券的价格更高，资本成本更大。对国家而言，其通过财务报告掌握企业的纳税情况，当企业通过税盾效应减少税金的缴纳时，就会面临来自政府的压力，政府会通过"避税供给"来限制企业过高的税盾。如我国所得税法的扣除项目中利息费用以及折旧等的扣除是有限制的，从而降低了企业的税盾效应。

3. 资产的税收特征

资产的税收特征是指资产在摊入成本时，税法对其摊入成本的部分在所得税前扣除的问题。这个问题的产生在于会计准则和税法规定不一致造成的。例如，企业固定资产的折旧年限在会计上为 5 年，而税法可能规定为 10 年，企业纳税时必须按照 10 年的时间来抵扣折旧，企业缴纳的税金要多于按照 5 年计算的税金，增加了企业的现金流出，影响了企业的资产结构等一些的财务指标，从而影响企业的资本结构。所以，资产的税收特征也是企业融资必须考虑的因素之一。

4. 财务风险

财务风险是指企业借款所产生的风险。企业在不借款的情况下，只有经营风险，没有财务风险。财务风险对企业的影响在于，当企业负债达到一定规模时，企业的现金流支出压力增大，企业破产的可能性提高。原因在于，企业支付给债权人的现金流出是必须到期还本付息的，而支付给股东的股利就没有日期的限制，所以借款对企业来讲是一种无形的压力。财务风险的存在带来了财务困难成本，使负债带来的节税效应降低了。此时的资本成本不仅包括负债和权益成本，还包括财务困难成本，如图 4 - 3 所示。

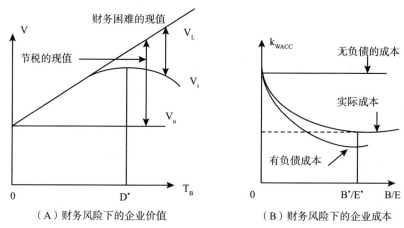

（A）财务风险下的企业价值　　　　（B）财务风险下的企业成本

图 4 - 3　财务风险下的企业价值和成本

　　综上所述，企业通过负债可以带来节税效应，但是资本结构的调整不仅受企业所得税的影响，还要受个人所得税、资本利得税、非债务税盾、交易成本以及财务风险和资产的税收特征等因素的影响。除此之外，资本市场的运行也影响了企业的资本结构优化。加上每个企业的情况不同，所以在分析税收的资本结构对治理的影响效应时，要注意非税因素给税收因素带来的制约。

4.3　企业税收人力资本结构治理效应分析

从前面的分析可知企业的资本不仅包括财务资本，还包括人力资本。从狭义上讲，企业的本质是由财务资本和人力资本的提供者构成的"契约联合体"。因此，对企业治理结构施加影响的不仅仅是债权人和股东，还包括经营者、职工。

我们假设企业的财务资本结构既定，只分析课税对经营者和职工的经济影响。和财务资本结构的税收效应相比，人力资本结构税收效应的影响因素更复杂，更多地体现为制度层面的影响。为了便于分析问题，我们先分析无税条件下经营者和职工对企业制度安排的影响，然后在逐步引进税收的影响。

4.3.1　无税条件下的人力资本结构治理效应

我们利用式（4-1）的扩展来分析影响经营者和职工的企业行为的主要因素：假设债权人到期收回的本息为 R_B，$R_B \in (0, \infty)$；经营者的工资为 $R_M = k + hy$，其中：$h \in (0, 1)$，$k \in (0, \infty)$，k 为固定工资，h 为与企业产出 y 有关的激励工资；职工的工资为 R_W，$R_W \in (0, \infty)$，R_W 为固定工资。在企业其他成本为 0 的情况下，企业的成本为：

$$c = R_B + R_M + R_W = R_B + R_W + k + hy \qquad (4-23)$$

则企业利润为 $\pi = y - c = (1 - h)y + (k + R_B + R_W)$；股东的效用函数为 $U_S(R_S) = \pi = y - c = (1 - h)y + (k + R_B + R_W)$；债权人的效用函数为 $U_B(R_B) = R_B$；经营者的效用函数为 $U_M(R_M, a_M) = k + hy - v_M(a_M)$，其中，$a_M$ 为经营者的努力程度，$v_M(a_M)$ 为努力工作带来的负效用；同理职工的效用函数为：$U_W(R_W, a_W) = R_W - v_W(a_W)$。

我们分别用 ϕ、φ 和 γ 表示经营者、职工和债权人对企业目标的影响，且 ϕ，φ，$\gamma \in (0, 1)$，$\phi + \varphi + \gamma < 1$，则股东的影响力为 $1 - (\phi + \varphi + \gamma)$，企业的目标函数为：$\max(1 - (\phi + \varphi + \gamma))((1 - h)y + (k + R_B + R_W)) + \gamma R_B + \phi(k + hy) + \varphi R_W$。

因此，股东、债权人、经营者和职工的制度安排问题也就是满足约束条件下的最优问题。从以上的分析可知，企业的加权目标函数为：

$$\max_{(\alpha, \beta, \gamma)\mathrm{d}y} \int_y \Big[(1 - (\phi + \varphi + \gamma))((1 - h)y + (k + R_B + R_W))$$
$$+ \gamma R_B + \phi(k + hy) + \varphi R_W \Big]\Big(1 + \frac{1 - 2y}{a_M + aW + 1}\Big)\mathrm{d}y \quad (4-24)$$

约束条件为：

$$\int_y (k + hy)\Big(1 + \frac{1 - 2y}{a_M + a_W + 1}\Big)\mathrm{d}y - V_M(a_M) \geqslant U_M(\tau_M) \quad (4-25)$$

$$\int_y R_W\Big(1 + \frac{1 - 2y}{a_M + a_W + 1}\Big)\mathrm{d}y - V_W(a_W) \geqslant U_W(\tau_W) \quad (4-26)$$

$$\int_y (k + h^* y)\Big(1 + \frac{1 - 2y}{a_M^* + a_W^* + 1}\Big)\mathrm{d}y - V_M(a_M^*) \geqslant$$
$$\int_y (k + hy)\Big(1 + \frac{1 - 2y}{a_M + a_W + 1}\Big)\mathrm{d}y - V_M(a_M) \quad (4-27)$$

$$\int_y R_W^*\Big(1 + \frac{1 - 2y}{a_M^* + a_W^* + 1}\Big)\mathrm{d}y - V_W(a_W^*) \geqslant$$
$$\int_y R_W\Big(1 + \frac{1 - 2y}{a_M + a_W + 1}\Big)\mathrm{d}y - V_W(a_W) \quad (4-28)$$

$$y^*, y \in (0, 1), y^* \neq y; a_M \in (0, \infty),$$
$$a_M^* \neq a_M; a_W \in (0, \infty), a_W^* \neq a_W$$

其中，式（4-25）和式（4-26）是经营者和职工的个人理性约束条件，即保留效用或者说最低要求；式（4-27）和式（4-28）是经营者和职工的激励相容约束条件，R_M^*、R_W^*、a_M^*、a_W^* 为经营者和职工的最优工资水平和最佳努力水平，如果偏离的话，会导致他们的收益和效用水平下降。

经营者努力水平的最优解如下。

为简化分析，我们假设：（1）设经理合作获得的效用 > 经理保留效用，此时经理 IR 条件满足，经理个人理性约束条件不起作用，即不再考虑式（4 – 25）的约束条件；（2）分析经理行为时不考虑职工行为的影响，即不考虑职工 IR 条件式（4 – 26）和 IC 约束条件式（4 – 28）。

对经营者的约束条件式（4 – 27）进行一阶变换得：

$$\frac{\partial}{\partial a_M}\Big[\int_y (k + hy)\Big(1 + \frac{1 - 2y}{a_M + a_W + 1}\Big)dy - V_M(a_M)\Big] = 0$$

$$(4 - 29)$$

得：

$$\int_y (k + hy)\Big(1 + \frac{1 - 2y}{(a_M + a_W + 1)^2}\Big)dy + V_M^{a_M}(a_M) = 0 \quad (4 - 30)$$

其中，

$$V_M^{a_M}(a_M) = \frac{d}{d_M}V_M(a_M)$$

同样的方法求得职工的约束条件进行一阶变换得：

$$\frac{\partial}{\partial a_W}\Big[\int_y R_W\Big(1 + \frac{1 - 2y}{a_M + a_W + 1}\Big)dy - V_W(a_W)\Big] = 0 \quad (4 - 31)$$

得：

$$\int_y R_W\Big(1 + \frac{1 - 2y}{(a_M + a_W + 1)^2}\Big)dy + V_W^{a_W}(a_W) = 0 \quad (4 - 32)$$

其中，$V_W^{a_W}(a_W) = \frac{d}{d_W}V_W(a_W)$。

根据式（4 – 25）、式（4 – 26）、式（4 – 31）、式（4 – 32）构建拉格朗日函数：

$$L(h, R_W, a_M, a_W) =$$

$$\int_y \Big[(1 - (\phi + \varphi + \gamma))((1 - h)y + (k + R_B + R_W)) + \gamma R_B$$

$$+ \phi(k + hy) + \varphi R_W\Big]\Big(1 + \frac{1 - 2y}{a_M + a_W + 1}\Big)dy$$

$$+ \lambda_1 \left[\int_y (k + hy) \left(1 + \frac{1 - 2y}{a_M + a_W + 1} \right) dy - V_M(a_M) - V_M(\tau_M) \right]$$

$$+ \lambda_2 \left[\int_y (k + hy) \left(1 + \frac{1 - 2y}{a_M + a_W + 1} \right) dy - V_M(a_M) - V_M(\tau_M) \right]$$

$$+ \mu_1 \left[\int_y (k + hy) \left(1 + \frac{1 - 2y}{(a_M + a_W + 1)^2} \right) dy - V_M^{a_M}(a_M) \right]$$

$$+ \mu_2 \left[\int_y (k + hy) \left(1 + \frac{1 - 2y}{(a_M + a_W + 1)^2} \right) dy - V_W^{a_W}(a_W) \right] \quad (4-33)$$

求偏导得：

$$\frac{\partial L(h, R_W, a_M, a_W)}{\partial h} = 0 \quad (4-34)$$

$$\frac{\partial L(h, R_W, a_M, a_W)}{\partial R_W} = 0 \quad (4-35)$$

$$\frac{\partial L(h, R_W, a_M, a_W)}{\partial a_M} = 0 \quad (4-36)$$

$$\frac{\partial L(h, R_W, a_M, a_W)}{\partial a_W} = 0 \quad (4-37)$$

$$\lambda_1 \left[\int_y (k + hy) \left(1 + \frac{1 - 2y}{a_M + a_W + 1} \right) dy - V_M(a_M) - U_M(\tau_M) \right] = 0$$

$$(4-38)$$

$$\int_y (k + hy) \left(1 + \frac{1 - 2y}{a_M + a_W + 1} \right) dy - V_M(a_M) - U_M(\tau_M) = 0$$

$$(4-39)$$

$$\lambda_2 \left[\int_y R_W \left(1 + \frac{1 - 2y}{a_M + a_W + 1} \right) dy - V_W(a_W) - U_W(\tau_W) \right] = 0$$

$$(4-40)$$

$$\int_y R_W \left(1 + \frac{1 - 2y}{a_M + a_W + 1} \right) dy - V_W(a_W) - U_W(\tau_W) = 0$$

$$(4-41)$$

$$\int_y (k + hy) \left(1 + \frac{1 - 2y}{(a_M + a_W + 1)^2} \right) dy + V_M^{a_M}(a_M) = 0 \quad (4-42)$$

$$\int_y (k + hy) \left(1 + \frac{1 - 2y}{(a_M + a_W + 1)^2} \right) dy + V_W^{a_W}(a_W) = 0 \quad (4-43)$$

由于在此大量的计算没有意义，因此，我们直接列出了经营者努力目标函数的最优解：

$$a^* = \sqrt{\frac{1}{V_{a_M}^M(a_M)} \left(k + h \frac{(1 - (\phi + \varphi + \gamma))(k + R_B + R_W) - \phi k - \varphi R_W}{(1 - (\phi + \varphi + \gamma))(1 - h) + \gamma + \phi h} \left(2 \frac{(1 - (\phi + \varphi + \gamma))(k + R_B + R_W) - \phi k - \varphi R_W}{(1 - (\phi + \varphi + \gamma))(1 - h) + \gamma + \phi h} - 1 \right) \right)}$$

$$- a_W - 1$$

由上式可知：影响经营者努力水平的因素为固定工资 k、激励工资 h 和工作负效用的增量 V_M、债权人收益 R_B、职工工资 R_W、职工努力水平 a_W 以及其他因素。在其他条件不变的情况下，激励工资对经理努力水平的影响的公式为：

$$a_M = \sqrt{\frac{1}{V_{a_M}^M(a_M)} \left(k + h \frac{(1 - (\phi + \varphi + \gamma))(k + R_B + R_W) - \phi k - \varphi R_W}{(1 - (\phi + \varphi + \gamma))(1 - h) + \gamma + \phi h} \left(2 \frac{(1 - (\phi + \varphi + \gamma))(k + R_B + R_W) - \phi k - \varphi R_W}{(1 - (\phi + \varphi + \gamma))(1 - h) + \gamma + \phi h} - 1 \right) \right)}$$

当激励工资 h 增加时，上式中的分子增加，分母减少，使经理的努力水平更高；当固定工资增加时，则原来的公式改为：

$$a_M = \sqrt{\frac{1}{V_{a_M}^M(a_M)} \left(k + h \frac{(1 - (\phi + \varphi + \gamma))(k + R_B + R_W) - \phi k - \varphi R_W}{(1 - (\phi + \varphi + \gamma))(1 - h) + \gamma + \phi h} \left(2 \frac{(1 - (\phi + \varphi + \gamma))(k + R_B + R_W) - \phi k - \varphi R_W}{(1 - (\phi + \varphi + \gamma))(1 - h) + \gamma + \phi h} \right) \right)}$$

当固定工资 k 增加时，经营者的努力水平表现为两个方面：一是固定工资的增加使经营者的努力程度增加；二是当 $2\phi > (1 - \varphi - \gamma)$、经营者的影响力足够大时，固定工资对他的激励作用不大。除此以外，由上式中还可知：当职工的努力水平提高时，经营者的努力水平下降，原因在于企业的产出水平决策于两者的努力，当职工的努力水平上升时，经营者降低努力水平也可得到相同的产出；当 V_M 增加时，由于负效用的增加，经营者的努力水平会降低。

因此，经营者最优工资同样受到固定工资 k，激励工资 h 以及工作负效用的影响，而且固定工资的越高，激励工资 h 就越低，固定工资和激励工资之间有相互替代的作用，而且工作努力的负效用越大，股东就越会采用激励工资激励经营者努力工作。即经营者的激励工资越高工作越努力；当经营者的影响力足够大时，固定工资不足以激励其努力工作。不同利益相关者的影响力对经理工作努力水平影响不同，股东影响力增加使经营者的努力水平增加，经营者影响力增加使其努力水平下降，债权人影响力增加和职工影响力增加也使经营者的努力水平下降。

我们可以用相同的方式对职工进行分析，职工的效用函数也主要受工资水平的影响。

但是，工资的高低尽管能够激励经营者的努力水平，但是由于经营者不拥有100％的剩余索取权，当其努力工作时不会得到全部的收益，却要承担全部的成本，而当其消费时，他享有了在职消费的好处，却承担了较少的成本。因此，为了激励经营者的工作水平，使其和股东的目标保持一致，现代企业不只用高薪来激励经营者，而更多地采用股权激励的方式，让经营者持股。

综上所述，在不存在税收的条件下，人力资本对企业的影响在于企业如何通过一定的激励相容机制使经营者和职工的目标追求和企业的目标一致，其中主要是解决经营者的道德风险和逆向选择的问题，而这些问题的解决一般是通过薪酬的激励等方式降低委托经营带来的代理成本，即如何通过企业的制度安排激励经营者和职工与企业的目标保持一致的问题。

4.3.2 有税条件下的人力资本结构治理效应

当政府只对企业征收企业所得税时，从表面来看，没有对雇员个人征收所得税，但是由于计税工资的存在，同样会影响雇员的工作水平和企业的制度安排。对于工资的处理，在税法中一般作为费用在税前扣除，因此，雇员的工资就产生了税盾效应，但具体税盾的大小要看计税工资的规定。

1. 企业所得税条件下的人力资本结构治理效应

（1）企业所得税法没有计税工资的限定。

首先，对所有的工资支出全部作为费用扣除时，工资支出就成了企业的债务税盾效应的完美替代，从而影响了企业的财务资本结构的选择和企业的治理结构。其次，企业可以通过固定工资、激励工资等方式激励雇员的努力程度，当然这些支出要在企业盈利水平的限度以内。

（2）企业所得税法有计税工资的限定。

当企业缴纳所得税有计税工资的限定时，企业工资支出的税盾效应就会大打折扣，企业采取工资来激励员工就受到了限制。因此，企业可能会采取职工持股等方式激励员工的努力程度。

（3）企业年金的处理方式。

企业年金也称企业补充养老保险，是一种带有自愿性质补充养老保险，是企业在依法缴纳政府规定的基本养老保险费用之外，根据自身实力和经营状况，为了提高雇员退休后生活水平建立起来的一种内部福利制度，其实质是以延期支付的方式给在职职工的劳动报酬中的一部分或者是职工分享企业利润的一部分。企业年金可以由企业单独出资，也可以由企业与雇员共同出资，一般为企业与雇员共同出资，受益人为雇员。

年金的不同税务处理同样影响了企业的制度安排。目前企业年金在西方国家都给予税收优惠政策，即在缴纳的时候，给予税前扣除，因此对于参加年金计划的企业来讲，同样降低了其负债节税的动机。

总之，在不存在企业所得税的情况下，人力资本结构的税收效应主要体现为工资的扣除可以成为税盾效应的完美替代，企业可以通过工资费用的税前扣除来替代利息费用的税前扣除，同样起到了节税的目的。而且，利用工资的税盾效应可以减少企业的负债比例，从而影响了企业的财务资本结构，进而影响了企业的治理结构。

2. 个人所得税条件下的人力资本结构效应

这里的个人所得税包括通常所讲的个人所得税和社会保险税，其中个人所得税由员工自己负担，而社会保险税由企业和个人共同负担。个人所得税的存在减少了经营者和职工的既得利益，从而产生税收的收入效应和替代效应。无论经营者和职工在企业的地位如何，他们都属于活劳动的提供者，都是企业的劳动力，只是由于分工的不同，经营者在企业的影响力和控制力上更强而已。因此，我们仍然从税收对劳动力的影响开始分析。

（1）税收对经营者和职工劳动供给的影响。

①劳动力供给的替代效应。

税收对劳动力投入的替代效应表现为政府课税之后会降低劳动相对于闲暇的价格，从而引起以闲暇替代劳动，减少劳动投入。在课征所得税的情况下，替代效应的大小由其边际税率决定。图4-4揭示税收对经营者和职工劳动力投入的替代效应。其中，劳动力的供给曲线S是一条向右上方倾斜的线。它和一般商品的供给呈相同趋势，即劳动力的供给与工资率成正比，随着工资水平的提高，劳动力供给倾向于增加；随着工资水平的下降，劳动力的供给倾向于减少。现假定政府决定对经营者和职工的工资收入征收所得税，纳税人在征税之前的可支配收入为 W_1，劳动时数为 L_1。征税之后，纳税人的可支配收

入降至 W_2。随着劳动边际收益的减少，劳动和闲暇的相对价格发生变动，劳动时数由原来的 L_1 减少至 L_2。这表明，如果劳动力的供给曲线是向右上方倾斜的，政府征税极可能促使经营者和职工减少劳动投入量。在这种情况下，税收对劳动投入的影响，表现为替代效应。

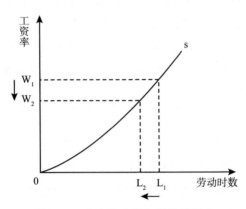

图 4-4　人力资本投入的替代效应

②劳动力供给的收入效应。

税收对劳动投入的收入效应表现为政府课税会直接降低纳税人可支配收入，反而促使劳动投入增加。收入效应的大小，由平均税率决定。

图 4-5 揭示了税收对人力资本投入的收入效应。其中，S 表示劳动力的供给曲线。在开始阶段，工资水平提高之后，人力资本供给倾向于增加。但工资水平上升到一定程度后，经营者和职工对工资收入的需要被认为不那么迫切了。工资水平再上升，经营者和职工的供给便不再倾向于增加，而趋于减少。因此，人力资本的供给曲线先是递增，然后是一条向后弯曲的线。现假定政府决定对经营者和职工的工资收入征收个人所得税。纳税人的可支配收入由税前的 W_1 降至税后的 W_2。随着纳税人税后可支配收入的下降，劳动力的供给趋向于增加，劳动时数由原来的 L_1 增加至 L_2。这表明，如果劳动力的供给

曲线是向后弯曲的，政府征税极可能促使纳税人增加劳动投入量。在这种情况下，税收对劳动投入的影响，表现为收入效应。

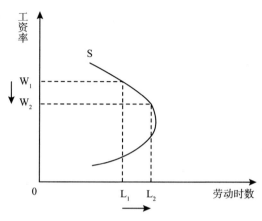

图 4-5 人力资本的收入效应

税收对劳动力供给同时产生替代效应和收入效应，而且这两种效应对劳动供给的影响方向相反，其净效应因不同的劳动者而异。当收入效应大于替代效应时，表现为企业劳动力供给的增加；当收入效应小于替代效应时，表现为劳动力供给的减少。

（2）工资的个人所得税效应。

从前面无税条件下的人力资本结构的效应分析我们知道，影响企业经营者工作努力水平的主要是工资，具体可分为固定工资、激励工资。由于工作努力的效用是工作和闲暇之间的相互替代造成，它的影响仍然要依托于经营者工作程度，因此，我们只分析税收对工资的影响。

当政府对经营者的工资课税时，产生了税收的收入效应和替代效应，两者的综合影响要取决于收入效应和替代效应共同作用的结果。在收入效应适度的情况下，会提高经营者的努力水平，但是这要取决于经营者在企业的影响力。当经营者在企业内部的影响力足够大时，课税对其来讲影响不大，经营者因课税遭受的损失可以通过企业的在职消费和持有企业的股票所得弥补。当经营者对工资收入的依赖加强时，由于课税就会影响经营者的企业行为，他会通过自身的管理优势和股东、债权人进行讨价还价，通过增强自身的企业影响力降低税收带来的损失。但由于我们无法通过企业的财务数据加以分析，因此只能通过经营者本身的税收效应进行分析，但增加了税收条件后，在比例税条件下，我们用 t_M 表示经营者的个人所得税率，则经营者努力水平的最优解为：

$$a^* = \sqrt{\begin{array}{l} \dfrac{1}{V^M_{a_M}(a_M)}(1-t_M)\left(k+h\dfrac{(1-(\phi+\varphi+\gamma))(k+R_B+R_W)-\phi k-\varphi R_W}{(1-(\phi+\varphi+\gamma))(1-h)+\gamma+\phi h}\right. \\ \left(2\dfrac{(1-(\phi+\varphi+\gamma))(k+R_B+R_W)-\phi k-\varphi R_W}{(1-(\phi+\varphi+\gamma))(1-h)+\gamma+\phi h}-1\right) \end{array}}$$

$$-a_W-1$$

从上式可知，经营者的努力程度和税率之间负相关，即税率越高，经营者的努力程度越小，当税率为 100% 时，除非有其他的收入，否则经营者就会退出企业的经营管理。因此，个人所得税的开征一般采用累进税率，对收入较低的人适用的税率低，但是从经营者的角度讲，由于其收入普遍偏高，课以重税会导致人才的流出，不仅是从企业流出，还会从一国流出，这使得各国在对人力资本所得的课税上，一般给予很多的税收优惠政策。

（3）工资的社会保险税效应。

除了发挥工资的激励效应外，企业还会为员工支付一定的社会保险，这种保险包括两个方面：一是强制性的社会保险，即我们通常所讲的社会保险税（我国叫社会保险费）；二是补充性的社会保险，即企业年金。这两种社会保险都起到了一定的激励作用。而且和纯粹的个人所得税不同的是，它们一般由企业和个人共同负担，由于社会保险税用于劳动者将来养老，因此其本质是劳动者现在消费和以后消费的选择，也就是跨期收入的问题。因此，社会保险税对劳动者的工作水平的影响一般是积极的，除非劳动者的预期收入好，否则他们更愿意在有社会保险的企业工作（对普通职工的影响更明显）。

因此，社会保险税对企业的治理发挥了正效应，通过该税的课征，能够更好地促进企业的内部管理。

总之，税收不仅影响了流向股东和债权人的现金流，还影响了流向经营者和职工的现金流。由于个人所得税的存在，使企业流向利益相关者的现金流和他们实际得到的现金流之间增加了一个税收楔子，从而产生了税收的收入效应和替代效应，影响了这些利益相关者的行为决策。为了保持原来的利益，这些利益相关者要么减少对企业的投入，要么向企业施加压力，争取更多的剩余分配权。特别是经营者可以凭借自身的优势，通过增加在职消费等手段变相增加获得企业剩余的能力，其影响力甚至达到了"内部控制"的地步。下面我们用所有权状态依存性模型加以分析。

根据张维迎（1996）的方法描述企业所有权安排模型：在增加了税收因素的影响后，该模型为：若企业处于 $(EBIT - K_b \times B) \times (1 - T_C) \times (1 - T_g) \times (1 - b) + K_b \times B \times (1 - T_b) + R(W) \times (1 - T_M) + R(W) \times (1 - T_W) < TR - N - D \leqslant (EBIT - K_b \times B) \times (1 - T_C) \times (1 - T_s) \times b + (EBIT - K_b \times B) \times (1 - T_C) \times (1 - T_g) \times (1 - b) + K_b \times B \times (1 - T_b) + R(W) \times (1 - T_M) + R(W) \times (1 - T_W)$，则股东在公司治理中处于支配地位；若企业处于 $R(W) \times (1 - T_M) + R(W) \times (1 - T_W) \leqslant TR - N - D < (EBIT - K_b \times B) \times (1 - T_C) \times (1 - T_g) \times (1 - b) + K_b \times B \times (1 - T_b) + R(W) \times (1 - T_M) + R(W) \times (1 - T_W)$ 状态时，则债权人处于支配地位；若 $TR - N - D < R(W) \times (1 - T_M) + R(W) \times (1 - T_W)$ 时，则职工处于支配地位；若 $TR - N - D \geqslant (EBIT - K_b \times B) \times (1 - T_C) \times (1 - T_s) \times b + (EBIT - K_b \times B) \times (1 - T_C) \times (1 - T_g) \times (1 - b) + K_b \times B \times (1 - T_b) + R(W) \times (1 - T_M) + R(W) \times (1 - T_W)$ 时，则经理处于支配地位。从以上分析可知，在增加了税收因素后，随着企业收入状况和向利益相关者分配的税后剩余的不同，企业的所有权安排处于动态的相机抉择过程。

第5章 企业税收效应优化分析

在对企业税收效应的自然属性和社会属性进行了分析后，本章转入企业税收效应的优化分析。所谓优化企业税收效应也就是对现有的税收制度进行改革或改良，建立起最大限度符合当前的环境条件及企业税收利益相关者利益选择的税收制度，促进企业优化资源配置和企业治理结构的健康、良性发展，从而实现企业及其利益相关者和政府的目标双赢。

5.1 企业税收效应优化理论解读

从税收思想产生之日起，税制优化思想就存在于各种税收思想的著作之中。但早期关于税制不断改善、优化的理论、方法和观点未成体系，较为零散，直到 20 世纪才真正形成独立的理论体系，成为公共经济学中的一个重要的组成部分。按照税制优化理论的发展顺序、基本思想和政策主张，西方税制优化理论可以划分为三大比较有代表性的理论流派，即最优课税论、供给学派的税制优化理论和公共选择学派的税制优化理论，这三大理论在西方的税收理论中占据了较重要的位置，对税制优化的政策实践产生了直接的影响。

5.1.1　企业税收效应优化理论的回顾

1. 最优课税论（theory of optimal taxation）

最优课税理论是 20 世纪 20 年代发展起来的，到 20 个世纪 70 年代初达到鼎盛时期。目前，最优课税理论已经占据当代西方税收理论的主流地位，并成为各国税制改革的主要指导思想。简单来说，最优课税是研究如何以最经济合理的方法征收某些大宗税款的理论。它是以资源配置的效率性和收入分配的公平性为准则，对构建经济合理的税制体系进行分析的学说，其核心是探讨如何权衡课税的公平与效率之间的问题。

最优课税论是在一系列假设前提下展开研究的，其中最重要的假设有三个：（1）完全竞争市场假设。在这个市场上，不存在垄断、外部性、公共产品、优效品与劣效品、规模受益递增或其他导致市场失灵的因素，市场机制能够有效地配置资源。（2）行政管理能力假设。即政府有无限征管能力，除总量税外，使用任何税收工具都不受政府行政能力的制约，且行政管理费用相当低廉。（3）标准福利函数假设。该假设给出了衡量最优税制的目标，即实现社会福利最大化。这个指标既可以指个人，也可以指社会。如果针对个人，则是指个人的效用水平；如果针对社会则是个人效用水平汇总得出的社会福利。当然，还有其他一些假设条件，如个人的偏好可通过市场显示等。

在上述假设条件前提下，最优课税理论认为，政府不可能不费代价地征集到所需要的收入，这种代价集中地体现为税收干预资源配置产生的经济效率损失，即所谓的超额负担。故政府税收理论都应致力于寻找一种最优税收工具，这种税收工具在能够筹集既定数量政府收入的前提下，产生最低限度的超额负担。就其基本内容而言，主流学派的最优课税理论体系有三大核心学说。

（1）最优商品税理论。最优商品税理论主要探讨这样一个问题：如果政府只能以商品税作为筹集既定收入量的工具，怎样的一套商品税才能使超额负担最小化从而使资源配置效率达到最优？对此，西方税收理论界有两种答案：一种认为最优商品税是对所有商品征收单一税率的商品税，因为单一税率不影响相对价格，而差别税率会扭曲相对价格，故单一税率为最优；另一种答案是弗兰克·拉姆齐（1927）提出的，他认为最优商品税可以具有一套差别税率结构，欲使税收的超额负担最小，关键在于税率的高低应当与该商品供求的价格弹性成反比，即逆弹性法则，又称拉姆齐法则。逆弹性命题的含义表明，一种商品的需求弹性越大，征税的潜在扭曲效应也就越大。因此，最优商品课税要求，对弹性相对小的商品课以相对较高的税率；对弹性相对大的商品课以相对较低的税率。如果对无弹性或低弹性商品（如食品）采用高税率征税，会使总体超额负担最小化，是一种最优税制。

（2）最优累进所得税理论。威廉·维克里（1946）直接从不充分信息对优化税制设置的约束条件和效率与公平两大原则并重条件对经济行为主体的激励作用进行分析。他首先论证了累进所得税对劳动力供给与个人工作努力的负面影响，创造性地建立了使所得税效率与公平目标达到相对均衡的模式。该理论认为，在政府目标是使社会福利函数最大化的前提下，社会完全可以采用较低累进税率的所得税来实现收入再分配，过高的边际税率不仅会导致效率损失，而且对公平分配目标的实现也无益。从相当意义上说，维克里的研究思路实际上是现代税制优化理论的真正出发点。

米尔利斯在维克里的"效率—公平模式"的基础上给最优所得税结构问题提供了一种更精确的系统说明，提出了"倒 U 型"最优所得税率，即从社会公平与效率的总体角度来看，中等收入者的边际税率可以适当高些，而低收入者和高收入者应适用相对较低的税率，拥有最高所得的个人适用的边际税率甚至应当是零。这一结论基于这样的判断：在同样的效率损失情况下，政府通过提高中等收入者的边际税率，从较为富裕者那里取得更多的税收收入，而通过降低最高和最低收入者的边际税率，增加这一群体的福利，从而既能实现帕累托改进，又能促进收入分配公平。

（3）生产效率的税收条件理论。该理论讨论的问题是政府怎样征税才能保证生产的高效率。根据帕累托效率理论，任何一种产出税（如商品税）或要素税（如所得税）若不是对所有厂商都统一征收，则必然导致生产的低效率。但政府除了征收商品税外，还课征公司税、关税、投入税和其他对生产有扭曲作用的税。此时，为了保证生产的高效率，在商品税方面应具备什么样的条件？又在什么条件下，政府有必要征收这些扭曲性税收呢？这就是生产效率的税收条件理论所探讨的核心问题。

许多经济学家从不同角度分析了直接税（所得税）和间接税（商品税）的优劣，一般认为所得税是一种良税。但差别商品税在资源配置效率方面是所得税不能取代的：一是由于所得税不能对闲暇课税，故政府才利用商品税对闲暇商品课征高税，以抑制人们对闲暇的消费；二是由于经济活动存在负的外部性，故政府才通过征收差别商品税使各项经济活动的私人成本等于社会成本，以使社会资源得到更合理的配置。

所以，最优课税理论首先承认无论是商品税还是所得税都有其存在的必然性。其次，最优课税理论认为，税制模式的选择取决于政府的政策目标。一般而言，所得税适用实现分配公平的目标，商品税适用实现经济效率的目标。政府的政策如果以分配公平为主，则选择所得税为主体税种；如果以经济效率为主，则选择商品税为主体税种。所以，一国税收制度最终实行何种税收模式，要取决于公平与效率目标间的权衡。

2. 供给学派的税制优化理论

供给学派（the school of supply-sider），顾名思义，强调供求关系中的供给方面，曾于 20 世纪 80 年代初、中期风行于美国，受到决策者的青睐。其主要代表人物有：蒙德尔（Mundell）、拉弗（Laffer）和费尔德斯坦（Feldstein）等。

供给学派认为，在国民经济发展过程当中，供给是主要的方面，其主张政府的经济政策应以有效地刺激供给、提高生产效率作为出发点和基本目标。因此，以税收刺激供给是供给学派税制最优理论分析的重点。供给学派认为，税收制度、政府支出和货币政策都会影响人们从事某项活动的吸引力，进而影响到储蓄、投资和劳动供给。在各种刺激供给的手段中，税收被认为是最有效和最重要的手段，其中最关键的因素又是降低边际税率，因为正是边际税率决定着人们从事经济活动的税后净收益率，影响人们从事该项活动的经济动因。因此，减税形式的选择对于刺激供给的有效性来说是个十分重要的问题。只降低边际税率而不降低平均税率的减税形式不仅不会影响政府筹集必要的收入，还会对刺激供给增加有明显的效果。因此，供给学派强调降低边际税率，特别是边际税负过高的超额累进税率，并同时对尽可能广泛的税基征税，有利于消除公平目标和效率目标的冲突，减少市场扭曲，发挥刺激储蓄和生产、促进经济增长的作用。那种仅仅降低税负而没有降低边际税率的减税，只能起到增加纳税人税后收入和刺激需求的作用，对鼓励工作和储蓄、抑制休闲和消费是无效的。

在如何优化税负方面，供给学派给出了著名的拉弗曲线（见图 5 - 1），即通过税基税率与税收相互关系的研究，揭示了税负有一个临界点（即最佳税率 t_A），在这点上既可获得最高数额的税收（T^*），又不会阻碍经济增长。

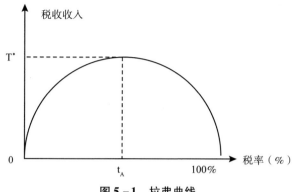

图 5 - 1　拉弗曲线

在这个税率以下，税率增高的幅度大于税基减小的幅度，增加税率可以增加税收收入；而在临界点 t_A 以上，税率增高的幅度小于税基减少的幅度，提高税率会使税收收入减少。这说明，税负过高和过低都不好。税负过低，就不能满足政府的正常开支需要；税负过高，则不仅不会增加收入，反而会制约经济的发展。作为理论上的原则要求，从质上说，适度税负兼顾财政的正常需要和经济的现实可能；从量上说，就是力求使宏观税负落在或接近拉弗曲线上的"最佳点"。

其社会经济意义在于，对政府税收而言，决定税收收入总额的因素不只是税率的高低，还要看税基（国民收入）的大小。提高税率不一定都会使税收收入增加，有时反而减少税收收入。因为税率过高，税收负担加重，经济主体的活动受到限制，将因无人愿意从事工作和投资而导致社会经济出现下滑趋势。而政治家的任务就是找到这一最佳税率点。20 世纪 80 年代西方各国运用这一理论进行税制改革，曾取得了较好的效果。

3. 公共选择学派的税制优化理论

公共选择学派（the school of public choice）又称"政治学的经济理论"，布坎南（Buchanan）被认为是该学派的杰出代表，其基本特点是以经济学的市场行为分析法分析个体选择形成的社会选择的政治过程，致力于说明由于同市场失灵相对应的政府失灵的存在，市场失灵不是把问题交给政府去处理的理由。

　　和以往传统研究方法不同的是，公共选择理论分析采用的是契约主义的财政观。该观点把个人作为分析的单位，认为国家并非一个单位实体，而是在特定的制度背景下相互影响、具有有限理性并追求利益极大化的个人契约的组合体。按照这一观点，分析个人市场行为的经济学方法同样适合于分析政治市场。①

　　如同在经济市场中的情形那样，参与公共选择的个人也是利己的、具有有限理性的个人，他们依据自己所掌握的不充分的、不完全的信息和个人偏好，以最有利于自己的方式做出自己的选择。公共选择就是在个人自由表达意愿的基础上形成的，是社会中的人们在自身利益的基础上进行自由选择和自愿交换，表达所需要的政治过程的结果。因此，公共选择的基础只能是个人偏好和个人函数，不可能是社会福利函数，对公共政策的选择也是看个人意见是否一致，一致性程度越高，效率越高。然而，考虑到政治交换过程的交易成本，实际生活中可以采取某种近似一致规则或某种小于一致的选择规则（如少数服从多数规则），即在理论上应追求一致性规则。

　　基于以上基本思想的指导下，公共选择理论认为，最优的税收工具就是参与公共选择的人们能够至少在理论上获得一致同意的那种税收工具，这样的税收工具，必须联系收入和支出过程。因为只有当纳税人预计到他们从政府那里享受到的公共服务利益大于其通过税收转移给政府的资源价值时，才会愿意纳税。因此，要建立优化的税制，还必须对税收转化为公共支出的过程进行研究和确认。否则，这种税收制度绝不会优化。基于以上认识，公共选择理论认为最优的税收制度是指这套税收制度产生的收入所提供的公共产品，以及该税制所分摊给每个纳税人的税收份额，能获得纳税人广泛的一致赞同。②

---

① 尹音频：《资本市场税制优化研究》，中国财政经济出版社 2006 年版，第 79 页。
② 王雍君：《税制优化原理》，中国财政经济出版社 1995 年版，第 243 页。

维克塞尔（1896）在其论文《财政理论研究》中设想了对"公平"税制的设计，这种"公平"税制的理论基础是边际效用理论在公共部门的应用。他认为，税收通过政治程序对个人或利益集体进行分配，应当求得国家付给个人的边际效用等于个人因纳税而损失的财富的边际效用。换一个角度来说，纳税人根据自己对公共用品数量的效用判断和承担相应的税收份额的意愿，在交换中选择最佳的公共用品数量和税收份额配对，达成一种每个参与者都能一致接受的协议。[①]

尽管以上理论并不是针对企业税制优化提出的，但是作为国家税收制度的主要组成部分，这些理论中税制优化的思想和原则是适合企业税收效应优化的理论标准的。

5.1.2　企业税收效应优化理论的思考

西方的税制优化理论对我们研究企业税收效应的优化具有重要的指导意义，但是也有值得商榷之处。

1. 关于税收超额负担最小化的思考

最适课税论的核心就是超额负担最小化的课税观。西方税收理论认为，课税虽然产生了收入效应和替代效应，但是对资源配置产生扭曲作用的是替代效应而非收入效应，税收替代效应的存在产生了税收的超额负担。因此，最适课税论认为但凡引发替代效应的税收都是非优税收。

我国的学者对这一问题进行了探析，认为应该辩证地看待替代效应的问题。岳树民教授（2003）指出在不同的经济条件下，课税有可能会产生正的替代效应，带来"额外收益"；[②] 尹音频教授（2006）指出，合理的课税会带来正的替代效应，产生额外收益，反之，则带

---

① 王雍君：《税制优化原理》，中国财政经济出版社 1995 年版，第 243 页。

② 岳树民：《中国税制优化的理论分析》，中国人民大学出版社 2003 年版，第 19 页。

来超额负担;[①] 正如哈维·罗森在其《财政学》一书中提到的一样，"一般对税收额外负担的分析是假定经济中除正在考虑的税外，没有其他扭曲因素。但在现实中，开征一种新税时，已经有其他扭曲因素，如垄断、外部影响和已经开征的其他税。这样，对课税的效率损失问题就要重新评估。"[②]

除了要坚持税收替代效应的辩证观外，税收的收入效应的存在除了减少了人们的可支配收入外，就真的对经济没有任何副作用。尹音频教授（2006）在研究资本市场的税制优化问题时指出，税收的收入效应要适度，过度的收入效应同样会挫伤劳动的积极性，减少对劳动的供给。"背弯"的劳动供给曲线就很形象地说明了这一问题。

因此，我们以为，在对企业课税势在必行的情况下，进行企业税收效应优化时应辩证地看待税收的替代效应和收入效应的问题。

西方的税制优化理论大多是在严格的假设条件下得出的结论。因此在实际运用中必须考虑到这些前提条件对其的影响，不能当作一般原理，实际运用到税制设计时更要谨慎。例如，最优课税理论的主要假设前提之一就是完全竞争市场，其严格性在现实生活中几乎不存在，更与我们大多数的发展中国家的经济现状不相符合，因此我们在具体设计税制时应把这些考虑在内。

2. 关于适度课税的思考

正如亚当·斯密所说，"赋税造成的人民负担，往往比它造成的国家利益大得多"，因此，"一切赋税的征收，须设法使人民所付出的，尽可能等于国家所收入的"。[③] 西斯蒙第指出，一切赋税必须以收入而不是以资本为对象，对前者征税，国家只是支出个人所应支出

---

① 尹音频：《对资本市场税收管理机制的认识》，载于《海外税务》2006 年第 10 期，第 5 页。

② 哈维·罗森：《财政学》，中国财政经济出版社 1992 年版，第 399 页。

③ 亚当·斯密：《国民财富的性质和原因的研究》下卷，商务印书馆 1974 年版，第 385～386 页。

的东西；对后者征税，就是毁灭应该用于维持个人和国家生存的财富。供给学派的拉弗曲线理论对适度课税做了最经典的诠释，认为适度的税负应满足实现税收与经济双增长的要求，即税收收入并不总是与税负成正比。我们认为，相对于企业而言，坚持适度课税观更有益于企业的发展，它是我们进行优化企业税收效应必须坚持的理念。

3. 关于宪政课税的思考

宪政课税的思想是公共选择学派税制优化的核心观念，该学派认为，宪法赋予了人民参政的权力，政府的课税应当反映人民的意愿。对于税制的优劣评判只能由参与公共选择的个人一致统一赞同的程度来决定，因此，最优税收无非就是理论上能获得一致赞同的税制。一致赞同的程度越高，税制就越有效率，公平的程度越高。

因此，如果找不到大家一致同意的税制来取代决定目前的资源配置和制度安排现状的税制，就不能说目前的税制是次优的。只有当每个人都同意某种税制来代替目前的税制时，新税制才具有优化的性质。

笔者认为，在企业税收效应优化的过程中坚持税收的立宪性是解决各个利益相关者矛盾冲突的关键，正如马克思契约观所提出的，契约最终要通过强制性的法律制度加以规范。因此，在企业税收效应优化的过程中，必须坚持宪政课税观。

除此以外，西方的税制优化理论虽然提供了设计良好的税制标准，但这些理论标准必须要适应特定国家的经济、政治、管理、文化、历史等各方面的实际条件，才能最大限度地发挥理论上具有的意义。否则，适应所有国家的一些平均的、抽象的混合概念在特定国家的具体实践中也用处不大。

5.2　企业税收效应优化的动因

在对税收优化理论进行了回顾和思考后，值得我们深思的一个问题是，为什么要进行税制优化，进行税制优化的根本动因是什么？从上述三种理论可以看出，最优课税论给我们指出了税制优化的根本原因，即课税带来了效率损失；供给学派给我们指出了税制优化的适度标准，但其隐含的条件同样回到了物质层面，即过高的税负会挫伤一国国民的积极性，反而会降低税收收入；公共选择理论更多的是从宪政的角度考虑税制的优化，我们认为该理论更多地偏重了税制优化的过程，但是这种税制的"立宪性"仍然离不开其物质层面的考量。

因此，笔者认为，优化税收的根本动因是课税带来的效率损失问题。无论是从企业整体还是从企业的税收利益相关者角度看，课税不仅直接减少了纳税人的既得利益，而且带来了"超额负担"。因此，在这一节中，我们首先对企业税收带来的效率损失加以界定，以便展开后面问题的分析。

5.2.1 企业税收效率损失辨析

企业税收效率从根本属性讲是资源配置和制度安排的问题，即课税导致了资源配置的劣化影响了税收制度的正常运行。

1. 经济效率损失

关于资源配置的劣化，西方税收理论认为无论是税收产生的收入效应还是替代效应都是税收导向的经济行为，都是对市场资源配置的一种干扰。[1] 但税收的收入效应不干扰相对的价格，仅仅降低了纳税人的可支配收入，不产生额外的额外的效率损失；而税收的替代效应则是造成效率损失的最主要原因。税收的替代效应改变了市场的相对价格，扰乱了原有的资源配置条件，使资源由效率高的部门流向效率低的部门，造成资源配置的劣化。

---

[1] 王传纶、高培勇：《当代西方财政经济理论》，商务印书馆1995年版，第333页。

　　那么，是否只有替代效应造成了超额负担？是否替代效应的存在就必然产生超额负担？正如前面关于"超额负担最小化的思考"所提到的，我国学者在研究超额负担时，对其内涵进行了拓展。岳树民教授（2003）深入研究了税收产生的"额外收益"问题，认为应该辩证地看待税收的超额负担；尹音频教授（2006）在研究资本市场的税收负担时提出"超额税收"的概念，提出了税收的收入效应同样会带来损失的观点，从"过度收入效应"和"负替代效应"两个角度全面分析了资本市场的效率损失问题。

　　上述学者在批判、吸收西方税收理论的基础上，拓展了超额负担的分析：（1）认为不仅替代效应会产生效率损失，过度的收入效应同样会带来效率损失。"从局部均衡的角度看，只产生收入效应的课税（如总归税）不会破坏效率条件，只是减少了纳税人的收入水平。然而，我们认为，在适度的范围内，这种税具有激励作用，例如，总归税的征收减少了纳税人的收入，会使一部分纳税人为了弥补税后收入的下降，而增加劳动时间，减少闲暇。但在过度的范围内，这种税就会有抑制作用。……因此，产生过度收入效应的税收回降低纳税者的效用，也可能造成社会效率的损失。"[1]（2）合理的替代效应会带来"额外收益"。所谓税收的"额外收益"是指"政府课税改变了市场相对价格，使生产者、消费者的决策发生变化，改变了既定的资源配置格局，从整个社会范围看，资源的配置更为有效，使整个社会取得了政府税收收入之外的收益。"[2]

　　从以上两位学者的研究可知，我们要辩证地看待税收的收入效应和替代效应，在企业税收效应优化时，尽量将收入效应限制在适度的范围内，同时发挥替代效应的积极作用。我们在进行企业税收效应的分析时，仍然从效率损失入手，考察企业税收带来的经济效率损失。

---

[1]　尹音频：《资本市场税制优化研究》，中国财政经济出版社 2006 年版，第 131 页。
[2]　岳树民：《中国税制优化的理论分析》，中国人民大学出版社 2003 年版，第 19 页。

2. 制度效率损失

一般在进行税收效率损失分析时，主要分析税收的经济效率损失，即分析税收对企业及其利益相关者资源配置的影响，而对税收造成的制度效率损失关注较少，主要是对征管带来的纳税人的遵从成本和政府的征管成本进行分析。笔者认为，企业税收的制度效率损失不仅表现为这两个方面，还包括在课税过程中税收的恶性竞争和税收寻租带来的税收制度的低效运行，即从企业税收的社会属性分析课税带来的效率损失。

总之，由于企业税收运动几乎涉及生活中的每个人，无论是从自然属性还是社会属性上看，企业税收的影响都是巨大的。因此，我们不仅要看到课税带来的资源配置方面的效率损失，还要看到课税带来的制度安排方面的效率损失。资源配置方面的经济效率损失包括三个方面：一是纳税人缴纳的税款；二是因缴纳税款流出的现金产生的机会成本；三是征税过程产生的"超利润税收"。制度安排方面的效率损失包括两个方面：一是在税收征管过程中带来的效率损失；二是税收竞争和税收寻租活动带来的效率损失。

5.2.2　企业税收效应的经济效率损失分析

1. 企业税收经济效率损失的界定

企业税收带来的经济效率损失主要是指税收不仅减少了企业的既得利益，而且带来了超额损失，扭曲了企业内外部的资源配置。

目前国际上通行的做法是采用实际税率（ETR）（有效税率）来衡量企业的税负，ETR 包括平均实际有效税率（AETR）和边际实际有效税率（METR）。但是，仅仅用有效税率来衡量企业的经济效率损失显然不够，有效税率只是反映了所得税的负担问题，而对于流转税[①]没有涉及。原因在于，理论界一直认为对企业课征的流转税，企业可以通过价格将其转嫁出去，企业最终没有负担这笔税款。暂且不论流转税的转嫁要受很多因素的制约，税金的缴纳对于企业来讲本身就是一个刚性的现金流出，无论以后能否转嫁，转嫁的程度有多大，在交纳税金这个环节，企业就已经损失了。

这种损失主要体现在以下几个方面。

（1）企业现金流的损失。我们从现金流的角度来分析这个问题。无论企业追求的目标是什么，最终都要落实到企业的现金流上，企业生存与否的关键不在于有没有盈利，而在于是否有足够的现金流进行投资、偿还各种债务。对于企业来讲，其缴纳的税金是无偿的现金流出，这个流出没有对应的资产，等于企业凭空少了一笔现金。这个现金损失包括税额本身以及这笔现金给企业带来的收益。用 T 表示税款，r 表示社会平均利润率，税款的缴纳带来的损失为 $T \times (1 + r)$。比较典型的例子是，在采用进项税额进行抵扣时，从原材料或劳务购进到税款抵扣是有一段时间的，这段时间在已经付款的情况下必然占用了企业的资金，企业损失了这笔资金带来的收益（如利息）。如果企业不付款，就会给以后的采购带来信用危机，同样会造成损失。

从流转税本身的性质讲，流转税不仅带来了现金流出的损失，在税负不能完全转嫁的情况下还带了"超利润税收"。以消费税为例，设企业甲的流转额为 A，所有的成本为 B，消费税税率为 t_1，所得税税率为 t_2。在只有所得税没有消费税的情况下，假设应纳税所得额和利润总额一致。在 A > B 的情况下，则企业缴纳的所得税为：$T_2 = (A - B) \times t_2$；用 NP 表示税后利润，则 $NP = (A - B) \times (1 - t_2)$；在 A = B 的情况下，为企业的盈亏临界点；在 A < B 的情况下，企业是

① 对流转税的拓展，苏筱华（2001）研究过增值税的负担；屈幼姝、谢波峰（2006）从社会成本的角度提出了广义成本法，认为企业税负还应包括增值税等流转税和其他辅助税种。

亏损的，企业不再缴纳所得税，也就没有产生超利润损失。

在同时征收所得税和消费税的情况下，企业先要缴纳消费税，再交所得税，则有：

消费税税额：$T_1 = A \times t_1$；所得税税额：$T_2 = (A - B - t_1) \times t_2$。企业的净利润为：

$$NP = (A - B - T_1) \times (1 - t_2) = (A - B) \times (1 - t_2) - A \times t_1 \times (1 - t_2)$$

从以上公式我们可知，即使在 $A < B$ 情况下，企业没有利润或者是亏损，但是企业仍然缴纳了消费税。此时的盈亏临界点为：

$$B = A \times (1 - t_1)$$

所以费用可以分为 $[0, A \times (1 - t_1)]$、$[A \times (1 - t_1), A]$、$[A, \infty]$ 三个区间讨论：

第一，当 $0 < B < A \times (1 - t_1)$ 时，在没有消费税的情况下，企业缴纳的税金为 $(A - B) \times t_2$；而在两税同时存在的情况下，企业交纳的税额为 $(A - B) \times t_2 + A \times t_1 \times (1 - t_2)$，此时明显比所得税下的税负重。

第二，当 $A \times (1 - t_1) B < A$ 时，所得税下的税额为 $(A - B) \times t_2$；两税条件下的税为 $A \times t_1$。此时在所得税下是盈利的，而在两税下是亏损的。

第三，当 $A < B < \infty$ 时，因为没有利润，企业不用再缴纳所得税，但是仍然要缴纳消费税。

在第一种情况下，由于企业在两税条件下有盈利，所以征收流转税是可行的；在第二种情况下，企业还可以承担；在最后一种情况下，企业即使亏损仍需缴纳消费税，无疑加重了企业的负担，当然，前提条件是企业的费用支出是符合法律法规的。

企业因处理税务而聘请办税人员、税务代理等中介机构花费的费用也属于企业因交纳税金承担的损失，即纳税人的遵从费用也应该纳入企业的显性损失。

考虑到上述因素，企业的显性损失为：$\sum T \times (1 + r) + C_1$。该公式表示为: 企业缴纳的税收总额和机会成本, 其中 r 为社会平均利润率, 在没有社会平均利润率的情况下, 也可以用国库券利率或银行利率代替, C_i 为企业花费的遵从费用。

综上所述, 无论是从现金流的角度, 还是从 "超利润税收" 的角度以及遵从费用的角度来讲, 课税给企业带来的显性损失都要多于税款。再者, 流转税以及财产税和行为税等一些小税种的设置不当的话, 同样会给企业的生产经营带来负面作用, 导致因需求不足带来的经济萎缩。所以, 对企业税负的研究不仅包括所得税的研究, 还应包括流转税, 即采用广义的税负衡量方法。

(2) 隐性损失。所谓隐性损失是指课税给企业及其利益相关者带来的超额负担。

第一, 从企业的角度看, 由于收入效应和替代效应的存在, 课税会减少企业对所课项目的生产或者是购买, 企业会转向无税项目的生产或者是用无税的生产要素替代被课税的生产要素。这需要大量的成本: 首先, 企业在调整以前需要花费大量的财力进行战略调整、市场调查、产品的开发等一系列活动; 其次, 资金的减少给企业带来财务方面的困难, 影响了其的投资能力, 企业的资本结构可能要随之调整, 如果课税前的企业生产能够给社会带来正的 "外部性", 则对其课税扭曲了资源的配置, 降低了社会福利水平。

第二, 从消费者的角度看, 一方面课税产生了替代效应, 消费者的选择是要么减少消费, 要么寻找替代品, 改变了消费者税前额均衡条件, 在收入不变的情况下, 降低了消费者的效用; 另一方面, 课税降导致消费者的收入相对减少, 在一定程度上会刺激消费者更加勤奋工作, 但是如果超出一定限度, 可能会出现类似英国 "窗户税" 的结局, 人们不去工作了。

企业税收运动产生的显性损失和隐性损失给企业及其利益相关者 (社会) 带来了经济效率损失。我们从微观和宏观两个方面分析企业税收带来的资源配置方面的效率损失。

2. 微观经济效率损失

微观效率损失体现在生产和消费两个方面。尽管企业的相关利益者很多，但是从根本的角度讲，在微观层面上就是生产者、消费者和政府三个团体。对于企业的投资者来讲，如是个人对其课税就符合了消费者的分析框架，如是法人，则符合生产的分析框架。

（1）生产者的效率损失分析。从生产的角度讲，一方面，由于对企业课税减少了企业的现金流，产生了"超利润税收"，扭曲了生产要素的组合，降低了企业的经营能力，而经营能力的降低导致企业营运资金减少；另一方面，企业在差别税收竞争中消耗了大量的交易成本，同样也降低了企业的经营能力，经营能力的降低最终体现为企业的生产剩余减少，福利水平下降。图5－2反映了对企业课税后，企业福利水平下降的情况。

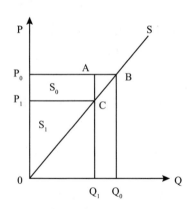

图5－2　税收对生产水平和福利水平的影响

在没有课税以前企业的生产剩余表现为图中 $\triangle P_0 0B$ 的面积，课税后由于企业得到的价格由 P_0 下降到 P_1，企业的生产者剩余表现为图中 $\triangle P_1 0C$ 的面积。课税后企业的生产者剩余减少了梯形 $P_0 P_1 CB$ 的面积。其中，S_0 为企业的缴纳的税款，即显性损失的部分；$\triangle ACB$ 为企业承担的隐性损失。

除此之外，首先由于对生产要素的税收待遇不同，导致了企业生产要素的重新组合，被课税的生产要素因提高了企业的成本被释放出企业，在没有被其他部门吸收以前处于闲置状态，产生了效率损失；其次，课税改变了资源配置的条件，使一部分资源长期滞留在效益低的部门，同样带来了效率损失。

（2）消费者的效率损失。从消费者的角度讲，一方面，课税相对减少了消费者的可支配收入，影响了消费者的效用水平；另一方面，替代效应的存在，使其他商品的价格由于消费者的融入而上升，从而产生了"隐性税收"，最终消费者的效用水平还是降低了。图 5-3 显示了对企业课税后，消费者的福利水平变化情况。

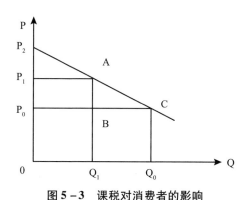

图 5-3　课税对消费者的影响

在没有课税以前图中 $\triangle P_2 P_0 C$ 的部分为消费者的消费者剩余，在课税以后，由于价格的上升，消费者剩余变为 $P_2 P_1 A$ 的面积，消费者剩余减少了梯形 $P_1 P_0 C A$ 的面积，包括消费者负担的税款和承担的超额损失。其中，如果是向消费者征税，则为显性损失；如是生产者转嫁的部分则为隐性损失。消费者剩余的降低势必减少其效用水平，在收入没有改变的情况下，其效用水平会更低。

以上这些因素叠加起来，形成一种叠加效应，扩大了企业课税的负面作用。

（3）部门间的资源配置的效率损失。按照西方的税收理论，为了不影响资源的配置条件，税收要保持其中性特征，但是在现实生活中绝对中性的税收是不存在的，只要存在税收的差别待遇，资源就会不停流动，直到部门间的投资报酬率相等为止。在没有差别税的情况下，由于没有人为的破坏，所以由于资本的趋利性，资源会流向收益高的部门。但是，一旦有了"税收楔子"，就完全改变了原来的条件，资源会由效益高的部门流向效益低的部门，一直到部门的收益率相等为止。我们用图 5-4 来显示税收对资源配置的影响。

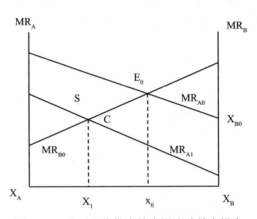

图 5-4　差别税收带来的资源流动效率损失

在没有课税以前，部门 A 和部门 B 的边际收益曲线相交于 E_0 点，此时资源配置达到了均衡，社会总收益为两纵轴和横轴以及边际收益曲线 MR_{A0} 和 MR_{B0} 围成的面积；对 A 部门课税后，税收的边际收益曲线由 MR_{A0} 下降为 MR_{A1}，与 MR_{B0} 的相交于 C 点，此时围成的社会总收益为两纵轴和横轴以及边际收益 MR_{A1} 和 MR_{B0} 围成的面积，和前者相比，社会收益明显降低了图中 S 部分的面积。而且，由图中可知，两部间的税收差别比越大，社会收益下降得越多，额外效率损失也就越大。

3. 宏观经济效率损失

从前面的微观层面的经济效率损失带来的资源流动扭曲可知，税收带来的负效应最终会对一国的经济发展产生影响，通过税收乘数作用扩大税收对经济增长的影响，一倍的税收会带来数倍于税收的国内生产总值（GDP）下降。除此以外，在对生产要素课税时还可能会造成成本推动型的通货膨胀。这些方面都影响了宏观经济的运行，对经济发展产生了负面效应。

5.2.3　企业税收效应的制度效率损失分析

制度效率损失是指在税收征管、税收寻租和竞争过程中由于政府失灵造成的制度效率损失。这种损失主要是由于税收竞争和税收寻租带来的负面效应造成的。谷口和繁[①]对国际税收竞争的负面效应进行了比较全面的研究，认为税收竞争带来了：（1）扭曲了税负，加大了不公平；（2）扭曲国际资本的流动；（3）侵蚀了各国的税基；（4）增加了征税成本。反映到一国内，税收竞争以及税收寻租同样扭曲了一国的资源流动、侵蚀了税基、降低了税收征管的效率和市场机制运行的效率，从而导致整个国家内部的福利水平下降。

1. 企业税收征管的效率损失

在研究税收征管的效率损失时，一般是从征税的成本来讲，即如何将课税的行政成本降到最低。政府作为企业税收的利益相关者，参与企业的剩余分配，而且对企业的利益相关者的课税减少了企业及其他利益相关者的既得利益，这种征纳双方的利益对立产生了利益的博弈，下面我们用博弈论的方法分析这种利益对立关系，探析税收征管

---

①　谷口和繁著，顾红译：《国际间的税收竞争与 OECD 的实施对策》，载于《税收译丛》1999 年第 1 期，第 38 页。

中的效率损失。

（1）一般分析。

①假设：企业的策略选择为偷税与不偷税，税务机关的选择为检查与不检查。假定：税务机关一旦检查，就能查出偷税行为；检查成本与应纳税款没有相关性；不存在寻租行为。我们用 T 表示应纳税款，C 表示检查成本，F 表示罚款，$C < T + F$。同时，假定企业偷税的概率为 R，税务机关检查的概率为 U。

②税务机关的策略选择。假设给定纳税人偷税的概率 R，税务机关选择检查的概率为检查（$U = 1$）和不检查（$U = 0$）的收益分别为：

$$EG(1, R) = (T - C + F) \times R + (T - C) \times (1 - R) = R \times F + T - C$$
$$(5 - 1)$$

$$EG(0, R) = 0 \times R + T \times (1 - R) + T \times (1 - R) \quad (5 - 2)$$

令 $EG(1, R) = EG(0, R)$，$R = C/(T + F)$，则税务机关的最优策略为：当 $R > C/(T + F)$ 时，不检查；当 $R < C/(T + F)$ 时，检查；当 $R = C/(T + F)$ 时，随机选择检查与不检查。

③给定税务机关检查的概率 U，纳税人选择的策略为偷税（$R = 1$）和不偷税（$R = 0$），则纳税人的收益为：

$$EP(U, 1) = -(T + F) \times U + 0 \times (1 - U) = -(T + F) \times U \quad (5 - 3)$$

$$EP(U, 0) = -T \times U - T \times (1 - U) = -T \quad (5 - 4)$$

令 $EP(U, 1) = EP(U, 0)$，则 $U = T/(T + F)$

纳税人的最优策略为：当 $U > T/(T + F)$ 时，偷税；当 $U < T/(T + F)$ 时，不偷税；当 $U = T/(T + F)$ 时，随机选择偷税与不偷税。

因此，混合策略的纳什均衡是 $U^* = T/(T + F)$，$R^* = C/(T + F)$。即税务机关以概率 $T/(T + F)$ 的概率检查，纳税人以 $C/(T + F)$ 的概率偷税。税务机关降低偷税概率的办法是提高检查率、加强惩罚力度，也就是加大纳税人的偷税成本，减少纳税人的违法行为。

（2）扩展分析。

前面的假设是不存在寻租行为，现在我们扩展到企业会采取寻租行为的情况，则有以下条件：纳税人偷逃的税款为 T，其偷逃税行为在被检查时查获的概率为 P，查获后应缴的罚金为 F，滞纳金为 V，查获后用于寻租（如贿赂、求情等）以减轻处罚的支出为 C，纳税人偷逃税行为的预期收益为 E，这里，影响预期收益的因素有 T、P、F、V（假定 T 和 P 是独立变量），则纳税人偷税的预期收益为：

$$E = T \times (1 - P) - (T + F + V) \times P = T \times (1 - 2P) - (F + V) \times P$$

$$(5 - 5)$$

现在来看纳税人的选择：第一，给定 P，若 E > 0，即 F + V < T × (1 - 2P)/P，则偷税的预期收益为正值，偷税行为在经济上是值得的。则纳税人就有偷税的经济激励因素。这时纳税人不一定偷税，其是否偷税取决于纳税人的税法遵从度和经济伦理道德状况。若 E < 0，即 F + V > T × (1 - 2P)/P，则偷税的预期收益为负值。这时若再无其他因素的影响，偷税行为在经济上是不值得的，不存在偷税的经济激励因素。但这时纳税人不一定选择不偷税。其是否选择偷税还取决于另一因素，即纳税人是否可以进行寻租。若纳税人没有寻租的途径，则这时纳税人的偷税行为是完全不经济的，纳税人不会选择偷税；若纳税人具有寻租的途径，则纳税人是否选择偷税还要看寻租支出 C 和偷税支出 T + F + V 之间的关系。若 C > T + F + V，则纳税人不会选择偷税，因为这时偷税行为是完全不经济的；若 C < T + F + V，即寻租支出小于偷税被查获的支出。则纳税就具有了偷税的经济激励因素，这时纳税人的决策环境就和 E > 0 时一样了。

同理，给定 F 和 V。E > 0，P < T/(2T + F + V)；E < 0，P > T/(2T + F + V)。这时纳税人的决策过程和给定 P 时一致。通过以上分析可知：纳税人只有在偷税的预期收益 E > 0 时，或虽然偷税的预期收益 E < 0，但事后纳税人有寻租的可能且寻租支出 C < T + F + V 时，才有偷税的内在经济激励。因此，在这一分析中，在 P 和 T 一定的情况下，提高对偷税行为的惩罚（F 和 V）或在 F、V 和 T 一定的情况下，提高税收机关对偷税查获的概率 P，将是降低或消除纳税人偷税

的内在经济激励的有效对策［当然也可以同时提高对偷税行为的惩罚（F 和 V）和查获的概率 P］。同时，有效地堵塞或减少纳税人寻租的途径也会大大减少偷税的预期收益，减少偷税行为的发生。

2. 其他制度方面的效率损失

除了税务机关在管理过程中带来的效率损失外，税收竞争和税收寻租同样也是制度效率低下的表现。

所谓税收寻租是指纳税人通过购买税收政策而寻求直接的非生产利润活动或减少税收负担的行为。一般而言，寻租活动是指政府制定的某些政策扭曲了价格导致某些货物、劳务乃至某些经济特权供不应求，从中寻找套利机会便成为一种有利可图的活动，人们可以排队等候，但是主要方式是通过拉拢和贿赂政府官员来实现的。寻租行为虽然不能直接或间接产生商品和劳务，但是能产生收入和利润，为此消耗的实际资源就是对整个经济构成的一种额外的效率损失。例如，在数量管制和政策保护的情况下就很容易出现寻租活动。我们所讲的税收寻租尽管都是通过一些非法方式来达到赚取额外收益的目的，但是税收寻租活动界定在纳税人为了增加其额外收益或者是为了减少其负担而采取的非法活动。例如，在有大量税收优惠政策的情况下，一些纳税人可能通过拉拢或贿赂税务官员在条件不具备的情况下享有这些优惠政策，或者是通过和税务官员串通来减少税款的缴纳。我们用图 5 – 5 来分析这个问题。

假设企业 1 和企业 2 之间只有税收政策不同，企业 2 享有税收优惠，而企业 1 不享有税收优惠，其他条件相同。图中 P_1 和 Q_1 表示企业 1 获得的税后净价格和销售的数量；P_2 和 Q_2 为企业 2 获得的净价格和销售的数量。从图 5 – 5 中可以看出企业 2 获得利润比企业 1 多面积为 S_2 的部分，原因在于两个企业的税后净价不同，$P_2 > P_1$，而其在市场上的价格相同，所以企业 2 比企业 1 获得的利润多，对企业 1 来讲，课税带来的超额损失不仅仅是图中 △ABC 的面积，还包括 S_2

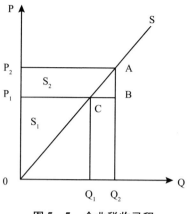

图 5 - 5　企业税收寻租

的面积，这是因为企业 1 会通过向税务人员行贿的方式获得 S_2 这部分超额利润，一直到它付出的成本和 S_2 相等为止。而在寻租过程中企业和政府都没有得到 S_2 的部分，其作为寻租成本消耗掉了。这块损失对经济的扭曲和对资源的浪费、侵蚀更大，不仅关系到经济效率，还关系到行政效率，即制度成本的问题，而制度是影响经济效率的一个关键因素，所以说这种寻租活动带来的危害更大，影响更深，而且难以计量。

在前面的资源配置效应中，我们已经对企业资源配置带来的税收竞争进行了分析，各地政府在通过税收竞争达到本地区发展的目的时更多是以"制度"的形式出现的，而投资者正好可以抓住地方政府急切招商引资的心理要挟政府，从而实现制度的变通。寻租者更是通过制度的缺陷来达到自身的目的。例如，在我国，各地盲目的招商引资造成了大量的资源浪费，而外商"将 GDP 留给中国，将利润带走"的流行语对此做了最好的诠释。

5.3　优化企业税收效应的目标和标准

5.3.1　优化企业税收效应的目标

按照企业税收效应的"二重性",企业税收优化的标准同样也体现了目标的"二重性":从自然属性上讲,税收效应优化的目标是资源配置的目标,即经济目标;从社会属性讲,企业税收优化的目标要有利于协调个利益主体的关系。

1. 优化企业税收效应的经济目标

优化企业税收效应的经济目标是指企业税收的优化应发挥税收替代效应的正面作用,促进资源的优化配置。

无论是从企业的角度讲,还是从整个社会的角度讲,人类社会的发展最终体现为物质利益的极大丰富,满足人们不同层次的需求,提高整个社会的福利水平,而这些目的的达到必须建立在资源优化配置的基础上。因此,企业税收优化的首要目标是资源配置的优化。从企业层面讲,就是企业税收的课征要适度,除了税金的缴纳外,应将其隐形损失降到最低;从整个国家的角度讲,也就是提高经济增长率,促进微观经济和宏观经济的协调发展。

2. 优化企业税收效应的社会目标

优化企业税收效应的社会目标是指通过企业税收的优化,促进税收各相关者利益主体间利益关系的协调。社会目标的实现主要体现了税收的公平性特征。要通过税收的收入分配机能调节各利益相关者间的收入差距,避免贫富差距过大带来的社会动荡不安,促进人类社会的可持续发展。

总之，优化企业税收效应的经济目标和社会目标是相辅相成的，经济目标体现了税收的效率性，社会目标体现了税收的公平性。

5.3.2　优化企业税收效应的标准

优化企业税收效应的标准是指符合税收的公平与效率原则要求，具有适度税负，税制结构合理、税务管理高效的企业税收体系。这种优化标准具体体现为定性标准和定量标准两个方面。

1. 优化企业税收效应的定性标准

（1）从经济发展的总体要求看，企业税收优化的标准要符合立宪、公平、效率、协调的目标要求。

①立宪性标准。任何利益的冲突最终会上升到制度的层面，根据公共选择学派理论，企业税收的优化同样应体现其立宪性，应通过企业及其利益相关者的真正意图表达来发挥税收的经济调节作用。

②公平性标准。这是任何税收优化的标准要求之一，如果没有公平性，差别税收带来的效率损失就会扭曲资源的配置。公平标准不仅要求绝对公平，还要求相对公平。

③效率性标准。效率标准是指将企业税收带来的超额负担降到最低，实现经济效率和制度效率损失的最小化。

④协调性标准。协调性标准是指企业的税收的优化必须和其他制度的优化相配合，如资本市场制度、会计制度等相关的经济或法律制度。

（2）从企业税收利益相关者的角度看，要符合各个利益相关者的要求标准。

整个企业税负运动涉及征税人、纳税人以及负税人的收入重新分配，税收行为涉及每个税收利益相关者的利益。他们作为不同的利益主体，是一组矛盾统一体。各方既有共同利益，又有利益矛盾。税收的合理使用符合各方的共同利益，但是税收的征收直接减少了企业的既得利益，增加了消费者等负税人的负担，是其既定条件下的一种收入"损失"。他们总是要想方设法减少其"不必要的损失"。好的企业税制是税收利益相关者的共同要求，但不同的利益取向又使各方对企业税制优化有不同的要求。

①征税人的标准。从征税人的角度来看，征税人是政府，具体执行是税务机关。对征税人来说，要通过税收实现的目标从大的方面看有两个：一是收入目标；二是政策调控目标。围绕这两个目标的实现，征税人对企业税制优化的要求有以下几个方面。

第一，能够为政府取得充足的税收收入，满足政府支出的需要。在税收成为政府收入主要来源的情况下，政府的职能能否有效履行，在于税收能否为其提供充足的收入。因此，企业税收制度的设计与选择首先要从能够取得适当规模的税收收入出发，在税种的选择、税基的确定以及征税方式方法的选择方面，都要使企业税制的实施能够组织充分的财政收入，满足政府开支的需要。

第二，能够成为政府宏观经济政策的有效载体，促进资源的有效配置，成为经济稳定和经济增长的推动力。世界上任何国家都将税收作为政府宏观调控的重要工具。在充分发挥市场在资源配置中的决定性作用的同时，企业税制设计应使税收具有恰当的激励机制和制约机制，能够矫正市场的扭曲，优化资源配置。同时，税收应有助于经济稳定，即企业税制设计能使税制具有自动熨平经济周期的作用，避免经济有大的波动，从而促进经济的稳定增长。

第三，能够促进经济主体收入的公平分配。税收不仅要促进经济效率的提高还应有助于社会公平的实现。促进社会公平是政府的重要政策目标。为实现社会公平，政府可以采取多种政策手段，税收是其中的重要手段之一。企业税制设计应将一切经济行为纳入税收的征收范围，并体现纵向公平和横向公平的原则，使各市场经济主体在公平的市场环境中竞争，实现政府的社会公平目标。

第四，完备的企业税收制度体系。完备的企业税收制度体系能最大限度地减少税收领域的立法空白，使税务机关能有法可依，是政府取得税收收入的法律依据。

第五，有利于税务机关有效的实施征收管理，税务机关能够准确有效地掌握企业的有关信息，有较低的税收征管成本。有效的税收征管是保证税制得以顺利实施、税收政策目标得以实现的保障。因此，企业税制设计要从当前税收征管的实际出发，与当前的征管能力和技术手段相适应，从而便于征管中的具体操作和实施。为此，要建立起符合当前实际的税收征管模式，完善征管手段、征管技术和征管法规，保证企业税制的有效实施。

②纳税人的要求标准。纳税人不同于征税人，作为纳税人的企业，追求的是在一定条件下尽可能少纳税，但是在纳税不可避免的条件下，企业只能希望有一个符合其愿望的好的企业税制。传统的观念往往把政府的利益放在首位，企业税制优化的目标是从政府的利益出发来制定的，但是在市场经济条件下，企业税制优化目标的确定需要更多地考虑企业对税制优化目标的要求，只有更多地考虑企业的要求，税制的实施才能更顺畅。从企业的利益出发，其对企业税制优化的要求有如下几点。

第一，较低的税负水平。企业作为市场经济主体，其经济行为的主要目的在于追求自身利益的最大化。税负过重对企业的生产经营活动有诸多的不利影响，在纳税不可避免的情况下，企业总是希望税收负担越轻越好。在充分保证政府收入目标的前提下，企业税制设计也应充分考虑企业的轻税愿望。对于企业来说，轻税有利于增强其经济活动能力，而对于政府来说，在广泛税基的前提下，轻税并不一定会减少政府收入，甚至会增加政府收入。因此，企业税制的设计应充分考虑纳税人的轻税要求。

第二，方便的纳税方式和较低的纳税成本。企业依法缴纳税款，需要花费一定的时间、精力和费用，它们构成企业的纳税成本。纳税实际上是对企业正常经营活动的一种"干扰"，纳税方式、纳税方法、纳税程序过于复杂，不利于增强企业纳税的积极性，也在时间、精力和费用上增加企业的负担，影响其正常的经营活动。因此企业税制的规定应简洁、明确、易懂，纳税方式、方法应方便、简单，从而便于企业纳税并减少企业的纳税成本。

第三，所有企业具有相同的税收待遇，强调税收公平。税收公平是保证企业税制和税收政策有效实施的重要方面。公平是人们从事经济活动、进行经济竞争的重要前提，只有公平的经济环境，才能促进经济活动的有序进行。税款的缴纳减少了企业的既得利益，在一定程度上降低了企业的经济活动能力，为了进行公平的市场竞争，企业必然要求税收的公平，享有同样的权利和义务。企业不仅要求同一行业、生产同一产品缴纳同样的税收，也要求建立机制约束全部企业都诚实地纳税，因为诚实的企业与偷税的企业竞争，这本身就是一种不公平的竞争。因此，税收公平是企业税制得以有效实施的重要前提。

③其他税收利益相关者的要求标准。除了征税人和纳税人以外还存在其他的税收利益相关者，这些利益相关者主要是股东、债权人、职工（包括经营者在内）、供应商以及周边的环境。这些利益相关者一方面希望对企业的课税少一些以便提高自己的效用水平，同时又希望国家从企业处取得足够的财政收入以满足其对公共产品的需要。所以，利益相关者的要求是最多的，也是最复杂和最矛盾的。而税收恰恰是通过这些利益相关者发挥税收机能的，所以利益相关者想要既能满足其消费和取得收入的需要，又能提供良好公共产品和环境的企业税制。

综上所述，无论是从经济发展的角度还是税收利益相关者的角度来说，这些标准最终体现为资源配置和制度安排两个方面。

从资源配置的角度看，体现为企业人力资本、市场资本、财务资本和公共环境资本的优化配置，产生企业税收资源配置的正效应：第一，对人力资本提供者（经营者和职工）来讲，能够促使他们更加积极劳动，刺激劳动者工作的欲望，也就是尹音频教授[①]所提倡的"适度收入效应"；但是这种效应只能控制在一定的范围内，否则会适得其反。第二，对市场资本提供者来讲，尽量让其承担的税收损失降到最低，同时发挥税收调节作用，促进市场资本提供者的资源合理流动与组合。第三，对财务资本提供者来说，尽量保持税收的中性原则，减少财务资本提供的税收套利行为，同时促进企业财务资本结构的优化。第四，对公共环境资本来讲，尽量减少企业生产经营的"负外部性"效应，发挥其经营的"正外部性"效应。

从制度安排的角度讲，体现为税负要有利于企业和政府的制度优化，产生制度安排的正效应：第一，从企业制度安排的角度讲，企业税收的优化要有利于企业治理结构的改善，促进企业所有权安排的优化，发挥资本治理结构的正效应。第二，从政府税制安排的角度讲，企业税收的优化要有利于降低政府的征管成本，防止征管中的徇私舞弊行为。

2. 优化企业税收效应的定量标准

一般用 ETR（包括 AETR 和 METR）作为衡量企业税负水平的指标。但是仅从有效税率的角度计量企业的税收负担是不够的，ETR 只是静态地反映了所得税的负担情况，而没有分析其弹性的大小，除此之外，其对流转税的负担没有进行计量。ETR 对西方以所得税为主体税种的国家来说是可行的，但是对发展中国家，例如中国这种以流转税和所得税为主双主体税种的国家来说是不够的。就中国目前的状况，大部分企业感到有压力的不是所得税而是流转税，前面我们已经述及无论企业是否有盈利都要缴纳流转税，刚性的现金流出是企业运营过程中的一种无形压力。然后，还要从总体的角度把握整个企业

---

① 尹音频：《资本市场税制优化研究》，中国财政经济出版社 2006 年版，第 138 页。

税收的负担,即用企业宏观税负计量企业的总体负担水平。

单个企业的税负计量指标。我们采用 ETR 及其弹性系数来计量所得税负担,并将其扩展到流转税负担的计量上。

第一,所得税负的计量。由于所得税不易转嫁,所以所得税被认为是企业真正的负担。一般采取 AETR 和 METR 来衡量。因为 ETR 是个相对指标,怎样定义分子和分母是关键问题,即什么税应包括在所得税费用里面(定义分子),利润应怎样计量(定义分母),以及账面净经营损失(NOL)的影响等。富勒顿(Fullerton,1984)提供了一个简单的 ETR 的定义:上年的税费与上年所得之比。自此,各种衍生的 ETR 定义层出不穷。但一个原则是不同目的的研究应采用不同的调整方法。由于我们研究的是企业税收对经济的影响,因此应采用前面所讲的经济学的定义方法。用公式表示为:

$AETR = T_C/P$,$METR = \Delta T_C/\Delta P$,其中:$T_C$ 为企业缴纳的所得税税额,P 为企业的利润总额。在比例税率的情况下,$AETR = METR$;在累进税率的情况下,一般是 $AETR < METR$。但是这些计量只是反映了双方的比例关系,为了反映其增长情况,我们有必要引入弹性分析,有效弹性税率用公式表示为:

$$所得税税收弹性 = (\Delta T_C/T_C)/(\Delta P/P)$$

企业有效税负的增长率应该小于利润的增长率,即所得税税收弹性 ≤1,否则会影响企业的生产能力和投资能力,伤及税源。

第二,流转税负的计量。我们同样采取有效流转税率(ETR_F)和流转税税收弹性来衡量企业流转税负的大小。用 TF 表示流转税税额,TR 表示总收入,则有效税率为 $ETR_F = TF/TR$,流转税税收弹性 $= (\Delta TF/TF)/(\Delta TR/TR)$。例如,没有全面营改增之前,我国的增值税税率一般为 17%,而我国按照有效税率算为 23%,明显高于世界平均水平。流转税收弹性 ≤1,即税收的增长率不得超过经营收入的增长。

第三,企业综合税负的计量。我们用税收收入占企业收入或资产总额的比例来表示企业的整体税收负担。由于企业的税收负担除了缴纳的税款外，还包括企业的遵从费用、现金的收益损失以及隐性损失。

所以，在总体负担里面，应将这些因素囊括进来，则企业的总体税收负担为：$\sum T \times (1 + r) + C_1 + C_2$，则收入税收负担率为：$(\sum T \times (1 + r) + C_1 + C_2)/TR$，资产税收负担率为：$(\sum T \times (1 + r) + C_1 + C_2)/TA$。其中，TR 为收入总额，TA 为资产总额。

（2）企业整体税负计量指标。我们用宏观税负以及宏观税收弹性来计量其企业的整体税负的情况。宏观税负为企业税收总额占 GDP 的比例；税收弹性为企业税收增长率和 GDP 增长率之间的比率关系。

$$企业宏观税负 = T/GDP$$
$$企业税收弹性 = (\Delta T/T)/(\Delta GDP/GDP)$$

同样宏观税负应保持在一定的范围内——税收弹性 ≤1，即企业税收的增长不得超过 GDP 的增长。

总之，在衡量企业税收负担时，应该使用相对指标，但是每个国家的发展路径不同，制度背景不同，企业的税负水平也就不同。在制定企业税负标准时，应汲取成功国家的经验，结合本土情况设计适合国情需要的税负标准，以促进本国经济的发展。

第6章 中国企业税收效应实证分析

在前几章理论分析的基础上，本章转入我国企业税收制度的分析，并且在理论研究的基础上对我国目前的企业税制结构进行梳理，对我国资源配置效应和制度安排效应进行评价，并提出优化企业税收效应的路径选择，从企业税负、税制结构和相关制度的配套改革三个方面进行企业税收制度的安排。

6.1 中国企业税制的考察

6.1.1 企业税制的历史演进

企业税收制度从产生之日起就随着经济和社会条件的变化而处于不断的变化过程之中，经历了多次重大的历史变迁。正如美国经济学家丹尼尔·W. 布罗姆利所指出的："在任何时候，经济条件在决定制度交易的发生以及制度安排的出现过程中将起到重要的作用。当经济和社会条件发生变化时，现存的制度结构就会变得不相适宜。为对新的条件作出反应，社会成员就会尽力修正制度安排（或是惯例或是所有权），以至于使它们与新的稀缺性、新的技术机会、收入和财富的新的再分配和新的爱好与偏好保持一致。"① 企业税制的变迁主要是与社会经济的变化紧密联系在一起的，除特殊情况外，它是依着一条随着经济和社会条件的变化而在现有的制度模式内不断优化以适应经济和社会环境的变化，当经济和社会环境出现大的变动时，企业税制就会出现大的变革。

1. 企业税制历史变迁

我国的企业税制确立于 1950 年，新中国成立后，按照《全国税制实施要则》，对企业开征的税收主要有货物税、工商业税（包括营业税和所得税）、盐税、关税、印花税、交易税、屠宰税、房产税、地产税、特种消费行为税和使用牌照税。我国初步形成了以产品或流转额征税的货物税和营业税及按所得征税的所得税作为主体税种，其他税种相辅助，在生产、销售、所得、财产等环节课征的统一、多税种、多环节的企业税制模式。随着我国经济和社会条件的变化，企业税制也进行了多次改革，历经几次变迁。从新中国成立以来，我国企业税制主要经历以下几次变革。②

（1）1953 年的企业税制修正。

新中国成立后，经过 3 年时间的经济恢复与发展，国家的经济状况逐步好转，公有制经济在经济生活中的比重逐步大幅度上升，私营经济所占的比重则逐步下降，商品流通环节减少。这样在新中国成立之初确立的"多种税、多次征"税收制度框架下，出现了"经济日益繁荣，税收相对下降"的情况，而国有企业的发展，也要求简化纳税手续，便于经济核算的简化税制。对此，1953 年我国开始对税制进行修正，主要内容为：一是试行商品流通税，把 22 种基本上由国营企业控制的高税产品，在生产、批发、零售各个环节应征的货物

---

① 丹尼尔·W. 布罗姆利著，陈郁等译：《经济利益与经济制度——公共政策的理论基础》，上海三联书店、上海人民出版社 1996 年版，第 130 页。

② 陈共：《财政学》，中国人民大学出版社 1999 年版，第 171 页。

税、营业税和印花税予以合并，改为征收商品流通税。在生产环节，以销售额为税基，按比例税率一次课征。二是调整货物税，对其他征收货物税的产品，在生产环节应征的货物税、营业税和印花税合并征收货物税。三是修订营业税，把工商企业应纳的营业税及其附加和印花税合并征收营业税，调整税率。四是取消特种行为消费税，简化交易税。

修正以后的企业税制与修正以前的税制相比，税种没有减少，税制结构也基本没有改变，但是多税种、多次征收的办法有所改变，主要表现在工业企业缴纳的税种有所减少。它们原来缴纳的货物税、营业税以及其附加、印花税等税种分别并入了商品流通税和货物税，部分产品由道道征收改为从生产到销售只征收一次税。营业税的征税范围也有所缩小，把原来的营业税普遍征收和货物税的个别调节结合模式改为商品流通税、货物税、营业税就不同商品分别征收，形成互不交叉的商品税制模式。由于一种产品在生产环节由原来的两税交叉征收改为征收一种税，从而促进了商品流通。修正后的工商税还有 12 种：商品流通税、货物税、工商业税、印花税、盐税、关税、牲畜交易税、屠宰税、城市房地产税、文化娱乐税、车船使用牌照税、利息所得税。

（2）1958 年的工商税制改革。

1956 年社会主义改造基本完成，公有制经济占据了绝对优势，税收征纳关系从资本主义工商业为重点发展为社会主义公有制工商企业为重点。在这样的背景下，1958 年我国进行了新中国成立以后第二次大规模的税制改革，主要内容是简化工商税制，试行工商统一税，将原来的货物税、营业税、商品流通税和印花税合并为工商统一税，对全部商品和劳务在产制、零售和劳务环节，以收入全额按比例税率课征。原工商业税中的营业税部分并入工商统一税，工商税中的所得税成为一个独立的税种——工商所得税。

（3）1973年的工商税制改革。

1973年，基于"在保持原税负的前提下，合并税种，简化征收办法"的原则，在全国范围内进行了新中国成立以后第三次大规模的税制改革，主要内容为：开征工商税。将工商统一税及其附加以及对企业征收的城市房地产税、车船使用牌照税、屠宰税，合并为工商税。工商税对全部产品和劳务在产制、零售和劳务环节，以收入全额按照比例税率课征。同时大规模简化税目税率。工商税推行后，国营企业只缴纳工商税这一种税，集体企业也只缴纳工商税和工商所得税，税制进一步简化，形成了单一的流转税税制结构。

（4）1983年、1984年的两步利改税。

改革开放以前，为与我国传统的计划经济体制相适应，企业税制单一，仅有工商税和工商所得税两个主要税种，并且还停留在试行条例的层次上。改革开放以后，原有税收制度的弊端日益显现出来，已经不适应复杂的经济情况。于是税制改革被提上议事日程，从1983年1月1日起，在几年试点调查的基础上，我国开始对国营企业全面实行征收所得税，当时称之为利改税第一步改革，即改利润统收的办法为国家征收所得税。1984年10月1日又开始实行第二步利改税，对国营大中型企业先征收55%的所得税，然后在税后利润的基础上扣除企业留成后，再上缴一定比例的调节税。与此同时，对工商税收制度进行全面改革，主要是废止工商税，开征增值税、产品税、营业税、盐税，增加资源税、城市维护建设税、土地使用税、车船使用税，并且将第一步利改税设置的国营企业所得税和调节税加以改进，从而从根本上改变了中国的工商税制面貌，初步实现了由单一税制向以流转税和所得税为主体、其他税制相配合的复合税制体系的转变。

在随后几年的税收体制改革过程中，根据经济发展的需要，我国又陆续开征了各种形式的奖金税、国营企业工资调节税、固定资产投资方向调节税、私营企业所得税、城乡个体工商业户所得税、城镇土地使用税、筵席税、特别消费税等税种，恢复了印花税，将中外合资企业所得税和外国企业所得税合并为外商投资企业和外国企业所得税等。到 1993 年底，中国的工商税共有 32 个税种。这些税种按照性质和作用，大致可分为六类：①流转税类，有产品税、增值税、营业税和关税；②资源税类，有资源税、城镇土地使用税、盐税；③所得税类，有国营企业所得税、国营企业调节税、集体企业所得税、私营企业所得税、城乡个体工商业户所得税、个人收入调节税；④特定目的税，有国营企业奖金税、集体企业奖金税、国营企业工资调节税、固定资产投资方向调节税、烧油特别税、筵席税、城市维护建设税、特别消费税；⑤财产和行为税类，有房产税、车船使用税、印花税、屠宰税、集市交易税、牲畜交易税；⑥涉外税类，有外商投资企业和外国企业所得税、个人所得税、工商统一税、城市房地产税、车船使用牌照税。此外，在工商税 32 个税种之外，还有由国家税务机构征收的国家能源和重点建设基金、国家预算调节基金、教育费附加以及海关征收的关税，财政系统征收的农业税等。

（5）1994 年的企业税制改革。

1992 年邓小平南方谈话后，中国的经济改革进入了一个新的历史时期，特别是党的十四大提出了建立社会主义市场经济体制的目标，进一步推动了新一轮改革的进程，围绕建立社会主义市场经济体制目标的金融、汇率、外贸等各项改革陆续展开，经济中的市场化倾向明显增大。与此同时，世界各国经济的相互影响不断加深，世界经济的一体化进程大大加快，为适应社会主义市场经济体制和世界经济的一体化的要求，从 1994 年 1 月 1 日起，我国工商税制改革在全国全面推行。这是一场新中国成立以来规模最大、范围最广、内容最深刻、力度最强的税制结构性改革。这次改革的指导思想是统一税法、公平税负、简化税制、合理分权、规范分配方式、保障财政收入、建立符合社会主义市场经济要求的税收制度。改革的主要内容包括：

①全面改革流转税。按照世界上大多数国家的做法，我国实行了以增值税为主体的流转税制度，同时设立了消费税，调整了营业税，

废止了对外商投资企业和外国企业征收的工商统一税，完成了内外资企业的流转税并轨。

②改革企业所得税。将国营企业所得税、集体企业所得税与私营企业所得税合并为统一的企业所得税，废止了适用于国营大中型企业的国营企业调节税和各种利润承包办法，统一了内资企业所得税。

③调整一些税种。一是开征了土地增值税；二是根据经济情况的变化，取消了烧油特别税、奖金税、工资调节税、集市交易税、牲畜交易税和特别消费税；三是全面调整了资源税，并将屠宰税和筵席税下放给省级地方政府管理。

（6）"两税"合并与增值税"转型"。

①合并企业所得税与外商投资企业所得税。为解决外资企业的"超国民待遇"引发的内外资企业税负不公的问题，我国于 2007 年颁布了《中华人民共和国企业所得税法》并于 2008 年 1 月 1 日开始实施。"两税"合并后，企业所得税的法定税率为 25%，并注重对技术创新的激励和反避税规则的制定。

②改革增值税、营业税和消费税。一是增值税转型，将"生产型"增值税改为"消费型"增值税，允许企业抵扣购进固定资产的进项税额；二是提高烟草的消费税税率，增加了白酒等消费品的反避税规定，避免企业通过关联方交易逃避纳税；三是调整了营业税的相关规定。

（7）"营改增"。

①部分"营改增"。部分营改增可以分为两个阶段：一是部分地区部分行业的营改增；二是全部地区部分行业的营改增。第一阶段：部分地区部分行业的营改增。部分地区部分行业的营改增于 2012 年 1 月 1 日率先在上海地区展开，试点范围选择了交通运输业（不含铁路运输和邮政服务）和部分现代服务业，现代服务业具体包括研发和技术服务、信息技术服务、文化创意服务、物流辅助服务、有形动产租赁服务、鉴证咨询服务等行业，俗称"1＋6"；2012 年下半年试

点地区扩大至北京、江苏、安徽、福建、广东、天津、浙江和湖北 8 个省份。第二阶段：全部地区部分行业的"营改增"。2013 年 8 月 1 日，我国在全国范围内进行了交通运输业和部分现代服务业的"营改增"试点工作，同时，广播影视也开始纳入试点范围，俗称"1 + 7"；2014 年 1 月 1 日，铁路运输和邮政服务业也纳入了营改增试点。

②全部地区、全部行业的"营改增"。2016 年 5 月 1 日"营改增"在全部行业推行，至此营业税退出了历史的舞台。

（8）环境保护税与个人所得税改革。

①环境保护税改革。面对日趋严峻的环保问题，我国进行了"环境费改税"改革，2018 年 1 月 1 日我国正式开征环境保护税，并废除了排污费的征收，其征收范围为大气污染物、水污染物、固体废物和噪声。

②个人所得税改革。1994 年以来，个人所得税经过了数次免征额的调整后，于 2018 年进行了较大规模的改革，其中最亮眼的是将分类征收模式改为分类与综合相结合的征收模式，即将分类征收的工薪所得、劳务报酬所得、稿酬所得和特许权使用费所得改为按年综合征收。

综上所述，我国的企业税制正是在我国经济制度的演进中逐步确立、改革、完善的，以后还会随着经济的改革而不断调整和变化。

2. 中国现行税制

自 1994 年税制改革以来，在十几年的时间里，企业税制经过了多次改良，形成了目前的以流转税和所得税为主、其他税种为辅的复合税收制度。

（1）流转税类。包括增值税、消费税和关税三个税种，在生产和流通领域中，按照销售收入或者营业收入征收。流转税是我国目前最主要的税种。

自 1994 年税制改革以来，增值税是其中最受关注的税种，经过

2009 年"转型"和2012 ~ 2016 年的"营改增",现行增值税已经覆盖了全部行业,成为中国最主要的税种之一。增值税为价外税,其计税依据为销售。消费税是在征收增值税的基础上,对部分消费品征收的,与增值税不同的是,现行消费税为价内税,其计税依据为销售额或者是销售数量。关税主要针对进出口的商品或物品征收,其计税依据为关税完税价格或者计税数量。

(2) 资源环境税类。包括资源税、城镇土地使用税和环境保护税三个税种。资源税是对在我国境内从事资源开发,因资源差异形成的级差收入征收的一种税。城镇土地使用税是对在使用应税土地征收的一种税,其计税依据为实际使用的土地面积。

(3) 所得税类。包括企业所得税和个人所得税两个税种。两者的计税依据均为应纳税所得额,不同的是企业所得税是对法人征收,而个人所得税是对自然人征收,而且为了发挥个人所得税的收入分配调节作用,个人所得税采用超额累进税率,并对工薪所得、劳务报酬所得、稿酬所得和特许权使用费所得四项勤劳所得进行综合征收。

(4) 特定目的税类。包括城市维护建设税和土地增值税两个税种。这两个税种是为了达到特定的目的,对特定的对象进行调节而设置的。

(5) 财产和行为税类。包括房产税、车船税、印花税三个税种。

6.1.2　企业税制的现实分析

1. 企业税负水平分析

下面我们从宏观和微观两个层面分析我国企业的税负状况。从宏观上看,无论是流转税负还是所得税负都与我国的经济发展水平基本保持了一致,体现了经济增长和税收增长之间的协调性;而从微观的层面考察,我国的企业税负又呈现出了偏重的局面。

（1）企业宏观税负分析。由于我国企业税收收入 80% 以上的部分来源于企业税收收入，因此整个宏观税负的高低基本上就反映了企业税负的高低。从当前世界各国来看，高收入国家的宏观税负多数超过 30%，中等收入国家为 20% ~ 30%，低收入国家在 20% 左右，[①] 而我国的宏观税负长期以来一直较低，具体如表6 - 1、表6 - 2所示。

表6 - 1　　　　　　　　　　1994 ~ 2016 年宏观税负表

年份	税收收入（亿元）	GDP（亿元）	宏观税负（%）
1994	5070.79	48198.0	10.52
1995	5973.75	60794.0	9.83
1996	7050.61	71177.0	9.94
1997	8225.51	78973.0	10.42
1998	9092.99	84402.0	10.77
1999	10314.98	89677.0	11.50
2000	12661.41	99215.0	13.73
2001	14910.67	109655.0	13.6
2002	16633.02	120333.0	13.57
2003	19991.79	135823.0	14.72
2004	25718.00	159878.0	16.09
2005	30865.83	182321.0	16.93
2006	37636.27	209407.0	17.97
2007	49451.80	270232.3	18.30
2008	57861.80	319515.5	18.11
2009	63103.60	349081.4	18.08
2010	77394.44	413030.3	18.74

①　彭高旺、李里：《我国税收负担：现状与优化》，载于《中央财经大学学报》2006年第2期，第11 ~ 14 页。

续表

年份	税收收入（亿元）	GDP（亿元）	宏观税负（%）
2011	95729.46	489300.6	19.57
2012	110764.04	540367.4	20.50
2013	119959.91	595244.4	20.16
2014	129541.12	643974.0	20.12
2015	136021.83	689052.1	19.75
2016	140504.03	743585.5	18.90

注：限于口径原因本书的税收收入不包括关税以及海关代征的增值税和消费税。

资料来源：历年《中国统计年鉴》。

表6－2　　1994～2016年主体税种的税收收入比例和宏观税负分布表

单位：%

年份	流转税T1占税收收入的比重	流转税T1的宏观税负	所得税T2占税收收入的比重	所得税T2的宏观税负
1994	76.1	8.00	13.5	1.58
1995	75.0	7.36	13.8	1.58
1996	74.1	7.27	13.0	1.63
1997	72.7	7.57	13.0	1.35
1998	74.2	8.00	11.4	1.22
1999	73.5	8.45	11.9	1.36
2000	70.4	8.98	14.0	1.77
2001	66.7	9.23	17.4	2.38
2002	68.7	9.71	15.2	2.13
2003	69.3	10.44	14.8	2.22
2004	67.9	11.07	15.8	2.52
2005	53.7	9.09	17.9	2.95
2006	52.9	9.51	18.8	3.23
2007	49.4	9.03	19.6	3.59

续表

年份	流转税 T1 占税收收入的比重	流转税 T1 的宏观税负	所得税 T2 占税收收入的比重	所得税 T2 的宏观税负
2008	49.0	8.87	21.1	3.82
2009	51.7	9.34	19.3	3.49
2010	50.2	9.41	18.8	3.53
2011	47.3	9.25	20.5	4.01
2012	45.4	9.29	19.9	4.08
2013	45.5	9.16	20.0	4.02
2014	44.6	8.97	20.5	4.11
2015	45.0	8.88	20.4	4.03
2016	44.7	8.44	20.8	3.92

资料来源：历年《中国统计年鉴》。

由表 6-1 和表 6-2 可知，我国的宏观税负长期以来较低，尽管由于统计口径的原因，没有统计海关征收的税收收入，但是我国的宏观税负基本上在 20% 以下。近几年，虽然增长幅度较快，而且超过了 GDP 的增长速度，但是与世界各国比，我国仍属于偏低的水平。因此，客观地评价我国宏观税负的状况，只能说我国的宏观税负在渡过了 20 世纪 90 年代中期过低的时期之后，在经济持续稳定增长和税务部门的努力征收下，得到了迅速的恢复，并没有偏重。

图 6-1 同样也说明这一问题，图中 T1 为企业增值税、消费税、营业税和内外资企业所得税之和，T 为税收收入。

由图 6-1 可知，我国的企业宏观税负略低于整体宏观税负，但二者的走势基本相同。由上面的分析可知我国的企业宏观税负的水平也不高。

（2）企业微观税负分析。尽管总体看来，我国企业宏观税负水平不高，但是微观税负却出现了偏重的局面。

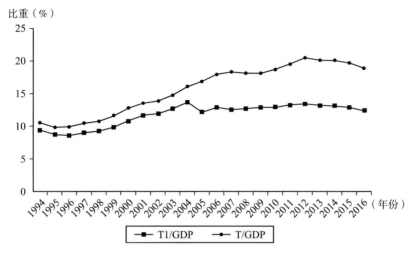

图 6 - 1　1994～2016 年企业宏观税负与整体宏观税负分布

资料来源：根据《中国统计年鉴》数据计算而得。

　　笔者认为，企业的微观税负偏重除了企业税制结构和主体税种的设置方面存在问题外（由于这个问题下面我们要展开分析，此处不再赘述），很大一部分原因是非税负担。税收负担并不是企业的全部负担，企业的微观税负还包括各种形式的收费、摊派及政府职能转换而转嫁给企业的隐形负担，各种名目繁多的收费和政府基金性缴费，再加上我国企业经济效益较西方国家低的事实，中国企业的总体负担显得更重。近年来我国采取了一系列的减税降费措施，降低了企业的税费负担，但面对激烈的国际竞争，我国的企业仍感觉税负较重，究其原因，除了非税收入因素外，间接税比例过高是导致企业税负高的另一关键因素。

2. 企业的税制结构分析

　　我国目前的企业税收结构是以流转税和所得税为主，其他税种为辅的制度模式。其中流转税占整个税收收入的比重在 50% 以上，但有逐年下降的趋势，所得税有逐年上升的趋势。

（1）主体税种结构不平衡。

我国主体税种结构的不平衡可以从各税种税负状况的变化得以反映。从整体流转税的状况来看（见表 6 - 3），自 1994 年以来我国的流转税占税收收入的比重一直保持在 50% 以上，但是有逐年下降的趋势，从 1994 年的 76.1% 下降为 2016 年的 44.7%；从各个税收来看，增值税、消费税基本上是逐年下降，营业税从 1994 年到 1998 年有上升的趋势，1998 年后又开始下降。和流转税的下降趋势相对应，我国的企业所得税占税收收入的比重逐年上升（见表 6 - 4）。其中内资企业所得税在 1998 年以前呈下降趋势，1998 年后逐步上升，外资企业所得税一直处于上升趋势，但是外商投资企业和外国企业所得税占税收收入的比重以及宏观税负都明显偏低。

表 6 - 3　　　　　　　1994 ~ 2016 年流转税占税收收入的比例情况

年份	税收收入（T）（亿元）	三税/T（%）	增值税（A）		消费税（B）		营业税（C）	
			税额（亿元）	A/T（%）	税额（亿元）	B/T（%）	税额（亿元）	C/T（%）
1994	5070.79	76.1	2661.33	52.5	515.98	10.2	680.23	13.4
1995	5973.75	75.0	3038.64	50.9	566.03	9.5	869.38	14.6
1996	7050.61	74.1	3516.60	49.9	642.43	9.1	1065.43	15.1
1997	8225.51	72.7	3910.00	47.5	715.09	8.7	1353.42	16.5
1998	9092.99	74.2	4301.94	47.3	838.48	9.2	1608.03	17.7
1999	10314.98	73.5	503214	48.8	854.33	8.3	1696.53	16.4
2000	12661.41	70.4	6149.32	48.6	877.29	6.9	1885.70	14.9
2001	14910.67	66.7	7090.77	46.8	946.19	6.2	2084.65	13.7
2002	16633.02	68.7	8141.18	47.9	1072.47	6.3	2467.63	14.5
2003	19991.79	69.3	10096.25	49.3	1221.67	6.0	2868.87	14.0
2004	25718.00	67.9	12588.90	48.9	1550.50	6.0	3583.50	13.9
2005	30865.83	53.7	10698.29	34.7	1634.31	5.3	4231.42	13.7

续表

年份	税收收入（T）（亿元）	三税/T（%）	增值税（A）		消费税（B）		营业税（C）	
			税额（亿元）	A/T（%）	税额（亿元）	B/T（%）	税额（亿元）	C/T（%）
2006	37636.27	52.9	12894.60	34.3	1885.67	5.0	5128.89	13.6
2007	49451.80	49.5	15610.04	31.6	2206.83	4.5	6582.80	13.4
2008	57861.80	49.1	18139.35	31.4	2568.26	4.5	7628.40	13.2
2009	63103.60	51.8	18819.78	29.9	4761.21	7.6	9015.19	14.3
2010	77394.44	50.4	21608.58	28.0	6071.54	7.9	11159.24	14.5
2011	95729.46	47.4	24551.44	25.7	6988.74	7.4	13679.88	14.3
2012	110764.04	45.5	26531.93	24.0	7916.59	7.2	15751.23	14.3
2013	119959.91	45.6	28933.35	24.2	8293.94	7.0	17238.54	14.4
2014	129541.12	44.8	30983.20	24.0	8968.75	7.0	17778.93	13.8
2015	136021.83	45.1	31226.06	23.0	10640.04	7.9	19314.6	14.2
2016	140504.03	44.7	40830.44	29.1	10368.10	7.4	11509.26	8.2

资料来源：历年《中国统计年鉴》及国家税务总局计划统计司统计资料。

表 6 - 4　　　　1994～2016 企业所得税占税收收入的比例情况

年份	税收收入（T）（亿元）	企业所得税（T_1）		外资企业所得税（T_2）	
		T_1（亿元）	T_1/T（%）	T_2（亿元）	T_2/T（%）
1994	5070.79	639.73	12.6	48.13	0.9
1995	5973.75	753.14	12.6	74.19	1.2
1996	7050.61	811.52	11.5	104.37	1.5
1997	8225.51	931.65	11.3	143.10	1.7
1998	9092.99	856.27	9.4	182.49	2.0
1999	10314.98	1009.38	9.8	217.81	2.1
2000	12661.41	1444.65	11.4	326.15	2.6
2001	14910.67	2121.89	14.0	512.58	3.4

年份	税收收入（T）（亿元）	企业所得税（T_1）		外资企业所得税（T_2）	
		T_1（亿元）	T_1/T（%）	T_2（亿元）	T_2/T（%）
2002	16633.02	1972.65	11.6	616.03	3.6
2003	19991.79	2342.24	11.4	705.4	3.4
2004	25718.00	3141.70	12.2	932.5	3.6
2005	30865.83	4363.13	14.2	1147.69	3.7
2006	37636.27	5545.88	14.7	1534.82	4.1
2007	49451.80	7723.74	15.7	1951.26	4.0
2008	57861.80	9458.97	16.4	2736.21	4.8
2009	63103.60	9180.36	14.6	2975.92	4.8
2010	77394.44	10459.67	13.6	4089.23	5.3
2011	95729.46	14196.47	14.9	5406.34	5.7
2012	110764.04	16617.22	15.1	5390.65	4.9
2013	119959.91	18204.00	15.2	5675.60	4.8
2014	129541.12	20014.94	15.5	6426.87	5.0
2015	136021.83	21158.42	15.6	6553.31	4.9
2016	140504.03	22026.64	15.7	7097.99	5.1

注：表中 T 表示税收收入总量，T_1、T_2 分别表示内外资企业所得税的收入。
资料来源：历年《中国统计年鉴》及国家税务总局计划统计司统计资料。

综上所述，目前我国的企业税制存有一定的弊端，总体上体现为主体税种收入格局不合理，税负结构失衡。具体说，存在以下几个方面的问题。

①流转税税负偏重，但又存在内部的结构不平衡。第一，流转税税负总体偏重。1994～2016 年，流转税的税负在整个税收收入中占到 44% 以上，在 2000 年以前占到 70% 以上，超过世界上大多数国家的水平。而流转税占 GDP 的比重除了 2016 为 8.2% 以外，1994～2015 年均超过了 10%，如果加上关税，我国流转税占 GDP 的比重会

更高。① 这个水平已经接近发达国家水平，高于大多数发展中国家水平。流转税比例过高，税负过重，对经济的扭曲程度大，在一定程度上抑制了消费和投资，影响了宏观经济运行。第二，流转税税负结构的不平衡。流转税税负结构的不平衡主要体现为总体税负偏重的同时，增值税与消费税水平偏低。从增值税的角度看，和发达国家相比，我国的增值税占 GDP 的比重相对偏低。目前我国的增值税法定税率为 17%，高于世界一般水平，但是宏观税负低于 3%，大大低于发达国家 6.9% 的水平。与经济合作与发展组织（OECD）成员方的增值税相比，我国存在"范围窄、优惠多"的问题。从消费税的角度看，消费税作为增值税的补充税种具有调节收入、抑制资源浪费的作用。世界上大多数国家在开征增值税的基础上，选择一些高档消费品或对一些消费行为征收消费税。2016 年，OECD 成员方的消费税占税收收入的比例为 14.5%，宏观税负为 4.0%。我们国家的消费税自开征以来占税收收入的比重的在 10% 以下，宏观税负平均 1% 不到，远远低于发达国家和发展中国家水平，不利于发挥税收的经济调节和收入分配职能。

②所得税税负偏低。企业所得税占税收收入的比重一直在 20%以下，宏观税负在 1998 年低于 5%。和世界上大多数国家相比，我国的企业税制税种结构失衡并不在于流转税（主要是增值税）过大，也不在于财政收入对流转税的依赖，而是在于所得税过于弱小、所得税的改革滞后。所得税与主体税种地位不相符的原因在于企业所得税的设计不尽合理，缺乏科学规范的征收。由此引发了一系列的问题：

第一，由于我国所得税收入较少，在流转税收入不够时，无法形成一个税种间的相互补充机制。为了保证财政收入，我国一度出现过"过头税"等问题，流转税的管理不规范，如规定"工业企业购进的货物入库后抵扣进项税额，而商业企业要付款后抵扣"，这种政策的

---

① 数据根据《中国统计年鉴》数据计算而得。

出台正是由于我国的财政收入太依赖增值税所致。

第二，税收的经济调节职能和收入分配职能弱化。由于企业所得税计算复杂，收入规模较小，在调节收入方面的作用不明显，使我国税收政策稳定经济的作用不强。税收的内在稳定器作用主要体现在累进所得税上，同样由于我国的所得税面过窄，收入规模小，使所得税在稳定经济方面缺乏力度。

（2）辅助税种设置不当。

除了用主体税种解决社会中的主要问题和主要矛盾外，还需要辅助税种弥补主体税种的不足。从我国目前的税种结构看，辅助税的主要作用表现为：一是在企业利润形成的阶段，通过征收资源税、城镇土地使用税调节极差收入，提高资源的利用效率，促进企业的公平竞争；二是在分配阶段，征收土地增值税，合理调节土地增值收益，抑制房地产行业的暴利，增加政府的财政收入；三是设置房产税、车船税等税种补充所得税的不足，调节社会成员之间的收入差距，促进公平；四是设置印花税、耕地占用税等行为税，调节和抑制企业的某些特定行为。另外还有城建税，其目的是为了补充城镇建设资金的匮乏。应该说这些税种的设置目的是好的，但是仍有不尽合理之处。

某些税种的缺位与我国经济发展不相适应，如环保税和收益税尚显不足。市场经济条件下，由于利益的驱动，一些经济行为产生了"正"的或"负"的外部性，造成资源配置低效率，需要加以矫正或给予税收优惠，使其外在成本内部化。经济可持续发展是当今经济世界的主流，入世后对污染产品的约束更强，环保税在各国税制中地位日益重要。例如，2008 年荷兰的环境税收入已占总税收收入的11.46% 左右，同期丹麦的环保税收入占总税收收入的 8.79% 左右。[①]随着我国经济的发展，环境污染问题愈发严重，但是目前还没有专门的环保税体系。另外，社会保险税是劳动力的后续保障，我国一直以

---

① 杨志宇：《欧盟环境税研究》，吉林大学博士学位论文，2016 年。

社会保险费取而代之，没有形成硬性约束机制，使我国很多企业不缴纳社会保险费，造成劳动力养老的后顾之忧，更无法吸引高素质的人才流入，不利于劳动力资源的优化配置。

3. 中国企业主体税种存在的问题

我国企业主体税种存在的问题主要表现为增值税转型问题与所得税的经济性重复课税问题。

（1）"营改增"后的问题。"营改增"后由于部分行业的税负降低，的确激励了现代服务业等的发展，但对制造业带来的积极影响不大，部分企业仍然存在税负较高的问题。导致这一问题的主要原因在于增值税税率结构不合理。

一般而言，单一税率结构更有利于发挥增值税的中性作用，但由于增值税具有累退性，为此世界上大部分国家在避免设置多档税率结构的同时，往往又对农产品、生活必需品等设置低档税率，以弱化增值税的累退性。从目前各国的税率设置看，OECD 大多数成员方实行的增值税税率都不超过三档，拉美 15 国、金砖 4 国、上海合作组织 6 国以及中国周边 20 国中，大多数国家实行的增值税税率都不超过两档。而我国现行增值税税率包括 16%、10%、6% 三档税率和 5%、3% 两档征收率，此外出口的货物适用零税率。即使不考虑零税率，我国的增值税的税率实际上有五档，从而增加了税率结构的复杂性，可能导致也易增加征管成本和遵从成本，造成行政效率低下。[①]

（2）所得税存在的问题。所得税存在的问题主要是经济性重复课税的问题。我国现行的《企业所得税法》和《个人所得税法》属于古典所得税制。所谓古典所得税制，是指税制安排中不考虑企业所得税与个人所得税的重复征税关系，分别单独设置课征，也不相互提供抵扣。从单个税种来看，并不存在多次征税，但同一笔所得先后

---

① 刘和祥：《"三档并两档"：进一步优化增值税税率结构的探讨》，载于《证券日报》2018 年 9 月 2 日。

作为企业所得和个人所得而被课征两种税，我们通常把这种情况称为经济性重复课税。我国税制至少在两个方面引起了所得的经济性重复课税。

第一，对已分配利润的经济性重复课税。我国《企业所得税法》规定，公司不允许从应税利润中扣除向股东支付的股息。同时，《个人所得税法》中规定，个人取得的股息、红利和利息所得，除国债和国家发行的金融债券利息外，应当依法缴纳个人所得税，并且不得再扣除任何费用。也就是说，在我国，一笔利润先要缴纳企业所得税，然后税后利润中用于分配股息的部分到个人手中时，还要征收股息红利所得税，即对同一笔所得双重征税。如果税后利润分配到法人股东手中，根据"企业对外投资分回的股息、红利收入，暂比照联营企业的规定进行纳税调整"的规定，可以享受境内投资收益的税收抵免，因而避免了利润分配中间环节上的再次课税。但这笔利润一旦继续分配到个人手中，重复课税依旧。

第二，对未分配利润的经济性重复课税。我国《企业所得税法》规定，纳税人以非现金的实物资产和无形资产对外投资，发生的资产评估净增值，不计入应纳税所得额，但在中途或到期转让、收回该项资产时，应将转让或收回该项投资所取得的收入与该实物资产和无形资产投出时原账面价值的差额计入应纳税所得额，依法缴纳企业所得税。纳税人在产权转让过程中发生的产权转让净收益或净损失，计入应纳税所得额，依法缴纳企业所得税。另外，在《国家税务总局关于企业股权投资若干所得税问题的通知》中规定，除另有规定者外，不论企业会计账务中对投资采取何种方法核算，被投资企业会计账户上实际作利润分配处理（包括以盈余公积和未分配利润转增资本）时，投资方企业应确认投资所得的实现。不难看出，前面的规定实际上是将法人进行投资和资产转让过程中已实现的资本利得纳入企业应纳税所得，而后一条补充的规定，实质上是扩大了投资收益和资本利得的实现条件。也就是说，即使被投资企业的利润未进行股息、红利的分配而留存，由于利润保留形成的资本增值一旦实现为资本利得或转增资本，投资方依然要将之作为投资收益和转让收益计入应纳税所得额，缴纳企业所得税。一笔利润在缴纳企业所得税后，如果不进行分配，那么依然存在因利润留存所形成的资本利得被再次课以企业所得税或个人所得税的可能。如果是个人投资者，因为国家决定对股票转让所得暂不征收个人所得税，所以个人投资者以股票转让方式取得的资本利得不存在被双重征税的问题。但如果是以其他方式取得的资本利得，即转让其他财产的所得，应当按照财产转让所得项目缴纳个人所得税。也就是说，对于个人投资者来说，如果未分配利润留存形成的资本利得是在股票市场上以股票价格上涨的形式实现的，那么就不存在利得的重复课税问题；如果以其他的形式或渠道实现利得，比如无形资产或有形资产的高价转让，那么依然可能被按照财产转让所得来重复课税。因此，当企业税后利润用于分配时，按照我国税法，将造成对这部分利润的经济性双重征税。即使企业税后利润未进行分配，由于我国所得税制广泛界定所得概念，实质上包含了对资本利得课征所得税，因而仍然存在着对未分配利润潜在的双重课税。

6.2　我国企业税制的资源配置效应评价

目前我国的企业税制对资源配置的影响既有积极的一面，也有消极的一方面，这些影响主要体现在流转税和所得税两个层面上。

6.2.1　企业税制资源配置的积极效应

1994 年税制改革以来，我国的企业税制无论在宏观方面还是微观方面都发挥了积极的作用，主要体现在我国的流转税和外商投资所得税两个方面。

1. 流转税制发挥了资源配置的积极作用

2016 年 5 月 1 日以前，我国的流转税主要以增值税、消费税和营业税三税为主，其中增值税属于中央和地方共享税，消费税属于中央税，营业税按行政隶属关系进行划分，因此地方政府通过流转税优惠招商引资的可能性不大。2016 年 5 月 1 日以后，营业税正式退出历史舞台，流转税主要以增值税和消费税为主。尽管我国的流转税占整个税收收入的比重过大，但是在目前的形势下，这也是我国企业税制的最好选择，加上增值税课征的普遍性，对企业资源配置的扭曲程度不大。总的看来，流转税运行 13 年来，在资源配置方面带来的正面效应要大于负面效应，具体体现为以下几个方面。

（1）宏观资源配置效应。从宏观的角度看，我国 90% 以上的资源都是由私人部门配置的，我国已基本上实现了由政府配置资源为主向市场配置资源为主的质的转变，而新的流转税制在这一飞跃性转变过程中，起到了资源配置优化的作用。从理论上讲，公共部门的资源配置对私人部门的资源配置产生挤出效应，但是从我国宏观经济运行状况看，公共部门对私人部门的挤出效应没有想象的大，这也从侧面反映了我国资源市场配置化能力很强，税收对资源配置的扭曲效应不大。

（2）微观资源配置效应。从微观的角度看，流转税作为消费者购买私人部门产品支出的组成部分，虽然影响资源在不同企业和产品间配置的比重，且具有替代效应，但由于实际微观税负水平较低，企业内部消化和消费者承受能力相对增强，即使在市场竞争较为激烈的条件下，大部分企业经济质量和效益也有了明显的提高，因此现行流转税政策对企业决策的负面影响也相对较小。但不容忽视的是，部门环境和部门利益已经影响了不同地区企业间的微观税负差异，而这种人为的差异也已经对资源配置产生了一定的负面影响。

2. 企业所得税制发挥了资源配置的积极作用

我国企业所得税制发挥的积极作用主要体现通过税收激励政策吸引外商直接投资（FDI）带来的积极作用。虽然内资企业所得税的优惠政策带来了一定的积极作用，但由于我国内资企业的亏损面较大，正效应不明显，所得税制的积极作用主要体现在外商投资企业和外国企业所得税上。

（1）增强了配置外资资源的能力。商务部网站数据显示，我国实际使用外资的数量已经从1984年的144.38亿美元上升到2017年1310.4亿美元。2018年1～7月我国又新增外资企业35239家，实际使用外资760.7亿美元。近年来我国吸引外资持续增长，每年利用外资的总额均在1000亿美元以上，即使是2008年全球金融危机爆发后，这一趋势也没有改变。从2007年到2017年的10年间，我国实际使用外资额增长了60%以上。这充分反映了我国对外资仍有较强吸引力。此外，外资企业的投资主要集中在制造业、房地产业和金融业，这也符合我国要大力发展制造业的目标追求。

（2）促进了我国产业结构的调整。我们吸引FDI的主要原因是吸引国外的先进技术和先进的管理经验，促进我国产业结构的调整。根据邓宁（Dunning，1973、1981）提出的"FDI折衷理论"，吸引外资对东道国投资的三个关键因素是：所有权优势、内部化优势以及在东道国的区位优势。发展中国家在吸引外资的初期，大部分通过税收激励信号表明本国的经济发展潜力，以区别于其他国家，从而达到影响外资区位选择的目的。我国在改革开放之初，为了向外资传递中国欢迎外资进入的信号，在特定的背景下利用经济特区的区位优势，加上大量的税收优惠政策起到了吸引外资进入的目的。外资的大量涌入给我国带来了先进的技术和管理经验。经济特区的发展模式以及随之而来的沿海开放城市、高新技术区模式大大促进了我国产业结构的调整和产品的升级换代，对我国的经济发展起到了良好的促进作用。外资的进入既带动了出口，又促进了就业，还带动了我国电子、通信、信息等新型产业的发展，在我国的产业结构调整中发挥了良好的示范作用。例如，2018 年 1～5 月，我国高技术产业吸收外资占比就达20.5% 之多。其中，高技术制造业约占制造业吸收外资的1/3。作为市场经济原则贯彻比较彻底的现代企业，外资企业的成长为我国现代企业的成长提供了一个参照物。这种示范作用有利于提高我国的民族企业重塑微观基础的动力，促进我国现代企业制度的建立和完善。

（3）产生了资源配置的"溢出效应"。外资的进入加快了我国经济体制改革的进程，提高了我国市场化的水平。贾康曾指出："改革开放之初，税收优惠并不仅仅是简单地吸收了外国资金，更作为一个支撑的支点，并且反过来逼迫国内对改革有所动作。"[①] 税收优惠拉动了外资的进入，随之而来的技术、人才、资金等产生了"溢出效应"，使我国相关领域的发展和创新得到了主动或被动的推动作用，对我国技术的进步、人才的培养、管理经验的提高起到了极大的促进作用，增长了我们的见识，增强了我们对世界"游戏规则"的了解，提高了我国对外投资、参与世界经济的能力。

6.2.2 企业税制资源配置的消极效应

我国企业税制虽然在一定程度上促进了资源的配置，但由于税制本身存在的缺陷，在一定程度上抑制了资源的配置，产生了负面效应。其主要体现在现行税制带来的产业和行业间的资源配置扭曲、所得税制带来的内外资企业间资源配置扭曲和经济性重复性课税上。

1. 产业间的资源配置效应

我国现行的企业所得税除对高新技术产业和第三产业的优惠外，

---

① 苑新丽：《FDI 公司税激励的成本与收益分析》，载于《经济视角（中国纳税人）》2007 年第 6 期，第 64～67 页。

体现国家产业政策方面的优惠内容日益增加。企业所得税在贯彻国家产业政策方面虽较两税合并前有明显进步，但由于外资企业不分行业、产业、规模、类型，只要凭借其特定的身份就能普遍获得地方政府的优惠，所以在客观上诱导了外商投资于投入产出周期短、高回报率集中在经营期限前期的项目上，以借助税收优惠待遇尽快回收投资成本并获得收益。

我国不同产业中各类企业的名义税负大体都 30% 以上，而从实际税负看，第一产业、第二产业和第三产业企业税负呈现两头低、中间高的特征。第一产业实际税负较轻的主要原因是国有农口企业和渔业企业的税收优惠政策；第二产业中的工业和建筑业的实际税负远远高于第一产业，但由于对工业企业的各种税收优惠政策，其实际税负仍然低于名义税负；第三产业中，具有自然垄断性质的交通运输业、邮电通信业、金融保险业等行业凭借其垄断优势，获利颇丰，是政府财政收入的重要来源。对这些产业的税收优惠政策相对较少，因此其实际税负与名义税负之间的差距较小。至于第三产业中的科研、技术服务业，卫生体育和社会福利业，教育、文化广播影视业和社会服务业等，则由于企业所得税制中对技术转让、科研开发、文化体育、民政福利、校办产业等方面的优惠政策，而使其实际税负大大低于名义税负。表 6 - 5 显示了我国三大产业的税负分布情况。我们从第一、第二、第三产业的总体负担率的角度来看，表 6 - 5 和表 6 - 6 分别显示了 2001 ~ 2016 年三大产业的税负情况。

表 6 - 5　　　　　　2001 ~ 2016 年三大产业税收负担率　　　　单位: %

年份	第一产业		第二产业		第三产业	
	税收负担率	占 GDP 的比重	税收负担率	占 GDP 的比重	税收负担率	占 GDP 的比重
2001	0.10	14.0	17.1	44.8	14.1	41.2
2002	0.04	13.3	18.3	44.5	13.2	42.2

续表

年份	第一产业		第二产业		第三产业	
	税收负担率	占 GDP 的比重	税收负担率	占 GDP 的比重	税收负担率	占 GDP 的比重
2003	0.03	12.3	18.9	45.6	14.1	42.0
2004	0.03	12.9	20.2	45.9	15.3	41.2
2005	0.03	11.6	20.4	47.0	16.0	41.3
2006	0.07	10.6	20.5	47.6	17.1	41.8
2007	0.05	10.3	20.6	46.9	19.5	42.9
2008	0.39	10.3	20.5	46.9	19.9	42.8
2009	0.17	9.8	20.9	45.9	19.2	44.3
2010	0.20	9.5	21.2	46.4	20.2	44.1
2011	0.18	9.4	22.0	46.4	21.3	44.2
2012	0.24	9.4	22.5	45.3	22.8	45.3
2013	0.30	9.3	21.7	44.0	22.7	46.7
2014	0.15	9.1	15.9	43.1	11.1	47.8
2015	0.30	8.8	21.8	40.9	21.5	50.2
2016	0.37	8.6	20.6	39.8	20.7	51.6
平均值	0.17	10.58	20.20	45.07	18.05	44.35
变化量	0.36	−5.40	3.50	−5.00	6.60	10.40

资料来源：国家统计局网站。

表 6 - 6　　　　　2001~2016 年产业间企业所得税税负分布

年份	第一产业			第二产业			第三产业		
	所得税（亿元）	GDP（亿元）	税负（%）	所得税（亿元）	GDP（亿元）	税负（%）	所得税（亿元）	GDP（亿元）	税负（%）
2001	0.65	15502.5	0.005	1135.35	49660.7	2.287	985.90	45700.0	2.158
2002	0.76	16190.2	0.005	1004.30	54105.5	1.857	967.60	51421.7	1.882

续表

年份	第一产业			第二产业			第三产业		
	所得税 （亿元）	GDP （亿元）	税负 （%）	所得税 （亿元）	GDP （亿元）	税负 （%）	所得税 （亿元）	GDP （亿元）	税负 （%）
2003	1.16	16970.2	0.007	1155.55	62697.4	1.844	1185.54	57754.4	2.053
2004	1.24	20904.3	0.006	1606.41	74286.9	2.163	1534.83	66648.9	2.303
2005	1.29	21806.7	0.006	2092.38	88084.4	2.376	2269.95	77427.8	2.932
2006	1.35	23317.0	0.006	2410.78	104361.8	2.311	3133.94	91759.7	3.416
2007	2.38	27788.0	0.009	3146.84	126633.6	2.485	4574.53	115810.7	3.951
2008	4.06	32753.2	0.013	3395.74	149956.6	2.265	6059.18	136805.8	4.430
2009	4.53	34161.8	0.014	2758.59	160171.7	1.723	6417.25	154747.9	4.147
2010	5.99	39362.6	0.016	3570.62	191629.8	1.864	6883.07	182038.0	3.782
2011	8.23	46163.1	0.018	5012.27	227038.8	2.208	9175.98	216098.6	4.247
2012	12.02	50902.3	0.024	5467.00	244643.3	2.235	11138.21	244821.9	4.550
2013	12.63	55329.1	0.023	5588.50	261956.1	2.134	12602.88	277959.3	4.535
2014	8.52	58343.5	0.015	3112.29	277571.8	1.122	10721.42	308058.6	3.481
2015	19.86	60862.1	0.033	5473.48	282040.3	1.941	13838.5	346149.7	3.998
2016	20.27	63670.7	0.032	5362.07	296236.0	1.811	16644.31	3842205	4.332

资料来源：历年《中国统计年鉴》及《中国税务年鉴》。

从表6-5、表6-6可以看出企业税负在不同产业的分布特点。

（1）产业整体税收负担的特点。第二产业的税收负担最重，平均为20.20%；第三产业次之，平均为18.05%；最低的为第一产业，平均为10.58%。

（2）企业所得税税负在不同产业的分布特点。企业所得税的税负第三产业最高，第一产业最低，这是由于第三产业的利润率高于其他两个产业所致。

综上所述，我国企业所得税在产业优惠方面主要是对第一、第三产业给予税收优惠，大大降低了这些产业的税负水平，有利于这些产业的健康发展。

2. 地区间的税收资源配置效应

十多年来，我国税收优惠的重点是向地区倾斜的，围绕经济特区、沿海开放城市、沿海经济开放区、边境对外开放城市、沿江开放城市、内陆开放城市设计了多层次的地区导向型税收优惠政策。前几年我国推行西部大开发的区域政策，给予了中西部落后地区税收优惠政策。这几年我国又推行了振兴东北老工业基地的区域政策，又给予了东北地区一定的优惠政策。但是给予中西部地区和东北地区的税收优惠仍没有东部地区的优厚。因此，从不同地区企业税收负担情况看，各省市的名义税收负担水平基本都在30%左右，但实际税负变动很大，尤其是经济发展水平较高的东部地区，实际税负水平甚至只有15%，这说明东部地区企业享受的税收优惠一般大于中西部和东北地区。这种情况进一步弱化了欠发达地区对资本的吸引力，加剧了欠发达地区对外开放的滞后性，影响了地区间的合理布局，扩大了沿海与中西部地区和东北地区之间经济水平的差异。

3. 企业间的税收资源配置效应

税收对企业投资的影响主要体现在我国针对不同的投资主体规定了不同的税收待遇，从而影响了企业的资源配置。下面我们从两个层次分析这个问题。

（1）"双轨制"所得税扭曲了内外资企业间的资源配置。

虽然我国已经着手准备两税合并，但是长期以来的"双轨制"给我国的资源配置带来了极大影响，主要体现为以下几个方面。

①差别税收带来的"挤出"效应。利用税收优惠政策吸引外资，不仅影响了税收收入、侵蚀了税基，而且对内资企业产生了"挤出"效应。我们知道企业间的竞争主要体现为资金的竞争、市场的竞争和人才的竞争，而在这三个方面内资企业和外资都无法抗衡。

第一，资金竞争方面。从吸引投资方面来看，由于外资享有大量的优惠政策，其投资成本和投资风险大大降低，投资回报率相对提高。国内的投资者更愿意引进外资资本进入，以提高自身的投资收益，这些可以从每年我国新增的外资投资额略知一二。从融资的角度讲，由于外资企业的利息支出可以全额扣除，而内资企业的利息支出是有限额规定的，无形中降低了外资企业的融资成本，加上各地政府的资金扶持，外资企业在融通资金上比内资企业更为理性，负债的税盾效应发挥得更好，债务的税收价值更高。这两个方面的因素使内资企业无论在投资上述是在融资上都不及外资企业，产生了资金竞争上的挤出效应。

第二，市场竞争方面。税收待遇的不同表现在市场上，外资企业得到的税收价格要高于内资企业，或者说，同样的税收价格，外资企业的税前价格更低，在市场上更有竞争力。

②税收优惠的扭曲效应。税收优惠产生的税收非中性对经济产生了扭曲作用，而且差别越大，扭曲性越强。由于涉外税收优惠产生的经济扭曲作用表现在：

第一，扭曲了外资企业的行为。对于一些想谋取不正当利益的投资者来讲，税收优惠为其谋取利益带来了较大的空间。据统计，从改革开放到目前，在我国注册的外资企业每年增量都过万家，但仅自2006 年注销和撤资的就有 100 多万家，其中的 1/4 用完"免二减三"后就"逃之夭夭"了。而且外资企业为了达到长期优惠的目的，就两税合并问题和我国的多个部门进行博弈，利用其优势向我国政府的有关部门施加压力，希望能够继续享有优惠政策，可见优惠政策对其重要性。更有一些外资利用税收寻租，拉拢政府官员，以期寻得更大的利益。无论是假投资还是税收寻租，都扭曲了外资企业的经济行为。

第二，扭曲了内资企业的行为。只要有差别，待遇差的一方就会想方设法得到和别人一样的待遇。我国内资企业面对税收的不公平待遇，同样也想获得外资企业的同等税收地位，因此，一批"假外资"

应运而生。很多内资企业到国外注册，然后回到国内，以外资的身份进入，从而实现获得税收优惠的目的。且不说这样做能够带来多少收益，单出国"晃一圈"就增加了很多的费用，造成了效率损失。

第三，扭曲了政府行为。由于税收优惠引发的税收寻租和税收竞争导致了政府的行为的扭曲，这种扭曲体现在两个方面：首先，各地政府为了招商引资展开税收竞争，不顾国家和本地区的利益，为引资而引资。正如哈佛大学的威尔斯（Wells）所讲："税收优惠政策会使政府官员将工作重心转移到吸引外资上来，得到好处的官员不可能再去思考和解决对外国投资具有更大意义的问题，从而导致交易成本的增加。"① 我国的各地方政府都活跃着"招商游击队"，利用各种优惠政策吸引外资。这些也成为衡量地方官员政绩的一个标准，而这方面地方官员政绩的提高恰恰是以损害当地的社会福利为成本的。其次，税收寻租行为的存在助长了腐败行为和官僚主义，各国的过度税收竞争影响了资源的配置。一方面，税收优惠政策的不透明往往会引发腐败和寻租行为，腐败行为对投资造成的破坏从深层意义上讲要大于引资带来的收益。另一方面，税收优惠引发的各国的竞争影响了资源的配置的效率。以色列的学者诺夫认为："对 FDI 的税收优惠体现为政府对市场的干预，它往往会超出一国的范围，对全球资源的配置进行干预，并非特定的税收优惠政策所能做到的。而且某些特定的税收优惠可能造成某方面资源的过度消耗，甚至发生不顾市场需求而过度生产的行为。"② 这种现象在我国地方政府的行为上表现比较突出。

（2）经济性重复课税扭曲了公司和非公司部门的资源配置。

投资者通常将其资金运用划分为公司部门和非公司部门两部分，以平衡税后报酬率。由于公司所得面临着经济性双重课税，这将使投资于公司部门的税后收益下降，因此投资者会偏向于投资非公司部门，使公司部门的投入和产出减少，导致资源配置出现失衡。

---

①② 《内外企业有别　我国外企税每年少收 2000 亿元》，新浪网，http://finance.sina.com.cn/roll/20050916/0235314274.shtml。

　　第一，我国在税制安排中没有系统地消除双重课税的方法，因此投资者不得不面对所得的双重课征。25%的所得税加上20%的个人所得税后，投资从公司分得的股息所承担的综合税率为25% + 20% × (1 - 25%) = 40%。客观地说，这样的税负率相当高，非常不利于刺激投资者的投资意愿。

　　第二，经济性重复课税直接影响企业的股利分配政策，会促使企业少分配股利，多进行利润留存。由于我国所得税制对保留利润没有采取任何税收措施，因此保留利润不用再次被课税，而分配股利则要被重复课征，股东如果能通过资本利得的收益弥补不分配利润的损失，并且这种利得能享受优惠，那么无论对企业还是股东，不分配利润政策都是符合收益最大化原则的。企业少分配或不分配股利（尤其是拥有大量资金的盈利企业这样做），会使资金市场的资金供给结构发生变化，流动性下降，配置资源的效率下降，出现大企业拥有大量闲置资金，而许多中小企业却"无米下锅"的情况。而且以资本利得收益弥补利润不分配的效果还受资本市场的影响，一旦资本市场本身不景气，不但投资者原本应得的股息收入无法实现，他们还得承受资本利得性损失，结果是市场上可投资资金大幅减少，进而引起投资和消费明显下降。

　　第三，经济性重复课税对投资方向的影响。由于目前我国企业所得税覆盖范围仅是公司部门，因此双重课税的问题主要集中于向公司部门的投资，于是就产生了投资在公司部门和非公司部门分配的扭曲。非公司部门中最有代表性的就是个体、私营企业。在我国税法中个体和私营企业的所得税是归在个人所得税的个体和私营所得项下，按5% ~ 35%的超额累进税率一次课征，不存在重复课税。因此，对于企业主和投资者而言，将个体、私营企业上升为公司制企业在税收上是不合算的。这在一定程度上阻碍了企业的成长和扩大。

　　第四，经济性重复课税对投资方式的影响。由于重复课税对不同方式的投资影响程度不同，因此必然会对投资者的投资方式选择产生影响。就我的情况看，税收作用在投资工具上，会使投资者偏向于房地产投资和金融资产投资，减少直接投资；在金融资产中又会偏向于债券类投资而非股权类投资。因为按照税法，个人投资者对公司进行直接投资，重复课税的程度最严重，而且难以避免；而以股权方式进行投资，尽管也存在重复课税，但可以利用税收上对股票转让的优惠节税；以债券方式投资，则不存在双重课税；若投资于房地产，由于我国各项政策中对个人投资房地产的诸多优惠，比如营业税的免除、土地增值税的减免、所得中的成本费用扣除等，实际上房地产投资的总税收负担偏低，在税收上是最有利的。

第五，所得重复课税的经济影响还体现在对企业再投资的影响。即使企业以留存利润的方式避免了所得税直接的双重课税，也仍然存在被双重课征的潜在可能。这是因为我国税法中的所得概念包括了资本利得。如果留存利润形成的资本增值一旦以投资收益或转增资本的方式实现，依然难逃被重复课税；但这部分利润如果仅仅是留在企业内部作为自用资金，把可避免再次课税。因此，投资者尤其是企业运用留存利润，只能不把资金用于对外投资和转增资本，或者不实现已经获得的资本增值，形成"资本锁入"效应。所以在我国的上市公司公报中，"不分配、不转增"和高盈余公积、高未分配利润项共存成为普遍的现象。很明显，这对投资者、企业和国家都不利，投资者的收益不能实现，企业的资本不能扩张，国家的税收也无法获得。

6.3　我国企业税制的制度安排效应评价

我国企业税制的制度安排效应主要体现为我国不同类型企业的资本结构治理效应。西方企业的融资基本上遵循了"啄食理论"，[①] 即

---

① 迈尔斯（Myers，1984）在代理理论、信息理论以及信号显示理论基础上提出的，该理论认为资本结构选择一般遵循先内源、后债权、最后为股权的原则。

企业在进行融资时，先内部融资，其次债权融资，最后才是股权融资。但是我国企业的融资顺序和"啄食理论"大相径庭，在融资过程中出现了中小企业、非上市国有企业、上市公司分别以债务资本融资、股权资本融资和个人资本（财务资本）融资为主的"三元融资模式"，从而出现了"三元治理模式"。

6.3.1　中小微企业制度安排的税收效应

根据 2017 年国家统计局颁布的划分标准，按照从业人数、营业收入以及资产总额三个维度，将中小微企业界定如表 6 - 7 所示。

表 6 - 7　　　　　　　中小企业划分标准　　　　　　单位：万元

行业名称	指标名称	中型	小型	微型
农、林、牧、渔业	营业收入（Y）	$500 \leqslant Y < 20000$	$50 \leqslant Y < 500$	$Y < 50$
工业 *	从业人员（X）	$300 \leqslant X < 1000$	$20 \leqslant X < 300$	$X < 20$
	营业收入（Y）	$2000 \leqslant Y < 40000$	$300 \leqslant Y < 2000$	$Y < 300$
建筑业	营业收入（Y）	$6000 \leqslant Y < 80000$	$300 \leqslant Y < 6000$	$Y < 300$
	资产总额（Z）	$5000 \leqslant Z < 80000$	$300 \leqslant Z < 5000$	$Z < 300$
批发业	从业人员（X）	$20 \leqslant X < 200$	$5 \leqslant X < 20$	$X < 5$
	营业收入（Y）	$5000 \leqslant Y < 40000$	$1000 \leqslant Y < 5000$	$Y < 1000$
零售业	从业人员（X）	$50 \leqslant X < 300$	$10 \leqslant X < 50$	$X < 10$
	营业收入（Y）	$500 \leqslant Y < 20000$	$100 \leqslant Y < 500$	$Y < 100$
交通运输业 *	从业人员（X）	$300 \leqslant X < 1000$	$20 \leqslant X < 300$	$X < 20$
	营业收入（Y）	$3000 \leqslant Y < 30000$	$200 \leqslant Y < 3000$	$Y < 200$
仓储业 *	从业人员（X）	$100 \leqslant X < 200$	$20 \leqslant X < 100$	$X < 20$
	营业收入（Y）	$1000 \leqslant Y < 30000$	$100 \leqslant Y < 1000$	$Y < 100$
邮政业	从业人员（X）	$300 \leqslant X < 1000$	$20 \leqslant X < 300$	$X < 20$
	营业收入（Y）	$2000 \leqslant Y < 30000$	$100 \leqslant Y < 2000$	$Y < 100$

续表

行业名称	指标名称	中型	小型	微型
住宿业	从业人员（X）	100≤X<300	10≤X<100	X<10
	营业收入（Y）	2000≤Y<10000	100≤Y<2000	Y<100
餐饮业	从业人员（X）	100≤X<300	10≤X<100	X<10
	营业收入（Y）	2000≤Y<10000	100≤Y<2000	Y<100
信息传输业*	从业人员（X）	100≤X<2000	10≤X<100	X<10
	营业收入（Y）	1000≤Y<100000	100≤Y<1000	Y<100
软件和信息技术服务业	从业人员（X）	100≤X<300	10≤X<100	X<10
	营业收入（Y）	1000≤Y<10000	50≤Y<1000	Y<50
房地产开发经营	营业收入（Y）	1000≤Y<200000	100≤Y<1000	Y<100
	资产总额（Z）	5000≤Z<10000	2000≤Z<5000	Z<2000
物业管理	从业人员（X）	300≤X<1000	100≤X<300	X<100
	营业收入（Y）	1000≤Y<5000	500≤Y<1000	Y<500
租赁和商务服务业	从业人员（X）	100≤X<300	10≤X<100	X<10
	资产总额（Z）	8000≤Z<120000	100≤Z<8000	Z<100
其他未列明行业*	从业人员（X）	100≤X<300	10≤X<100	X<10

注：带 * 的项为行业组合类别，其中，工业包括采矿业，制造业，电力、热力、燃气及水生产和供应业；交通运输业包括道路运输业，水上运输业，航空运输业，管道运输业，多式联运和运输代理业、装卸搬运，不包括铁路运输业；仓储业包括通用仓储，低温仓储，危险品仓储，谷物、棉花等农产品仓储，中药材仓储和其他仓业；信息传输业包括电信、广播电视和卫星传输服务，互联网和相关服务；其他未列明行业包括科学研究和技术服务业，水利、环境和公共设施管理业，居民服务、修理和其他服务业，社会工作，文化、体育和娱乐业，房地产中介服务，其他房地产业等，不包括自有房地产经营活动。

资料来源：国家统计局网站，http://www.stats.gov.cn/tjsj/tjbz/201801/t20180103_1569357.html。

从表 6-7 可以看出，我国中小企业的资产总额明显偏低，由于固定资产较少、信息不充分等原因，中小企业的融资较困难。根据 2014 年来自华夏银行与搜狐理财频道通过对北京、山东、河南、广东和江苏等省份的 416 家中小企业的问卷调查后发现：有 210 家企业认为融资难是企业面临的瓶颈之一，有 201 家企业认为资金方面的问题是未来发展的风险问题之一。[①]

　　我国的学者在研究中小企业问题上积累了大量的文献。杨宏、罗秀妹（2006）通过"中国中小企业融资网"抽取 9 个行业的 135 家企业作为样本，对中小企业的融资现状进行了研究，研究的结果显示中小企业的融资需求很旺盛，但是融资渠道仍然以个人资本为主；由于中小企业的财务风险较大，没有相应的信用担保体系，加上企业管理方面的原因，银行对中小企业的贷款较少；企业在债务融资上主要依靠民间借贷。[②] 黄孟复（2010）对小企业融资状况进行了总结，发现小企业的融资难问题未从根本上解决，其资本结构仍然以个人资本为主。[③] 秦志辉、汤敏等（2017）认为中小微企业普遍存在融资难、融资贵的问题，30% 以上的中小微企业融资需求得不到满足。[④] 这种以个人资本为主的资本结构和我们前面分析的资本结构理论有一定的冲突，现代资本结构理论是建立在企业价值最大化的基础上的，而我国的中小企业面临目标多元化、所有权属于个人、有限责任弱化等问题。所有者在融资时出于"成本性、独立性和控制权"的考虑（Howorth，2001）[⑤]，和企业的价值最大化相比企业更关注控制权问题，企业主不愿稀释自己的控制权，由于向外融资的成本较高，他们宁可降低企业的价值选择自有资本或者是通过民间借贷解决。

　　企业用负债融资能够发挥财务杠杆的作用，带来节税效应，降低企业的资本成本，提高企业的投资报酬贴现率。债务的税盾效应是否也影响中小企业的融资，对其资本结构产生影响？

---

　　① 《中小企业网络生存调查报告》，搜狐网，http：// money. sohu. com/s2014/zcqybg/。
　　② 各地的调查数据显示，民间融资的规模较大，如 2004 年浙江、福建和河北的民间融资规模分别为 550 亿元、450 亿元和 350 亿元，约占各省贷款增量的 15% ~ 25% 。
　　③ 黄孟复：《中国小企业融资状况调查》，中国财政经济出版社 2010 年版，第 3 ~ 10 页。
　　④ 转引自王翠娟：《中小企业融资困境：辩证看待、综合施策》，载于《学习时报》2017 年 6 月 5 日。
　　⑤ 转引自田晓霞：《小企业融资理论及实证研究综述》，载于《经济研究》2004 年第 5 期，第 107 ~ 116 页。

安格（Ang，1991、1992）认为小企业缺乏利用负债税盾的动机在于：首先，多数企业采取的是个人独资企业或合伙企业形式，公司税和个人所得税融合到一起；其次，有限责任弱化使破产成本局部依附到个人身上，从而使企业的最优资本结构在很大程度上取决于个人层面。加上中小企业的盈利性小于大企业，和大企业相比，其抵挡财务风险的能力较强，所以中小企业也较少采用债务的税盾效应（Pettit & Singer，1985），[①] 迈克拉斯等（Michaelas et al.，2002）通过对英国的大样本小企业展开实证研究给出一个一般性结论，即税收政策、破产成本、未来成长机会、资产结构、运行风险、利润、行业差异、规模与年龄等皆会对中小企业的融资行为与资本结构产生影响。他们进一步指出，影响中小企业融资行为与资本结构的因素是复杂多维且动态变化的，要以全面长期特别是跨越经济周期的实证视角来重新审视各因素作用。更多研究成果显示诸如市场竞争、法制环境、国别因素、文化习俗价值取向等因素也会影响小企业融资行为与资本结构选择。[②]

从西方学者的研究中可以看出，由于各个学者所处的背景不同，其得出的结论也不同。我国学者在利用这些理论研究我国的中小企业融资问题时，同样存在以上问题：（1）我国中小企业在融资过程中更多关注的是企业的控制权问题，融资时更多地采用自有资金融资。在采用负债融资时，内外资中小企业表现出不同的特征，外资企业利用税盾效应的较多，而内资企业利用较少。总体看来，以税盾效应为目的的企业很少，这是因为我国的中小企业缴纳的是个人所得税，企业的所得即个人的所得，在计算个人所得税时，由于这些企业的财务资料不健全，征管难度较大，一般采用核定征收的方式，也就不存在

---

　　① 转引自田晓霞：《小企业融资理论及实证研究综述》，载于《经济研究》2004 年第 5 期，第 107～116 页。

　　② 张杰、尚长风：《资本结构、融资渠道与小企业融资困境——来自中国江苏的实证分析》，载于《经济科学》2006 年第 3 期，第 35～46 页。

利息费用扣除的问题，降低了企业负债融资的热情。（2）企业负债融资过程中，来源于银行的资金较少，资金主要来源于民间借贷，而民间借贷的利息费用较高，即使有的企业缴纳企业所得税，按照税法规定也不能全部扣除，在全额扣除的情况下，企业也必须要有足够的利润才可以，这些因素也降低了负债带来的税盾效应。（3）和税盾效应带来的利益相比，企业的生存和发展更重要。正如国外的一句谚语所讲的，"税收的尾巴不能摆动经济这条狗"。在企业生存和发展方面，税收只是中小企业的尾巴，尾巴再重要，也没有企业的战略发展重要。如我国的《个人独资企业法》和《合伙企业法》都规定个人对其债务承担无限责任，企业财产不能偿还的，要以个人财产偿还，合伙人之间承担连带责任，这些规定在一定程度上降低了中小企业利用债务税盾的激情，债务资本的硬预算约束发挥重要的作用。

但是，这些问题的存在并不能证明负债的税盾效应不存在，或者税收对中小企业的融资没有的影响。胡竹枝（2005）利用武汉市的中小企业为样本研究了中小企业资本结构和企业价值最大化的问题，结论显示，中小企业的资本成本和企业价值负相关，和财务杠杆正相关，这说明负债的税盾效应还是存在的。其他学者研究的实证资料也证实了我国的中小企业融资也应该采取"啄食"顺序。只是由于目前我国的中小企业处于创业期和成长期，追求的目标多元化，负债的税盾效应被其他因素遮盖了。这从侧面说明我国企业融资制度亟须改革，要建立完善的资本市场，发挥税收对中小企业融资的正常作用。

综上所述，中小企业的资本结构治理效应体现为企业的资本主要来源于企业主自己，企业主既是财务资本的提供者，也是人力资本（经营者）的提供者。因此，中小企业的剩余索取权和控制权掌握在企业主手中，在企业治理的过程中，企业主享有企业的支配地位。

6.3.2　非上市国有企业制度安排的税收效应

我国非上市国有企业财务资本主要来源于银行借款，这并不是我国非上市国有企业融资过程中符合"啄食理论"的理性选择,而是企业在无内源资金情况下的无奈之举,也是我国计划经济体制遗留的弊端。

改革之初,在传统体制下,财政、银行和国有企业之间基本上属于"三位一体"的关系。企业融资基本上依赖于财政拨款和银行的指令性、政策性贷款,财务资本的成本很低甚至负利率,形成了国有企业长期以来比较单一的融资结构和信贷软约束。随着改革的推进,国有企业作为国有资产主要承载体,资产负债率不断上升,而且远远高于工业发达国家水平。1980 年,国有工业企业资产负债率仅为18.7%,流动资产负债率为48.7%;1994 年,在已完成资产清查的12.4 万户工商企业中,资产总额41370.1 亿元,负债总额31047 亿元,所有者权益为10321.1 亿元,平均资产负债率为75.04%,企业流动资产基本依赖负债。① 据国家统计局对 492 家国有大中型企业的调查,1997 年底平均负债率为65%,国家1994 年确定的 100 家现代企业制度试点企业负债率为65%。国企所面临的"软预算约束"使它们偏好于债务融资(实际上就是所谓的"吃银行")。1999 年平均负债率下降为61.2%,2000 ~ 2002 年分别为60.78%、59.02% 和59.14%,负债比例仍然很高。与此相比,国有企业的自我积累能力较弱,1998 ~ 2002 年,资产净利率分别为0.70%、1.25%、2.89%、2.74% 和2.98%,平均值仅为2.11%。② 钟宁桦(2017)调查显示,1998 ~ 2013 年非上市企业的负债率虽然从65% 下降至51%,但仍高达50% 以上。③ 另据国泰君安 2017 年针对 4000 多家公司的调查数据,2013 年以后,国有企业的平均负债率持续攀升,且其始终高于

---

① 卫珑:《关于企业债务包袱问题的综述》,载于《财经政法资讯》1996 年第 3 期,第 57 ~ 61 页。

② 非上市国有企业为大中型企业数据,数据来源于《中国统计年鉴》。

③ 《同济经管钟宁桦教授谈 2008 年后我国经济发展的几个问题》,同济经管,http://sem.tongji.edu.cn/semch/? p = 24646。

民营及外资企业，从 2013 年的 53.2% 回升至 2016 年的 57.8%。[①] 可见，非上市国有企业的负债率作为沉重的债务负担制约了非上市国有企业的经营绩效与获利能力，影响了企业治理结构的良性发展。

非上市国有企业依赖负债融资的主要原因不是负债带来的节税效应。一是由于计划经济给企业遗留了大量的社会问题，企业积累资金的能力较弱，根本没有上市融通资金的能力，加上国有企业和银行之间长期以来形成了"是一家"的思想，认为都是国有资产，加上政府的干预，导致国有企业长期以来依靠银行的高负债生存。二是税盾效应的发挥必须建立在企业的负债—权益比率适当的基础上。所谓负债—权益比率适当是指：（1）借入资本的预期利润率应大于或等于借款利息率，才能保证这一项目盈利或至少持平。（2）考虑到企业的暂时周转困难或为了企业的长远发展，企业借款的预期利润率可以小于企业借款利息率，但必须大于企业的加权平均资本成本（k_{WACC}）。保证企业借款的预期利润率大于或等于 k_{WACC}，才能保证企业在借入这笔款项之后，企业总体资本仍保持盈利或至少持平。（3）企业举债的最终临界点是借入资本的期望利润大于 0。这是考虑到某些处于上升阶段的企业为了迅速形成生产规模、占领市场或开发新产品而提出的。这时，企业资本利润率可能小于借款利息率，甚至小于 k_{WACC}，即企业处于净亏损状态，但只要借入资本可以获得一定收益并且是上升趋势，企业就敢于负债。

但是非上市国有企业大部分是一些规模较小和效益较差的企业。1985 年实行"拨改贷"以后，国家财政几乎不对国有企业增注资本金。商业银行代替国家财政以信贷的方式向国有企业注资，国有企业与商业银行之间由此确立了一种刚性依存关系，对国有企业而言基本不存在内源性的融资机制。所以，外源债务融资成为国有企业最基本的融资形式。由于商业银行与国有企业具有同构的国有资本结构，国

---

① 2017 年中国债券市场的风险有多大，国泰君安证券，http：//www.gtja.com/content/default/info/jpyj/sxjjxj/sxjjxj_zqsc_20170228.mobile.html。

家承担担保救助承诺，商业银行的信贷资金蜕变为租金，所以它们之间并不存在严格意义上的债务关系。既然债被赋予了特殊的内涵，那就意味着欠债的收益大于欠债的成本。企业不良贷款本金可以挂账，应付未付利息可以进成本增加现金流量；商业银行不良资产可以挂账，一定期限内的应收未收利息可以体现当期损益，既满足了一部分银行经理人员对利润的追求，又满足了国家效用函数的最大化——税收不漏、经济增长的要求。其后果是：在这种软的预算约束下，国有企业普遍感受不到债权资本成本的压力，一笔资金的注入引起的往往不是经营绩效的改善和财务状况的好转，而是更大的资金需求，国有企业因此对银行贷款形成更强的依赖倾向；对于国有银行而言，尽管已不堪重负，但一旦向国有企业提供初始贷款，就很难做到不继续提供贷款，因此国企亏损和高负债率与金融系统的风险"双高"问题凸显；在地方政府、中央银行、地方分支机构以及国有企业之间，各经济主体将其精力放在如何争夺更多的信贷资金上，而对其资金使用效益如何则不太关心，大量资金被就业、社会稳定等因素所约束而失去增值的属性。

由于上述因素的影响，税收虽然能够影响非上市国有企业的融资，但是税收在企业融资决策中已经显得微不足道。因此，非上市国有企业的治理结构由于股东的缺位，更多地体现为内部人控制或者是银行接管，企业的治理结构呈现多元化。

6.3.3　上市公司制度安排的税收效应

大量的实证资料证明我国的上市公司在融资方面偏重于股权融资，这和西方的啄食理论同样是相悖的，而且和中小企业以及非上市国有企业融资一样，大量的实证资料显示债务税盾效应和非债务税盾对上市公司融资的影响不大。

目前我国的上市公司适用的企业所得税的标准税率为25%，而从深圳上市公司 2014~2016 年三年的所得税税负分析看，深圳上市公司的所得税税负为 20% 左右。[①] 上市公司的平均所得税率根据资料粗略估算为 27.37%。从个人所得税来看，我国利息、股息、红利所得的税率均为 20%，也就是说个人所得税对我国上市公司的融资影响是无差异的，从税收的角度讲，投资者可以选择购买企业的股票，也可以选择购买企业的债券。尽管企业负债有财务风险，但是我国的上市公司一般有政府做担保，破产的可能性较小，也就是说破产成本在上市公司融资过程中可以忽略不计。

目前我国上市公司适用 25% 的企业所得税税率，即使按照平均税率为 20% 计算，也明显高于 20% 的个人股息、利息所得税税率，加上我国目前暂不征收资本利得税，按照第 4 章资本利得税下的企业价值计算公式：

$$V_L = V_U + B \times (1 - T_b) \times \{1 - (1 - T_C) \times [(1 - T_s) \times b + (1 - T_g) \times (1 - b)] / (1 - T_b)\}$$

我们将该公式简化一下，设：

$$(1 - T_b) \times \{1 - (1 - T_C) \times [(1 - T_s) \times b + (1 - T_g) \times (1 - b)] / (1 - T_b)\} = g$$

则公司价值为：

$$V_L = V_U + B \times g \qquad (6-1)$$

$T_b = T_s = 20\%$，$T_C = 25\%$ 或 20%，$T_g = 0$，$0 \leqslant b \leqslant 1$。

分别计算企业税率为 25% 和 20% 时企业价值为：

$$V_L = V_U + 0.8B \times [1 - 0.75 \times (1 - 0.2b) / 0.8] \qquad (6-2)$$

$$V_L = V_U + 0.8B \times [1 - 0.8 \times (1 - 0.2b) / 0.8] \qquad (6-3)$$

则 g 分别为 $0.8 \times [1 - 0.75 \times (1 - 0.2b) / 0.8]$ 和 $0.8 \times [1 - 0.8 \times (1 - 0.2b) / 0.8]$

因为 $0 \leqslant b \leqslant 1$，所以两种情况下的 g 均大于 0，则 $g \times B$ 大于 0，所以在两种税率下，负债融资都增加了企业价值，而且税率越高，增

---

① 范琼、邓妮媚：《深圳上市公司税负情况分析》，载于《证券市场导报》2017 年 11 月。

加的价值越多。当然，这并不能排除企业在享有税收优惠的情况下，利用该公式计算反而出现负债融资减少企业价值的情况，但是税收的优惠没有普遍意义。

以上分析说明：在假设公司税前现金流量不受公司资本结构变化的影响，并且不存在交易成本或套利机会的情况下，一家负债公司的价值比另一家无负债公司（但其余情况等同）的价值高，很显然负债增加了公司价值。因此，从理论上讲，在股权融资和负债融资面前，我国上市公司应该选择优先负债融资。

可是，为什么我们通过理论研究以及计量研究得出的结论在现实中没有得到验证呢？从理论上讲，上市公司利用负债融资能够得到税盾效应，即使在亏损的情况下，由于我国税法规定了5年的亏损弥补期，在利息费用没有得到扣除的情况下，因以后在弥补期内可以抵扣，同样给企业带来了税盾效应。但是上市公司偏好股权融资却是事实。表6-8显示了1995~2000我国上市公司融资的情况，通过该表可以看出，上市公司主要的融资渠道为股权融资，而且越是绩效好的公司越选择股权融资。

表6-8　　　　　　　　1995~2000年上市公司融资情况　　　　　单位：%

年份	未分配利润大于0的公司			未分配利润小于0的公司		
	内源融资	外源融资		内源融资	外源融资	
		股权融资	债务融资		股权融资	债务融资
1995	12.40	51.48	36.13	9.50	48.78	41.73
1996	14.75	49.40	35.85	3.23	39.38	57.40
1997	15.43	52.23	32.35	-3.28	47.05	56.23
1998	13.73	46.18	40.10	-10.55	50.63	59.93
1999	14.23	51.15	34.63	-15.85	55.33	60.50
2000	19.19	53.23	27.59	—	—	—

资料来源：王明虎等：《上市公司财务问题》，经济管理出版社2004年版。

综上所述，尽管从理论上分析利用债务融资能够提高公司价值，但是公司选择股权融资应该说是在目前条件下的最佳选择。这主要是由我国目前的证券市场制度不规范以及各地方政府的税制博弈造成的。

（1）证券市场不规范导致股权融资的成本低于债权融资的成本。

第一，红利派发压力小。在国有企业改制背景下的企业上市更多是行政行为，加上我国的投资者更多的是想获得风险溢价，所以我国的上市公司没有派发红利的压力。据统计，在沪深股市上千家上市公司中，有 20% 的公司从没给股东分过红。1999 年不分红上市公司高达 60%，2000 年在证监会要求下，虽有 60% 以上的公司进行了分配，但扣税后社会公众股东只分到区区 100 亿元，与 1.6 万亿元的流通市值相比，投资回报率只有 0.63%，几乎没有投资价值。[①] 2001 ~ 2003 年 3 年中累计现金分红超过 0.5 元的公司只有 127 家，3 年平均股息率仅为 0.72%。2008 年金融危机爆发后，虽然分红的企业有所上升，但仍有 30 家企业从上市至今从未分过红。[②]

第二，我国股市是新兴市场，存在天然的股权结构缺陷，即有大量不能上市流通的国家股和法人股，因而在总股本中比例非常小的流通股在二级市场上的交易不会引起公司控制权的转移，对公司行为与经理人的约束相当弱，使得"用手投票"和"用脚投票"机制均无法实现，中小股东持有的流通股只能在二级市场上博取差价，所以市场充斥着大量的投机行为。绝大多数上市公司根本感受不到来自股东的压力和市场的真正威胁，股权融资对他们来说几乎没有风险，或者比债券融资的风险还要低。

（2）资本市场不完善制约了绩优上市公司对债务融资的选择。

---

① 胡学光、林文俏：《我国股市投机行为的制度性原因分析》，中宏数据库 2001 年 7 月 27 日。

② 《A 股现金分红缘何增多》，新华网，http：//www.xinhuanet.com/money/2018 - 03/28/c_129839290.htm。

我国的资本市场是单一品种主导的市场，股票与债券的比例失衡。发达国家成熟市场的债券融资是股票融资的 3～10 倍，而我国的证券市场却是股票独大，这主要是制度性因素造成的。在西方的公司发展历程中，啄食理论一直得到了验证。无论是在修建铁路时期，还是在电讯革命时代，债券融资都优先于股票融资。但是，在我国的金融市场上，由于特定的制度因素使这种有利于债券融资的优先次序并不存在。

因此，由于我国的上市公司以股权融资为主，治理结构仍然遵循了股东至上的模式，而在股东缺位的国有企业里面又体现为内部人的控制为主。

从以上对我国中小企业、非上市国有企业和上市公司的分析可以看出，目前我国的企业资本结构不尽合理，在融资过程中出于各自的理性考虑，形成了中小企业偏好内部融资、国有企业偏好负债融资、上市公司偏好股权融资的三元模式。西方的啄食理论在我国企业的融资中没有得到验证，三元模式的形成应该说是目前体制下的理性选择，税收对企业融资的影响也必须受到现实各种因素的制约，否则，就税收论税收是没有意义的。我们要做的是如何通过税收因素促使各利益相关者在目前的状态下更理性，使企业的治理结构更完善。

6.4　优化企业税收效应的路径选择

6.4.1　企业税负优化

根据前面的税制结构分析中可知，从宏观的角度讲我国企业的流转税税负偏重，而所得税税负偏轻；从微观的角度讲，我国的流转税和所得税的税负都存在不同程度的缺陷。笔者认为应从宏观和微观两个方面优化企业的税负。

1. 企业宏观税负的优化

企业宏观税负优化的问题也就是如何解决企业税收和经济增长之间的关系问题。早在 1983 年凯思·马斯顿（Keith Marsden）就曾采用了实证分析方法，选择 10 组 21 个国家，通过比较分析揭示了宏观税负与经济增长的基本关系。他得出的结论是：低税国家的或税负适中的国家的经济增长幅度明显要大于高税负国家，宏观税负值每增加 1%，经济增长率就下降 0.36%，也就是高税收负担是以牺牲经济增长为代价的，这几乎成了一个普遍的规律。长期以来，我国的宏观税负与经济增长的走势基本相同，图 6 - 2 显示了企业税负与 GDP 之间的关系。

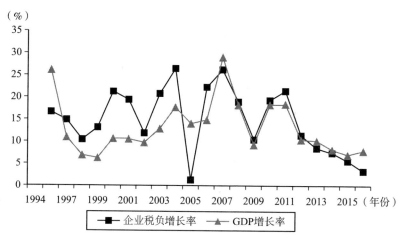

图 6 - 2 1994 ~ 2016 年企业税负与 GDP 走势

资料来源：作者根据相关资料整理而得。

其中，企业税收收入为增值税、消费税、营业税、内资企业所得税与外商投资企业和外国企业所得税之和。在整体个税收收入中，即使不考虑其他税种的存在，这 5 种税也占到了税收收入的 80% 以上，因此，我们可以通过测算宏观税负的高低来测算企业税负的高低，从而确定企业的整体最佳税负水平。根据拉弗曲线的原理我们知道，只有在最佳税率上，才会取得最大的收入。下面，我们通过计量模型加以测算。

根据尼斯卡宁（1997）的模型，考虑到各种财政变量与总产出可能存在的非线性关系，应利用对数形式的经济和财政变量。在实证计量上，我们构造以下最基本的凹增长函数：

$$g = a_1 \ln(T) + a_2 t + \varepsilon \qquad\qquad (6-4)$$

其中，g 为经济增长率，T 为宏观税率，ln 指自然对数，ε 为随机误差项。另外，还应考虑收入增长的反馈以及产出的价格指数和时间趋势因素，所以，税收与经济增长关系更为一般的经验模型可扩展[①]为：

$$g = a_0 + a_1 \ln(T) + a_2 T + a_3 \ln(\Delta G) + a_4 \ln(P) + a_5 t + \varepsilon \quad (6-5)$$

其中，ΔG 为人均真实 GDP 的增长额，P 为总产出（GDP）的价格水平，t 表示时间趋势项，$a_j(j = 0, 1, \cdots, 5)$ 是待估计的参数。按凹函数的定义，应该有 $g'' = -a_1/T^2 < 0$，即 $a_1 > 0$。同时由于税收有正负两方面的影响，那么应该有 $a_2 < 0$。利用上述模型，使经济增长率最大化的宏观税率 T 由 $g' = a_1/T + a_2 = 0$ 决定，即 $T = -a_1/a_2$。

我们利用上述模型以我国 1979~2016 年为样本空间（见表 6-9），在样本期内利用普通最小平方法（OLS）对税收与经济增长模型进行估计，结果如表 6-10 所示。经检验，各变量均为平稳变量。其中，截距项和时间趋势项不显著，所以，在最终估计模型中已被剔除，其余参数均通过检验。估计的效果较好，拟合系数达到 99%，不存在序列相关问题，系数单独和联合检验均很显著，而且与理论预期的符号相符。经济增长对收入增长和价格均正相关；宏观税率对经济增长的直接影响为负，即 T 的系数小于 0，但有间接的正作用，即 T 的对

---

① 郝春虹：《中国税收与经济增长关系的实证检验》，载于《中央财经大学学报》2006 年第 4 期，第 1~6 页。

数的系数大于 0，符合凹函数的定义。宏观税率每增加 1%，经济增长率将增加约 2.16%；宏观税率每提高 1 个百分点，经济增长率将降低 0.10 个百分点。根据最优税收规模的计算公式 $T = -a_1/a_2$，使经济增长最大化的最优宏观税率是 20% 左右。上述经验分析的结论是：如果从保证最大的经济增长率角度决定最优的宏观税率，则我国的经验数据被证明应该是 20% 左右，也就是说，不包括行政收费，从税收收入占 GDP 的比重看，保持 20% 的水平是最有利于经济增长的。

表 6 - 9　　　　　1979～2016 年经济增长率、宏观税率、

人均 GDP 和 GDP 的价格样本数据

年份	实际 GDP（亿元）	宏观税负（%）	人均真实 GDP 增加（元）	GDP 的价格（%）
1979	3958.29	25.58	23.33	41.2958
1980	4420.34	22.29	42.61	42.7794
1981	4821.57	20.23	34.56	44.3981
1982	5380.03	18.82	48.16	45.3938
1983	5953.73	18.69	47.79	45.4499
1984	6936.08	17.24	87.53	45.9059
1985	8253.82	24.89	116.59	48.1721
1986	9908.71	22.44	143.60	53.1042
1987	11590.22	19.76	139.93	55.6096
1988	13538.16	19.60	159.83	58.4134
1989	15817.98	18.24	185.33	65.4992
1990	17849.71	17.34	158.59	71.1378
1991	20628.08	13.11	219.47	75.2155
1992	25130.40	11.64	364.53	80.2382
1993	30974.54	11.55	471.46	86.8286
1994	40310.72	10.43	754.02	100.0000

续表

年份	实际 GDP（亿元）	宏观税负（%）	人均真实 GDP 增加（元）	GDP 的价格（%）
1995	53987.63	9.74	1098.46	113.6184
1996	67412.56	9.82	1055.76	121.0360
1997	78420.46	10.32	839.21	123.0341
1998	85932.77	10.68	543.61	121.9786
1999	91755.56	11.39	404.72	120.3951
2000	98262.38	12.63	458.12	122.8673
2001	108603.35	13.45	757.11	125.4239
2002	120951.65	13.67	906.88	126.2180
2003	133889.14	14.55	945.60	129.5485
2004	151301.63	15.9	1282.09	138.5720
2005	180289.99	16.48	2154.97	143.9745
2006	211108.41	17.16	2273.75	149.6556
2007	250598.77	18.30	2912.62	161.3806
2008	296444.84	18.11	3364.11	173.9400
2009	349549.96	18.08	3877.86	173.7069
2010	386084.03	18.74	2604.44	185.8306
2011	452268.18	19.57	4786.23	201.0467
2012	527955.35	20.50	5440.19	205.7733
2013	582516.06	20.16	3826.24	210.2696
2014	638697.25	20.12	3901.92	212.0068
2015	688408.21	19.75	3387.83	212.2051
2016	735218.60	18.89	3129.71	214.7764

注：（1）宏观税负是指各项税收占 GDP 的比重；（2）GDP 价格以计算的 1994 = 100 的 GDP 平减指数表示。计算公式：第 T 年的 GDP 价格 = 1994 年 GDP 指数/第 T 年 GDP 指数×第 T 年名义 GDP/1994 年实际 GDP。

资料来源：历年《中国统计年鉴》《中国税务年鉴》。

表 6 - 10　我国经济增长与人均 GDP、GDP 的价格、宏观税率的 OLS 估计

变量	系数	
LNTAX	2. 165028 （11. 91）	R² = 0. 996767,　　D. W. = 2. 03,　　F = 4. 61 最优税率 T = - a₁/a₂ = 2. 165028/ - 0. 104806 = 20. 66%
TAX	- 0. 104806 （ - 9. 07）	
LN	0. 093327 （3. 90）	
ΔG	0. 831060	
LNP	6. 75	

从以上分析可知，我国最佳的宏观税率应在 20% 左右，我国现行的企业税收收入占整体税收收入的比重为 80% 以上，保守估计我国企业的整体宏观税负在 16% 左右，但目前我国的企业税负按照流转税和所得税计算，从 1994 年到 2016 年，宏观税负最高为 20.5%，从企业的宏观税负看，企业的整体税负水平不高，随着费改税的推进，我国的企业整体税收收入还有上涨的空间。但是，由于在进行测算时没有考虑费用缴纳的情况，所以测算的最佳税率可能和实际的有出入。

2. 企业微观税负的优化

从微观层次看，企业税负的优化问题是如何界定有效税率的问题。但是我们国家的企业税负偏重主要是由于非税因素造成的，而且在后面关于税制结构优化方面，我们还会对主要税种的优化进行分析，因此，这里我们仅仅探讨非税因素的问题。我国企业的微观税负过重的很大一部分原因在于费用的缴纳导致企业的负担过重。加上费用不在税收收入的统计资料中进行核算，往往会出现名义税负偏低，而实际税负偏高的局面。笔者认为对于费改税的问题关键在于要改革政府的相关制度，特别是对政府本身加以约束，所以费改税的问题绝不是一朝一夕的问题。首先，应加大清理力度，健全收费的法制监督体系，全面整顿各项不合理收费。应针对收费的不同类别和不同情况尽快以法律和法规的形式加以规范，从各种收费的立项审批、收支管理、监督检查到违纪处罚等各个环节，采取多种方式的改革，以实现税费改革的分流归位，不合理的就取消，不合适的就调整。其次，规范政府收支机制，促进税费改革。我国的收费膨胀与政府收支机制不规范和政府职能不到位有深刻的关系，在进行税费改革的同时，应规范政府收支机制。我国现行的收费机制是一种利益驱动机制，收费与地方部门、单位甚至个人利益有密切的联系，收费越多，受益就越大，一些地方政府部门的领导急功近利，盲目上项目，资金不足便以收费的方式筹集，形成大量重复建设，造成资金的巨大浪费。我们要抓住政府收支的新机制，规范政府的收支行为，健全政府收支体系，将各项收支全部纳入绩效管理，确保政府各项职能的实现，为治理收费膨胀创造良好的制度环境。

6.4.2　企业税制结构优化

1. 流转税优化

（1）增值税优化。

①简并增值税税率。现行增值税最大的问题就是存在多档税率，易导致行业间的税负不公平，目前我国增值税税率设计了 16%、11% 和 6% 三档税率，并且还有 5% 和 3% 两档征收率，税率档次设计过多增加了征管和遵从成本。从目前各国增值税的税率结构看，OECD 和欧盟大多数成员方实行的增值税税率都不超过三档，拉美 15 国、金砖 4 国、上海合作组织 6 国以及中国周边 20 国中，大多数国家实行的增值税税率都不超过两档。表 6 - 11 显示了 OECD 成员方增值税的实施时间和税率结构状况。

表 6—11　OECD 成员方增值税开征时间及税率变化一览表

单位：%

国家	开征时间	税率													低税率
		2005	2007	2008	2009	2010	2011	2012	2013	2014	2015	2016	2017	2018	
澳大利亚	2000	10	10	10	10	10	10	10	10	10	10	10	10	10	0
奥地利	1973	20	20	20	20	20	20	20	20	20	20	20	20	20	10/13
比利时	1971	21	21	21	21	21	21	21	21	21	21	21	21	21	0/6/12
加拿大	1991	7	6	5	5	5	5	5	5	5	5	5	5	5	0
智利	1975	19	19	19	19	19	19	19	19	19	19	19	19	19	—
捷克	1993	19	19	19	19	20	20	20	21	21	21	21	21	21	10/15
丹麦	1967	25	25	25	25	25	25	25	25	25	25	25	25	25	0
爱沙尼亚	1991	18	18	18	18	20	20	20	20	20	20	20	20	20	0/9
芬兰	1994	22	22	22	22	22	23	23	24	24	24	24	24	24	0/10/14
法国	1968	19.6	19.6	19.6	19.6	19.6	19.6	19.6	19.6	20	20	20	20	20	2.1/5.5/10
德国	1968	16	19	19	19	19	19	19	19	19	19	19	19	19	7
希腊	1987	18	18	19	19	19	23	23	23	23	23	23	24	24	6/13
匈牙利	1988	25	20	20	20	25	25	27	27	27	27	27	27	27	5/18
冰岛	1990	24.5	24.5	24.5	24.5	25.5	25.5	25.5	25.5	25.5	24	24	24	24	0/11
爱尔兰	1972	21	21	21	21.5	21	21	23	23	23	23	23	23	23	0/4.8/9/13.5

续表

| 国家 | 开征时间 | 税率 | | | | | | | | | | | | | 低税率 |
		2005	2007	2008	2009	2010	2011	2012	2013	2014	2015	2016	2017	2018	
以色列	1976	17	15.5	15.5	15.5	16	16	16	17	18	18	17	17	17	0
意大利	1973	20	20	20	20	20	20	21	21	22	22	22	22	22	4/5/10
日本	1989	5	5	5	5	5	5	5	5	5	8	8	8	8	—
韩国	1977	10	10	10	10	10	10	10	10	10	10	10	10	10	0
拉脱维亚	1995	18	18	18	21	21	22	22	21	21	21	21	21	21	5/12
卢森堡	1970	15	15	15	15	15	15	15	15	15	17	17	17	17	3/8/14
墨西哥	1980	15	15	15	15	16	16	16	16	16	16	16	16	16	0
荷兰	1969	19	19	19	19	19	19	19	21	21	21	21	21	21	6
新西兰	1986	12.5	12.5	12.5	12.5	12.5	15	15	15	15	15	15	15	15	0
挪威	1970	25	25	25	25	25	25	25	25	25	25	25	25	25	0/12/15
波兰	1993	22	22	22	22	22	23	23	23	23	23	23	23	23	5/8
葡萄牙	1986	19	21	21	20	20	23	23	23	23	23	23	23	23	6/13
斯洛伐克	1993	19	19	19	19	19	20	20	20	20	20	20	20	20	10
斯洛文尼亚	1999	20	20	20	20	20	20	20	20	22	22	22	22	22	9.5
西班牙	1986	16	16	16	16	16	18	18	21	21	21	21	21	21	4/10

续表

国家	开征时间	税率													低税率
		2005	2007	2008	2009	2010	2011	2012	2013	2014	2015	2016	2017	2018	
瑞典	1969	25	25	25	25	25	25	25	25	25	25	25	25	25	0/6/12
瑞士	1995	7.6	7.6	7.6	7.6	7.6	8	8	8	8	8	8	8	7.7	0/2.5/3.8
土耳其	1985	18	18	18	18	18	18	18	18	18	18	18	18	18	1/8
英国	1973	17.5	17.5	17.5	15	17.5	20	20	20	20	20	20	20	20	0/5
未加权平均税率		17.8	17.8	17.7	17.7	18.1	18.7	18.8	19	19.1	19.2	19.2	19.2	19.2	

资料来源：OECD 网站，http：//www.oecd.org/tax/tax-policy/tax-database.htm。

从表 6 - 11 可知：OECD 成员方中除美国以外的 34 个国家均征收了增值税。在这 34 个国家中，澳大利亚、瑞士、斯洛文尼亚和拉脱维亚 4 个国家开征增值税的时间比我国晚。从各国的增值税的标准税率变化看，从 2005 ~ 2018 年间，澳大利亚、奥地利、比利时、智利、丹麦、土耳其、韩国、挪威和瑞典 9 个国家的标准税率维持不变，其他国家虽然有些变化，但变化不大，主要体现在 2008 年后普遍提高了标准税率，究其原因，主要是金融危机爆发后，由于各国财政收入捉襟见肘，加上要维持所得税的竞争力，所以为了财政收入的考量提高了增值税的标准税率。这一点从各国的平均税率也可以看出，从 2008 年的 17.7% 逐步提高至 2015 年的 19.2%，并一直维持至 2018 年。从各国增值税税率结构看，2018 年 34 个国家中除了卢森堡、意大利、爱尔兰和法国 4 个国家的增值税税率为 4 档外，其余国家的增值税税率均在 3 档及以下，此处不考虑零税率这种免税的情况。此外，从 2018 年的标准税率看，大部分 OECD 成员方的增值税标准税率高于我国 16% 的标准税率，而且其平均税率 19.2% 也高于我国的标准税率。

应该说，与 OECD 成员方等发达国家相比，尽管我国增值税的标准税率并不高，但是税率结构较为复杂，可能会引发"高征低扣"和"低征高扣"的现象，抑制了增值税中性作用的发挥。由于多档税率间存在着一些模糊边界，给税收征管和纳税遵从带来了困惑。此外，由于增值税是对增值额课税，从理论上讲，只有生产和流通等各环节税率相同时，才不导致税负差异，才能更好地发挥增值税的中性作用。而复杂的税率结构会扭曲生产者和消费者的行为决策，从而干扰市场资源配置，不利于企业间的公平竞争。因此，应简化我国增值税的税率结构。[①]

②打通进项税额抵扣链条。我国增值税制度改革至今，在企业层

---

① 刘和祥：《"三档并两档"：进一步优化增值税税率结构的探讨》，载于《证券日报》2018 年 9 月 2 日。

面所反映的增值税税负上升的问题绝大多数来源于抵扣链条的不完整，增值税无法完全传导至最终的消费者，从而导致税负在中间环节企业层面的沉淀。目前，我国增值税制度中几个突出的链条断裂的节点在于：大部分小规模纳税人的进项税额无法抵扣；企业利息支出的进项税额无法抵扣；中央财政补贴与地方财政补贴在是否征税上政策不统一；一些无法获得发票的事项用差额计税的方式予以扣除；增值税普通发票无法抵扣；等等。打通增值税的抵扣链条才能消除重复征税，进而可以减少企业的税收负担，这也是现代增值税制度的必然选择。[1]

（2）消费税优化。

①扩大征收范围。包括扩大对高耗能、高污染和资源性产品的征收范围，以及扩大对高档消费品和消费行为的征收范围。一次性餐具、高档皮毛服装、高档保健品等都应纳入扩围范围。此外，将营改增试点扩围到与服务业相适应，将高尔夫球运动、狩猎、飞机租赁等部分高档服务消费纳入消费税征收范围，也是改革的一个方向。

②调整征收环节，即从生产环节移至零售环节。考虑到征管的现实性，可能不会"一刀切"，而是选取具有可操作性的部分，例如贵重首饰及珠宝玉石、鞭炮和焰火、摩托车、小汽车、游艇和成品油等，改为在零售环节也就是消费者所在地征收。与此相对应，零售环节征收的消费税划归地方，也就是说，消费税也将从当前的中央税改为共享税。[2]

2. 企业所得税优化

企业所得税系的优化不仅包括企业所得税本身的优化，而且还包括社会保险税的开征以及个人所得税的协调问题。

---

[1] 李旭红：《国际视野下的增值税改革与选择》，载于《中国财经报》2018 年 8 月 31 日。

[2] 孙韶华：《消费税改革应加速推进》，载于《经济参考报》2017 年 8 月 24 日。

（1）企业所得税优化。

2008 年"两税合并"后，虽然解决了内外资企业所得税"双轨制"的问题，但在以下方面仍需要进一步改革。

长期看所得税率调整仍为大势所趋，有助改善企业业绩。从更长期看，企业所得税税率调整仍为大势所趋：一是近年来我国企业实际承担所得税税率越来越高。以 A 股上市公司为例，自 2008 年《企业所得税法》正式实施以来，实际承担的企业所得税税率从 2008 年的 19.2% 逐渐升至 2015 年的 23.3%，适用企业所得税优惠税率的企业并不多。二是海外国际税收竞争格局突变或将倒逼企业所得税改革。特朗普税改后美国的企业所得税税率从原来的 35% 降至 21%，英国 2016 年 11 月正式批准至 2020 年将企业所得税率下调至 17%，而避税行为将使英美企业实际承担的企业所得税税负更低，为保持税收竞争优势，避免资本和制造业外流，我国应将加快企业所得税率调整。从经济学来讲，征税将造成税收无谓损失，引发市场资源配置低效率，而降税则将刺激企业生产，实现经济增长。①

第一，税率的设计应该考虑到国际一般水平和相邻国家的水平以及我国的财政和企业的承担能力。我国企业所得税的法定税率为 25%，小型微利企业为 20%，高新技术企业为 15%。25% 的税率和国际相比应该说不高，但是考虑到目前我国的企业的税收负担较重，而且很多是以费的形式出现的，企业所得税税率还可以再降低些。我国政府定为 25% 估计是考虑到了增值税转型带来的财政压力，如果企业所得税税率过低的话，财政的压力太大。

第二，税率的安排要考虑税基的宽窄。我国新旧企业所得税的征税范围基本相同，但是扣除项目名目繁多，不易操作，加上税法和会计之间的冲突，造成了大量的税款流失。目前，我国的会计准则已经和国际会计准则趋同，对企业收入等项目的确认有了较大的调整，税

---

① 荀玉根：《企业所得税改革是关键——财税改革系列（2）》，慢钱头条，http://toutiao. manqian. cn/wz_13F8Ujeskv. html。

法也要及时和会计准则相互协调，减少纳税人的遵从成本。

第三，税率的设计还要考虑整个企业税收体系的功能发挥，在所有的税费里面，企业所得税是最后一个缴纳的，它的高低直接影响了企业的经营、投资和融资活动。如果税负低的话，企业就可以积累大量的自有资金，刺激企业投资，相反则抑制企业的投资水平。

综合起来考虑，我国企业所得税的税率定为20%左右符合我国目前发展的要求。

（2）采用"双率制"避免经济性重复课税。

所谓双率制，即对企业的已分配利润适用较低税率，而对保留利润课以较高税率的办法。其优点在于只需调整企业所得税，变动较小，实行容易，而且政府不会一下放弃过多的税收利益，比较容易保持税收收入的稳定，在政治程序上也比较便利。鉴于我国目前的现实情况，采用"双率制"的方式是最佳的选择，对分配的利润采用低税率，对企业的留存收益采用高税率，从而促进企业存量利润的再投资。

（3）取消社会保险费，开征社会保险税。

对于社会保险税的开征应从征税范围、计税依据、税率设计几个方面加以优化。

①社会保险税的税目及计税依据。第一，税目的确定。现有的保险费包括城镇职工基本养老保险、基本医疗保险、失业保险、工伤保险和女工生育保险五个项目，由于前三项保险对社会经济影响最大，其改革进行得也最为广泛和深入，因此，将其列为保险税的税目是合乎当前的经济发展要求的。对于工伤保险、女工生育保险等，多数地方尚处于试点阶段，加之这些保险行业特点强，覆盖面远没有前述三种保险广泛，故暂时不宜作为征税项目，等将来条件成熟时再逐步纳入。第二，计税依据的确定。应包括企业每月实际支付给职工的工资和薪金，包括各种奖金、津贴、补贴等扣除法定减免项目后的余额，对于个人独资企业和合伙企业来说，为生产经营收入扣除成本、费

用、损失后的余额。比较方便的做法是将社会保障税的计税依据与个人所得税的工资薪金所得项目和生产经营所得项目实行同一税基。

②社会保险税的税率确定。为了方便，应采用比例税率，但是税率的多少应经过测算，笔者认为应借鉴发达国家的经验，结合我国的国情，设计出适合我国实际情况的社会保险税税率。

6.4.3　相关制度的配套改革

从前面的分析可知，我国企业税收效应的发挥，不仅仅在于企业税制本身的完善，还需要相关制度的配合。对我国企业税收发挥积极作用影响最明显的是资本市场制度和社会保障制度的完善。

1. 资本市场制度的完善

我国现阶段融资体制改革已经取得了阶段性成果，但还没有真正实现市场化，仍然存在一定程度的体制性扭曲。这种扭曲集中体现在金融资源不是按照市场化原则进行有效配置的，而是仍然在"所有制"原则下明显向国有企业倾斜，国有经济成为金融机构优先和主要的扶持对象。以国有经济为导向的计划性与干预性导致金融资源更多地流向国有企业，将非国有经济排斥在正规的金融市场之外。这不但体现在管理部门对国有商业银行制定的一系列信贷政策上，也体现在国有商业银行在信贷发放过程中对国有企业的政策倾斜和对非国有企业贷款存在政策歧视。

相对间接融资而言，直接融资的融资倾斜程度更加严重，目前我国资本市场基本上没有直接对民营企业开放，能够在股票市场上和债券市场进行融资的主要是国有企业。所以，在这种制度安排下，税收对国有企业融资手段的影响不大，甚至可以说是没有影响。因为和国有企业从这种制度安排获得的利益相比，不同融资工具之间的税收套利获得的收益显得无关紧要了。另外，虽然具有政府背景的非国有企业也可以从国有银行获得一定贷款，但贷款规模不可能很大，而且难度大。大部分非国有企业尤其是民营企业，还是难以从金融机构得到贷款，更难以从股市得到直接融资。它们主要靠自身的积累以及民间的资本支持，在这样的约束条件下，融资的难度极大，税收的套利几乎不在考虑之列。因此，当务之急是尽快优化资本市场制度。

（1）合理界定资本市场的地位和作用。长期以来，参与资本市场各方面的主体对资本市场的认识还存在一定的误区。不仅许多企业，甚至许多政府部门都将资本市场看作是解决企业资金不足问题的场所。有些企业上市就是为了"圈钱"，没有真正按照现代企业制度进行改造，转变经营机制，提高经济效益。而投资者由于政府和企业在资本市场认识和操作上的误导，普遍存在一定程度的投机心理，不是通过较长时间的投资获取稳定收益，而是靠短线买卖来赚钱，忽略了资本市场潜在的各种风险。这种不健康的投资理念又加剧了股市的动荡。

（2）进一步扩大我国资本市场总体规模。首先，通过扩大上市公司的发行规模和企业债券的发行规模，鼓励企业之间的重组、并购等活动，努力培育大型上市公司来增加需求。其次，通过增加需求，扩大机构以及各类基金入市规模，引导居民投资者和货币市场资金稳定规范进入资本市场来增加需求，加大资本市场的投资规模。最后，解决目前制约各类投资主体进入资本市场的问题。例如，确立资本市场主体及主体之间的平等地位，促进资本市场合理竞争，从而提高资本市场的效率。只有在统一、平等、竞争性的资本市场上，才能使资本市场高效率地发挥对产业结构转换和升级的促进作用。要尽快形成一个全国统一的资本市场，必须要确立资本市场的主体及主体之间的平等地位，打破所有制的界限，使各种所有制的企业平等参与资本市场，同时要打破地区界限，允许发展地方性的资本市场的发展。

（3）开拓资本市场职能。首先，针对当前我国企业上市"圈钱"现象严重的问题，要限制资本市场融资功能过度发挥。要使企业真正认识资本市场的功能，通过转变企业经营机制和规范化建设，建立有效的预算约束机制改变企业利用资本市场"圈钱"的现象。其次，采取措施改变我国资本市场资源配置低效的现状。我国资本市场资源配置低效的原因在于基础产业和支柱行业产品价格尚未理顺，比较关系不合理，不能反映真正的内在价值。因此，应该尽快解决这种不合理局面，使各行业的利润率体现行业应有水平，从而促进资本有效合理配置；最后，开拓我国资本市场的产权界定功能。这对当前国企改革重组特别重要。因为资本市场不仅是资金融通的场所，而且是产权流通的场所，有必要开拓资本市场的产权界定功能，建立资本市场融通的组织领导体系。

2. 社会保障制度的完善

（1）制定社会保障法。社会保障法是规范社会保障各主体权利与义务关系的法律依据，也是社会保障税开征的法律依据。国家通过社会保障法可以明确参加社会保障的各主体在社会保障中的权利和义务，把社会保障范围、基金筹集、托管运营和发放，以及国家对基金的保障与监督管理等从法律上进行规范，从而从根本上保证社会保障税的征收和管理，确保社会保障收入的稳定增长。

（2）建立相应的综合社会保障资金管理机构。要建立事权清晰、责任明确的社会保障管理体系，必须要明确中央和地方的职责和事权。中央负责社会保障资金的筹集渠道、提高社会保障待遇水平、基金管理原则等重大问题，地方则负责筹资征管、支付标准确认、社会化发放等社会保障的具体事务。

（3）做好与现行制度的衔接工作。开征社会保障税，要做好与现行社会保险费征缴制度、所得税税制和工资制度改革的衔接工作。只有与现行制度结合起来，才能保证社会保障税充分发挥其效力。

3. 做好与新会计制度的衔接和协调工作

我国的会计制度经过1998年大的调整后，2007年又开始了推行新准则，其后，对部分会计准则进行了修订。从使用范围看，所有的上市公司必须使用新会计准则，而其他企业可以使用，也可以不使用。但是我国的各类会计考试中均使用新的会计准则，相信不久就会在所有企业推行（除小企业外）。新的会计准则对资产、负债、所有者权益的概念都进行了重新界定，在企业核算所得税费用时要求企业采用基于资产负债表的纳税影响会计法等。这些改革对企业税收的优化提出了更高的要求，特别是在资产的税务处理时，我国的新企业所得税法还没有实施，具体的实施细则就要考虑会计准则的影响。要对税务人员及时进行新准则的培训，以适应改革后企业报表的变化。

总之，企业税收效应的发挥是多种制度共同作用的结果，因此，在进行税制优化的同时，其他制度的配套改革是必不可少的。如果没有相关制度的配套改革，将会弱化企业税制改革的积极影响。

参 考 文 献

1. 马克思：《资本论》，人民出版社2004年版。

2. 《马克思恩格斯选集》，人民出版社1995年版。

3. 柯武刚、史漫飞：《制度经济学》，商务印书馆2003年版。

4. 罗伯特·吉本斯：《博弈论基础》，中国社会科学出版社1999年版。

5. H. 范里安：《微观经济学：现代观点》，上海三联书店、上海人民出版社2003年版。

6. 哈维·S. 罗森：《财政学》，中国财政经济出版社1992年版。

7. 西蒙·詹姆斯、克里斯托弗·诺布斯：《税收经济学》，中国财政经济出版社1998年版。

8. 张维迎：《博弈论与信息经济学》，上海三联书店1996年版。

9. 谢识予：《经济博弈论》，复旦大学出版社2003年版。

10. 盛洪：《现代制度经济学》，北京大学出版社2003年版。

11. 伯纳德·萨拉尼：《税收经济学》，中国人民大学出版社2005年版。

12. 郭庆旺等：《当代西方税收学》，东北财经大学出版社1997年版。

13. 郭庆旺：《当税收与经济发展》，中国财政经济出版社1995年版。

14. 王雍君：《税制优化原理》，中国财政经济出版社1995年版。

15. 刘飞鹏：《税收负担理论与政策》，中国财政经济出版社

1995 年版。

16. 杨君昌：《企业税制优化论》，上海人民出版社 1994 年版。

17. 张延波：《税收与企业财务决策》，中国商业出版社 1994 年版。

18. 尹音频：《资本市场税制优化研究》，中国财政经济出版社 2006 年版。

19. 周克清：《政府间税收竞争研究》，中国财政经济出版社 2006 年版。

20. 岳树民：《中国税制优化理论分析》，中国人民大学出版社 2003 年版。

21. 郝硕博：《所得课税的经济分析》，中国税务出版社 2003 年版。

22. 刘宇飞：《当代西方财政学》，北京大学出版社 2003 年版。

23. 安体富等：《税收负担研究》，中国财政经济出版社 1999 年版。

24. 许善达：《中国税收负担研究》，中国财政经济出版社 1999 年版。

25. 安沃·沙赫：《促进投资与创新的财政激励》，经济科学出版社 2000 年版。

26. 曹立瀛：《西方财政理论与政策》，中国财政经济出版社 1995 年版。

27. 袁振宇等：《税收经济学》，中国人民大学出版社 1995 年版。

28. 卢俊：《资本结构理论研究译文集》，上海三联书店、上海人民出版社 2003 年版。

29. 沈艺峰：《资本结构理论史》，经济科学出版社 1999 年版。

30. 张新民：《公司治理结构研究》，西南师范大学出版社 2003 年版。

31. 陈文浩：《公司治理》，上海财经大学出版社 2006 年版。

32. 孙杰：《资本结构、治理结构和代理成本》，社会科学文献出版社 2006 年版。

33. 杨亚达、王明虎：《资本结构优化与运行》，东北财经大学出版社 2001 年版。

34. 胡凤斌等：《资本结构及治理优化》，中国法制出版社 2005 年版。

35. 杨瑞龙、周业安：《企业利益相关者理论及其应用》，经济科学出版社 2000 年版。

36. 李义超：《中国上市公司资本结构研究》，中国社会科学出版社 2003 年版。

37. 张兆国：《中国上市公司资本结构治理效应研究》，中国财政经济出版社 2004 年版。

38. 曲顺兰、许可：《慈善捐赠税收激励政策研究》，经济科学出版社 2017 年版。

39. 陈亚雯：《新古典投资理论与模型——税收与投资关系分析》，载于《经济问题探索》2005 年第 12 期。

40. 潘一鸣：《我国外商直接投资税收敏感性分析》，载于《税务与经济》2006 年第 2 期。

41. 李健：《企业税收成本的构成及其优化》，载于《温州职业技术学院学报》2005 年第 1 期。

42. 姚爱科：《企业税收成本构成及其优化》，载于《财会研究》2011 年第 5 期。

43. 孙德仁：《税收政策在企业创新中的作用于优化模式》，载于《税务研究》2015 年第 12 期。

44. 周夏飞：《论税收筹划的形成机制与实现手段》，载于《浙江大学学报（人文社会科学版)》2001 年第 5 期。

45. 梁云凤：《税收筹划行为的不同经济学视角分析》，载于《中央财经大学学报》2007 年第 10 期。

46. 郑红霞、韩梅芳：《不同股权结构的上市公司税收筹划行为研究——来自中国国有上市公司和民营上市公司的经验数据》，载于《中国软科学》2008 年第 9 期。

47. 王跃堂、王亮亮等：《所得税、盈余管理及其经济后果》，载于《经济研究》2009 年第 3 期。

48. 王跃堂、王亮亮等：《产权性质、债务税盾与资本结构》，载于《经济研究》2010 年第 9 期。

49. 盖地、梁虎等：《契约理论视角下的企业税务筹划——基于企业和利益相关者之间契约关系的分析》，载于《审计与经济研究》2011 年第 2 期。

50. 王雄元、史震阳等：《企业工薪所得税筹划与职工薪酬激励效应》，载于《管理世界》2016 年第 7 期。

51. 曹明星、刘奇超：《"走出去"企业三种跨境所得的国际税收筹划方式——基于"一带一路"沿线国（地区）的观察》，载于《经济体制改革》2016 年第 1 期。

52. 王亮亮、王娜：《上市会影响公司的税收筹划行为吗？》，载于《管理工程学报》2017 年第 3 期。

53. 安体富、王海勇：《激励理论与税收不遵从行为研究》，载于《中国人民大学学报》2004 年第 3 期。

54. 王良穆、董俊英：《全球经济一体化与税收国际化趋势的探究》，载于《中央财经大学学报》2005 年第 2 期。

55. 尹音频：《对资本市场税收管理机理的认识》，载于《涉外税务》2006 年第 10 期。

56. 田彬彬、邢思敏：《税收道德对中国企业逃税的影响——来自世界价值观调查（WVS）的经验证据》，载于《税务研究》2017 年第 10 期。

57. 陈德球、陈运森等：《政策不确定性、税收征管强度与企业税收规避》，载于《管理世界》2016 年第 5 期。

58. 毛程连、吉黎：《税率对外商投资企业逃避税行为影响的研究》，载于《世界经济》2014 年第 6 期。

59. 蔡宏标、饶品贵：《机构投资者、税收征管与企业避税》，载于《会计研究》2015 年第 10 期。

60. 袁卫秋、周琳等：《税收规避、公司治理与现金持有》，载于《兰州财经大学学报》2017 年第 2 期。

61. 李霞：《税收与资本结构研究综述》，载于《经济评论》2008 年第 4 期。

62. 贺伊琦：《税收视角下资本结构对公司治理的影响研究》，载于《税务与经济》2009 年第 1 期。

63. 黄明峰：《税收政策的影响公司资本结构吗？——基于两税合并的经验数据》，载于《南方经济》2010 年第 8 期。

64. 贾俊雪：《税收激励、企业有效平均税率与企业进入》，载于《经济研究》2014 年第 7 期。

65. 高睿冰：《异质性税盾、科研产出与企业绩效》，中央财经大学博士学位论文，2016 年。

66. 毛德凤、彭飞等：《税收激励对企业投资增长与投资结构偏向的影响》，载于《经济学动态》2016 年第 7 期。

67. 王成方、叶若慧等：《所得税率、所有权结构与债务结构》，载于《财经论丛》2017 年第 10 期。

68. 钱颖一：《企业的治理结构改革和融资结构改革》，载于《经济研究》1995 年第 1 期。

69. 杨瑞龙、周业安：《一个基于企业所有权安排的规范性分析框架及理论含义》，载于《经济研究》1997 年第 1 期。

70. 杨瑞龙、周业安：《企业利益相关者合作逻辑下的企业共同治理》，载于《中国工业经济》1998 年第 1 期。

71. 李新、曹亮等：《中国新一轮企业所得税改革：一个公司治理的视角》，载于《管理世界》2007 年第 8 期。

72. 张斌、徐琳：《税收制度的公司治理效应研究前沿探析与未来展望》，载于《外国经济与管理》2012 年第 5 期。

73. 任广乾：《基于公司治理视角的企业避税行为研究》，载于

《郑州大学学报（哲学社会科学版）》2013 年第 5 期。

74. 张兆国、郑宝红等：《公司治理、税收规避和现金持有价值——来自我国上市公司的经验证据》，载于《南开管理评论》2015 年第 1 期。

75. 李甜甜、丁玲：《税收负担公司治理效应的研究述评与未来展望》，载于《湖北经济学院学报（人文社会科学版）》2015 年第 4 期。

76. 田高良、司毅等：《媒体关注与税收激进——基于公司治理的角度》，载于《管理科学》2016 年第 2 期。

77. 申广军：《企业规模、政企关系与实际税率——来自世界银行"投资环境调查"数据》，载于《管理世界》2017 年第 6 期。

78. 任寿根：《国际洗税行为分析》，载于《经济研究》2001 年第 3 期。

79. 邓力平：《经济全球化下的国际税收竞争研究：理论框架》，载于《税务研究》2003 年第 1 期。

80. 刘穷志：《税收竞争、资本外流与投资环境改善——经济增长与收入并行路径研究》，载于《经济研究》2017 年第 3 期。

81. 邓力平：《国际形势变化下的中国关税政策运用研究》，载于《经济与管理评论》2017 年第 3 期。

82. 龚辉文：《国际税收竞争是现代税制改革的主要推动力》，载于《税务研究》2017 年第 9 期。

83. 白彦锋、崔芮：《国际税收竞争与我国企业所得税改革的理性选择》，载于《地方财政研究》2017 年第 5 期。

84. 张泽平：《全球治理背景下国际税收秩序的挑战与变革》，载于《中国法学》2017 年第 3 期。

85. 王有鑫：《特朗普税改：内涵、影响及应对》，载于《国际金融》2018 年第 1 期。

86. 罗宏斌：《我国税收环境下的公司资本结构选择》，载于《广西财经学院学报》2006 年第 6 期。

87. 卢俊、刘永清:《税收、破产成本和资本结构》,载于《华南理工大学学报(自然科学版)》1999 年第 9 期。

88. 朱武祥:《资本成本理念及其在企业财务决策中的应用》,载于《投资研究》2000 年第 1 期。

89. 胡戈游、黄笑艳:《我国上市公司再融资偏好的实证研究:从现金流量和财务健康角度的解释》,载于《经济问题探索》2005 年第 2 期。

90. 童盼、陆正飞:《负债融资、负债来源与企业投资行为——来自中国上市公司的经验证据》,载于《经济研究》2005 年第 5 期。

91. 陈耿、周军:《企业债务融资结构研究——一个基于代理成本的理论分析》,载于《财经研究》2004 年第 2 期。

92. 李秉祥:《我国财务危机公司投资行为的财务特征分析》,载于《中国管理科学》2003 年第 2 期。

93. 王志强:《中国上市公司债务政策的实证研究》,载于《厦门大学学报(哲学社会科学版)》2006 年第 4 期。

94. 张晓农、才劲涛:《所得税对中国上市公司融资结构影响探析》,载于《现代财经》2006 年第 11 期。

95. 冯根福、吴林江等:《我国上市公司资本结构形成的影响因素分析》,载于《经济学家》2000 年第 3 期。

96. 李齐云、李文君:《基于税收视角的上市公司资本结构选择分析》,载于《税务研究》2006 年第 2 期。

97. 曾康华:《1978～2005 年税收变动的实证分析》,载于《税务研究》2006 年第 2 期。

98. 张文春、郭庆旺:《鼓励投资和创新的税收优惠:理论与实践》,载于《税务研究》2000 年第 3 期。

99. 刘初旺:《基于新古典模型的所得税与投资结构分析》,载于《财经论丛》2005 年第 5 期。

100. 宋效中、赵利民:《宏观税负与中国经济增长》载于《探索》2005 年第 3 期。

101. 丁涛：《企业利润受税收影响的微分解析》，载于《兰州商学院学报》2002 年第 8 期。

102. 郭庆旺、匡小平：《税收对私人投资效应的理论分析》，载于《东北财经大学学报》2001 年第 9 期。

103. 夏杰长、李朱：《税收政策对外商直接投资（FDI）影响的国外研究综述》，载于《国外社会科学》2004 年第 2 期。

104. 王佳、詹正华：《我国 FDI 税收效应的实证分析》，载于《商场现代化》2006 年第 33 期。

105. 陆炜、杨震：《中国增值税转型可行性实证分析》，载于《税务研究》2000 年第 2 期。

106. 梁蓓：《我国涉外税收优惠政策剖析》，载于《中国社会科学院研究生院学报》2004 年第 5 期。

107. 张伦俊、沈菊华等：《税收与 GDP 主要经济指标的影响关系平》，载于《现代经济探讨》2003 年第 12 期。

108. 陈斌：《东道国税收激励政策的福利效应分析》，载于《财贸研究》2006 年第 6 期。

109. 张伦俊：《税收与 GDP 增长关系的数理分析》，载于《税务与经济》2000 年第 3 期。

110. 郝春虹：《中国税收与经济增长关系的实证检验》，载于《中央财经大学学报》2006 年第 4 期。

111. 屈幼姝、谢波峰：《企业税收要素分析框架构建初探》，载于《涉外税务》2006 年第 12 期。

112. 安体富、李青云：《税收学：方位与发展——关于拓展我国税收理论研究领域的思考》，载于《税务与经济（长春税务学院学报）》2004 年第 2 期。

113. 尹音频、姚涛：《提升中国企业所得税制竞争力》，载于《涉外税务》2006 年第 12 期。

114. 尹音频:《资本市场税收机制的理论分析》,载于《财经科学》2005 年第 2 期。

115. 陈松青:《我国所得税的效应分析与制度设计》,厦门大学博士学位论文,2003 年。

116. 李文宏:《银行业税收效应与制度分析》,厦门大学博士学位论文,2004 年。

117. 吕伟东:《我国关税的经济效应分析》,中国社会科学院博士学位论文,2000 年。

118. 王志强:《公司财务政策税收效应研究》,厦门大学博士学位论文,2002 年。

119. 陈耿:《上市公司融资结构:理论与实证研究》,西南财经大学博士学位论文,2004 年。

120. 章彪:《中国上市公司的治理结构与公司绩效:理论与实证研究》,浙江大学博士学位论文,2003 年。

121. 陈宏辉:《企业利益相关者理论与实证研究》,浙江大学博士学位论文,2003 年。

122. 王俊:《中小企业融资:理论与实证研究》,厦门大学博士学位论文,2004 年。

123. 卢强:《企业税务筹划研究》,天津财经学院博士学位论文,2004 年。

124. Adina Martin. The Impact of Taxation on the Investment Localization Decision in the Context of Globalization, Working Paper, 2012: 1 – 35.

125. Altman F.. A Further Empirical Investigation of the Bankruptcy Cost Question. Journal of Finance, 1984, 39 (4): 1067 – 1089.

126. Bev Dahlbya & Ergete Feredeb. Tax Cuts, Economic Growth, and he Marginal Cost of Public Funds for Canadian Provincial Governments, Working Paper, 2008.

127. Blazenko G.. Managerial Preference, Asymmetric Information, and Financial Structure. Journal of Finance, 1987, 42 (4): 839 – 862.

128. Daniela Federici1 & Valentino Parisi1. Do Corporate Taxes Reduce Investments? Evidence from Italian Firm – level Panel Data, Cogent Economics & Finance February, 2015, 3: 101 – 243.

129. DeAngelo H. and W. Masulis. Optimal Capital Structure under Corporate and Personal Taxation. Journal of Financial Economics, 1980, 8 (1): 3 – 30.

130. Franco Modigliani, Merton Miller. The Cost of Capital, Corporation Finance and the Theory of Investment, American Economic Review, 1958 (6): 1463 – 1452.

131. Franco Modigliani, Merton Miller. Corporate Income Taxes and the Cost of Capital: A Correction, American Economic Review, 1963 (6): 1762 – 1763.

132. Givoly, Dan et al. Taxes and Capital Structure: Evidence from Firms'Response to the Tax Reform Act of 1986, Review of Financial Studies, 1992, 5 (2): 331 – 55.

133. Gordon M. J.. Towards a Theory of Financial Distress, Journal of Finance, 1971, 26 (2): 347 – 356.

134. Graham J. R.. How Big are the Tax Benefits of Debt, Journal of Finance, 2000 (5): 1901 – 1940.

135. Hal R. E. and D. W. Jorgenson, Tax policy and investment Behavior. American Economics Review, 1967, 57 (3): 391 – 414.

136. Harry Deangelo & Ronald W. Masulis. Optimal Capital Structure Under Corporate and Personal Taxation, Journal of Financial Economics, 1980, 8 (1): 3 – 27.

137. Ioan Taplos & Ionel Vancu. Corporate Income Taxation Effects on Investment Decision in European Union, Annales Universitatis Apu-

lensis Series Oeconomica, 2009.

138. Jensen M. C. and W. H. Meckling. Theory of Firm: Managerial Behavior, Agency Cost and Ownership Structure, Journal of Financial Economics, 1976, 3 (4): 305 – 360.

139. Jensen M. C Agency. Cost of Free Cash Flow, Corporate Finance, and Takeovers, American Economics Review, 1986, 76 (3): 323 – 329.

140. Kingand and Fullerton. The Taxation of Income from Capital. A Comparative Study of the U. S, The Theoretical Framework, NBSR Working Papers, 1984: 1058.

141. Konstantinos Tzioumis and Leora F. Klapper. Taxation and Capital Structure: Evidence from a Transition Economy, Public Finance Analysis, 2012, 68 (2): 165 – 190.

142. Martin Feldstein, Jerry Green and Eytan Sheshinski. Corporate Financial Policy and Taxation in a Growing Economy, The Quarterly Journal of Economics, 1979, 93 (3): 411 – 432.

143. Martin Simmler. How Do Taxes Affect Investment When Firms Face Financial Constraints, DIW Berlin German Institute for Economic Research, 2009.

144. Mendozaetal. Effective Tax Rate in Macroeconomics—Cross – country Estimates of Tax Rates on Fact or Income and Consumption, NBER Working Papers, 1994: 4864.

145. Merton Miller. Debt and Taxes, Journal of Finance, 1997 (5): 765 – 791.

146. Michael Overesch and Dennis Voeller. The Impact of Personal and Corporate Taxation on Capital Structure Choices, Public Finance Analysis, 2010, 66 (3): 263 – 294.

147. Michael Smart and Richard M. Bird. The Impact on Investment of

Replacing a Retail Sales Tax by a Value – Added Tax: Evidence from Canadian Experience, University of Toronto Working Paper, 2009: 2 – 15.

148. Miller M. H.. Debt and Taxes, Journal of Finance, 1977, 32 (2): 261 – 275.

149. Modigliani F. and M. H. Miller. Corporate Income Taxes and the Cost of Capital: A Correction, American Economics Review, 1963, 53 (3): 433 – 443.

150. Modigliani F.. Debt, Dividend Policy, Taxes, Inflation and Market Valuation, Journal of Finance, 1982, 37 (2): 255 – 273.

151. Siegfried J.. Effective Average U. S. Corporation Income Tax Rates, National Tax Journal, 1974: 245 – 259.

152. Simeon Djankov & Tim Ganser. The Effect of Corporate Taxes on Investment and Entrepreneurship, American Economic Journal: Macroeconomics, 2010, 31 – 64.

153. Titman S. & Wessels R.. The Determinants of Capital Structure Choice, Journal of Finance, 1988, 43 (1).

154. Thiess Buettner, Michael Overesch and Georg Wamser. Tax Status and Tax Response Heterogeneity of Multinationals'Debt Finance, Public Finance Analysis, 2011, 67 (2): 103 – 122.

155. William G. Gale & Andrew A. Samwick. Effects of Income Tax Changes on Economic Growth, Economics Study at Brooking, 2014: 1 – 15.

156. 慧聪网: http://info. ceo. hc360. com。

157. 中小企业融资网站: http://www. cnsmef. com/。

158. 国家税务总局网站: http://www. chinatax. gov. cn。

159. 国家统计局网站: http://www. stats. gov. cn。

160. 商务部网站: http://www. mofcom. gov. cn。